W0354540

Werner Holtfort, Norbert Kandel,
Wilfried Köppen, Ulrich Vultejus

Hinter den Fassaden

Geschichten aus einer
deutschen Stadt

Steidl Verlag

1. Auflage März 1982
© Copyright: Steidl Verlag, Göttingen 1982
Alle Rechte vorbehalten, Nachdruck, auch auszugsweise, nur mit Genehmigung des Verlages.
Umschlaggestaltung: Gerhard Steidl
Gesamtherstellung: Steidl, Druckerei und Verlag, Düstere Straße 4, 3400 Göttingen
ISBN 3-88243-014-1

Quellenhinweise:

Die Dokumente auf den Seiten 141, 142, 143, 145 stammen aus dem Archiv von Serge Klarsfeld, Paris, die Fotos auf Seite 62 von der Arbeiterfotografie, Hannover. Die Beiträge von Eckart Spoo sind aus Reportagen in der »Frankfurter Rundschau« hervorgegangen; der Beitrag von Hubert Seipel ist mit freundlicher Genehmigung des SPIEGEL-Verlages aus dem SPIEGEL entstanden. Der Beitrag von Heinrich Albertz ist mit freundlicher Genehmigung des Radius-Verlages, Stuttgart, dem Buch »Blumen für Stukenbrock, Biographisches« entnommen; der Beitrag von Erich Fried entstammt mit freundlicher Genehmigung des Classen-Verlages, Düsseldorf, dem Roman »Ein Soldat und ein Mädchen«.

Inhalt

Vorwort

Das Leben einer Stadt gleicht einem Flickenteppich. Das Buch versucht deshalb, Geschichte und Gegenwart einer Stadt in Beiträgen möglichst vieler Autoren einzufangen, in Beiträgen, die scheinbar nicht in Beziehung zueinander strehen und doch erst in der Vielschichtigkeit ihrer Inhalte und ihrer unterschiedlichen Standpunkte einen Überblick ermöglichen. Das Buch will nicht belehren, sondern erzählt Geschichten, die der Leser selbst sich zu einem Bild zusammensetzen mag. Dabei bemüht sich das Buch, nicht bei der Darstellung der geschönten Fassaden stehen zu bleiben, sondern einen Blick hinter die Fassaden zu ermöglichen.

Diese Konzeption ist neu. Wir legen sie in der Hoffnung vor, sie möge Zustimmung finden. Sicher wird sie auch Gegenstand von Kritik sein. Das begrüßen wir.

Beschmutzen wir das eigene Nest? Sicherlich bemühen wir uns, falschen Schein, auch wenn er manchem Bürger lieb geworden ist, zu zerstören. Bis heute ist das Gefüge der Stadt in seinen wesentlichen Zügen nahezu unverändert geblieben. Eine Wandlung ist nur möglich, wenn das Innenleben durchschaubarer wird. Nur einer gewandelten Stadt kann unsere Heimatliebe gehören.

Celle ist ein Beispiel, das mit Namen genannt werden kann und mit Namen genannt werden soll. Doch gibt es Celle tausendfach.

Werner Holtfort Norbert Kandel Wilfried Köppen Ulrich Vultejus

1. Kapitel

Denkmäler

Norbert Kandel

Fassadenmythos

Die Kraft der Celle-Legende

Eigentlich ist Celle, eine deutsche Provinzstadt im Niedersächsischen, vierzig Kilometer nördlich von Hannover, ja nur ein Städtchen wie viele andere auch. Doch wer in diesen Ort kommt, geschäftlich, als Tourist oder als Tagungsgast, der soll, koste es was es wolle, an einem historischen Ereignis teilgenommen haben.

»Tradition, Kultur und gastliche Gesinnung«, so lockt der Verkehrsverein, »blühen hier wie die Erika zwischen Ginster und Wacholder«, vor allem das »geschlossene Altstadtbild« mache die Stadt zu einem »Kleinod«.

Die Zierde dieser Stadt, die sich »Heidemetropole«, »Rothenburg des Nordens«, ja »Perle Norddeutschlands« rühmt, ist insbesondere und ausschließlich die Altstadt mit ihren altehrwürdigen Baudenkmälern. Hier offenbart sich geschichtlicher Sinn und Stolz der Cellenser.

74 000 Einwohner stark - die Insassen des Zuchthauses, die etwa 4 000 Briten und die gleich stark vertretenen Ausländer werden nicht mitgezählt - lebt Celle auch von diesem Aushängeschild und zählt jährlich rund 200 000 Gäste.

Die Altstadt jedoch birgt mehr als nur die Erinnerung an spätmittelalterliche Baukunst. Über ihr schwebt der Geist dieser Stadt, für die Stadtväter ist sie schlechthin »der Kern unseres Gemeinwesens«. »Die Eigenart der Stadt und ihre Schönheit«, formulierte ein Celle gewogener Geschichtsschreiber, »beruht gerade auf dem Einhalten des Maßes, auf dem Geist der bürgerlichen Einordnung in das städtische Gesamtgefüge: kurz auf seiner Einheitlichkeit.«

Der Besucher, will er das Wesen der Stadt ergründen, muß denn auch die Geschichte kennen, mit der er überall konfrontiert wird. Und die gewährt einen Rückblick bis zu ersten Ansiedlungen an der Zollstelle zur Allerfurt im Jahre 805, erzählt vorwiegend vom höfischen Glanz, der drei Jahrhunderte die Stadt als Residenz der Welfenherzöge erhellte.

Zwar war er 1705 wieder vorbei, doch Celle trauert immer noch um den Verlust der »allergnädigsten Herrschaft«. Trotz des Fortzugs der damals neuen Herrenschicht des fürstlichen Beamtentums und des Hofadels, die das alteingesessene kaufmännische Bürgertum verdrängt hatten, ist noch manches vom Hoflieferantengeist zurückgeblieben. Heute bilden die Herrenschicht die durch vier Gerichte häufiger als anderswo vertretenen Juristen, die Ärzte nebst weiteren maßvollen Akademikern, onkelhaften Unternehmern und den lokalen Gralshütern - trotz derer Plattitüden.

Die in Celle Herrschenden beschwören denn auch bei jedem offiziellen und auch nicht offiziellen Anlaß das »Glück, in Celle zu sein«. Celle, so fand schon ein Chronist um die Jahrhundertwende, gilt als die »gesellschaftlich angenehmste Stadt des Landes«, ein Ort, in welchem »Milch und Honig fließt«. »Hier ist es gut, hier will ich meine Pension verzehren«, freute sich Hermann Löns zwar vergeblich, aber nicht ohne Seitenblick auf die artigen Bürgermädchen, deren Tugend der noch junge Bürgerschreck Löns erheblich zu gefährden wußte.

Und diese Welt scheint immer noch heil. Der Oberbürgermeister wird nicht müde, es kraft seines Amtes immer wieder zu verkünden, der Fremdenverkehrsverein wirbt halt damit, und der unkritische Tourist, der froh ist, in einer Zeit des verkorksten Städtebaus auf derart Ehrwürdiges zu stoßen, will einfach daran glauben.

In den 1,7 Tagen, die er durchschnittlich verweilt, wird er auch, folgt er den Empfehlungen des Touristenführers, beim Altstadtbummel mit soviel Harmonie überfrachtet, daß er sich ihr nur schwerlich entziehen kann. Das Herzogschloß, die »steingewordene venezianische Fata Morgana«, auf das die Celler Straßen gradlinig, fast schachbrettartig ausgerichtet sind, öffnet ihm seine Innereien mit Prunkräumen, Schloßkapelle und Barocktheater, mit romantischen Anekdötchen über amourösenhaft verklärtes herzögliches Herzeleid.

Im Bomann-Heimat-Museum wird er der Überlieferung höfischer Kulturgüter mit eindrucksvollen Galerien rosiger Fürstenköpfe gegenübertreten, in der Stadtkirche unter dem Altar der immer noch im Eigentum der Welfen stehenden Fürstengruft, im Wandelgang des Rathauses den holzgeschnitzten, sorgsam aufpolierten Symbolfiguren für Mäßigkeit, Gerechtigkeit, Stärke und Weisheit.

Unter den friedvollen Fassaden der Fußgängerzone wird er dahinwandeln, vor den putzig bemalten Häuschen mit Messingtürklinken an reich geschnitzten Portalen, blank geputzten Butzenscheiben, zahlreichen Bibelsprüchen, Bildnereien und Insignien verweilen.

Und hat er sich zwischenzeitlich in den schattigen Gartenspielen und Lustbarkeiten des Französischen Gartens die im Rathaus ausgestellten geistigen Grundwerte Celles verinnerlichen können, vielleicht noch den traulichen Klängen des Glockenspiels an der Uhrmacherhandlung Schnell gelauscht, gibt ihm spätestens gegen 17.30 Uhr Turmbläser Milter hoch vom Stadtkirchturm mit seinen Chorälen den seligen Rest.

Walter Milter ist auch die wichtigste kulturelle Einrichtung der Stadt: er steht noch für eine Tradition, die weit in die Jahrhunderte zurückreicht. Dafür, daß er sich seit nunmehr 43 Jahren zweimal pro Tag die 235 Stufen zum Stadtkirchturm hochquält, zahlt die Stadt im Jahr 3 000 Mark.

Natürlich gibt es noch eine Reihe anderer traditioneller Kulturveranstaltungen, doch die finden dann auch - außer wenn die britische Royal Artillery mit militärischem Gepränge durch die Altstadt paradiert und die vielgerühmte Hengstparade des Landgestüt-Varietés mit Gehorsamsübungen, Reit- und Fahrquadrillen prunkt - in der traditionellen Ausgeschlossenheit statt.

Ab und an läßt sich die Stadt herab, auch mal was Zünftiges wie das Altstadtfest »Tanz in allen Gassen« oder die »Celler Woche« zuzulassen, hat das doch auch den Zweck, den Fremdenverkehr zu beleben und die Wirtschaft zu fördern. Doch »keinen Klamauk oder Rummel«, beeilt sich die Stadtvertretung zu warnen; wenn schon Remmidemmi, dann soll er sich »harmonisch der Fachwerkkulisse« anpassen.

In Celle trügt so mancher äußere Schein. Die vielgepriesene Historie und damit auch der Fremdenverkehr wurden erst spät entdeckt. Noch am Anfang unseres Jahrhunderts waren die Fachwerkhäuser in dunklen, unfreundlichen doch ursprünglichen Tönen übertüncht. Nach dem Ersten Weltkrieg kam dann der heute mit einem Straßenzug geehrte Theo Wilkens auf die Idee, die nüchtern grauen Häuser mit einem lebhaften Farbanstrich zu schmücken. Heute wechselt die Farbfrohigkeit, so klagen die wenigen geplagten Hausbesitzer ohne Geschäftsinteresse, mit dem Geschmack der jeweiligen Bauordnungsamtsgeneration.

Als die Celler daran gingen, die alte Kaufmannsstadt zur Einkaufsstadt umzusiedeln, Warenhäuser und Bürobauten hochzuziehen,

Parkplätze und Autopisten anzulegen, wurde Altstädtisches sogar nur als störend empfunden. Schon früh haben Eingriffe in die historische Substanz der Fachwerkarchitektur stattgefunden: 1888 durch den Postneubau, 1905 durch die Hannoversche Bank, später durch die ständigen Ladeneinbauten. Die historische Kanzleistraße mußte zum Teil den Justizneubauten weichen, der traditionsreiche Bau des Hotels Hannover 1928 dem Kaufhaus Karstadt, das romantische Schloß-Hotel dem Bau der Stadtsparkasse. 1965, als Karstadt abgerissen und erweitert wurde, mußten weitere Häuser geopfert werden.

Der Karstadt-Konzern sprengt denn auch die historische Struktur im Herzen der Altstadt mit seinem Betonkoloß gänzlich. Auch die Deutsche Bank und der Ergänzungsbau des Oberlandesgerichts weichen am augenfälligsten von der »Geschlossenheit« der Altstadt ab.

Obwohl es der Rat 1949, noch glücklich über die »Gnade«, den Zweiten Weltkrieg unversehrt überstanden zu haben, mit einer Verodnung möglich machte, jede Verunstaltung der Innenstadt zu unterbinden, verschwanden durch Häuserabrisse, »Umgestaltungen« und »Renovierungen« immer mehr zwar unscheinbare, doch idyllische Winkel aus dem Stadtbild. Die Ortszeitung klagte um jedes Haus »Achtlos vernichtet!« und prophezeite schon früh, daß es »mit unserer Stadtbildpflege über kurz oder lang traurig« aussehen würde: »Herzogstadt, bewahre dein Gesicht!«

Die Bausünden gingen jedoch weiter. Anfang der 70er Jahre sollte eine 400 Jahre alte Arbeitervorstadt, die Blumlage, mehrgeschossigen Wohnblocks zum Opfer fallen, die etwa 180 Betroffenen, meist ältere Bürger, sollten enteignet werden. Protest gegen die Zerstörung dieses kulturellen Erbes vermochte nur wenig zu bewirken.

Das Aufschreien der Traditionshüter erreichte den Rat noch öfter, manch kurzsichtiges Vorhaben der Stadtväter konnte gar gänzlich unterbunden werden. So sollte eine Besucherattraktion, das Landesinstitut für Bienenforschung im Französischen Garten, einer Autostraße weichen, die Stadtkirche für Parkplätze abgerissen werden. Ideenreich schwebte auch die Ansicht im Raum, den Schloßberg für den Bau einer Parkgarage zu unterminieren.

Die jüngsten Anschläge auf die historische Substanz sind Versuche, Neues in alte Gewänder zu hüllen. So ist das ehemalige Kepa-Kaufhaus noch ein Neubau mit Elementen der abgetragenen Fachwerkhäuser, das Kaufhaus C & A täuscht nur noch Holz vor, wo Beton braun überstrichen wurde. Auf den Postkarten und Farbprospekten wird dies alles freilich verschämt verschwiegen. Da wirkt das malerische Celle noch wie ein abwaschbares Abziehbild.

Auch die Werbung für den Fremdenverkehr wurde lange Zeit vernachlässigt. In den 50er Jahren, nach der Eröffnung der neuen Autobahn Hannover–Hamburg, ging der Verkehr auf der Celle längs teilenden Bundesstraße 3 aus Richtung Hamburg um 44 Prozent, aus Richtung Hannover um 33 Prozent zurück. Die Gewerbetreibenden beschworen ihre Existenz und formierten sich.

Da erinnerte sich Celle an die geschichtliche Verbundenheit zur ehemaligen Dänenkönigin Karoline Mathilde und beschloß, zum erklärten Ziel aller Skandinavien-Reisenden zu werden. Die Stadt nahm Verbindung auf zu Touristik-Büros im Norden, in den Gaststätten und Restaurants sollten auch dänische, schwedische und norwegische Gerichte gereicht werden, mindestens einer der Bedienung sollte eine der drei Sprachen sprechen. Heute stellen die Skandinavier fast ein Drittel der Touristen.

Wie hoch die Stadtväter den Wert des historischen Stadtbildes einschätzen, zeigt sich daran, wem sie die Erhaltung überlassen: Die Geschäftsleute sind es, die für die Kosten Sorge tragen müssen, die oberen Fassaden floppig garnieren, um unten den Ertrag für dies Extra einzuholen. Allerhöchstens für Ornamente in Goldschrift schießt die Stadt schon mal was zu.

So ist Celle, das sich neuerdings auch als »romantische Einkaufsstadt« verkauft, zum exklusiven Einkaufscenter der Südheide geworden, eine Top-Adresse für Shopping mit Niveau. Die meisten Geschäfte verlangen für ihre Waren auch Spitzenpreise. Sie müssen so kalkulieren, um überhaupt die Ladenmiete zahlen zu können. Viele ziehen wieder aus, die Fluktuation der Innenstadtgeschäfte nimmt zu, alteingesessene Geschäfte müssen aufgeben, Haus für Haus wird aufgekauft oder verpachtet.

Die Supermärkte vor den Toren der Stadt locken heute schon soviel Käufer, daß die City zu veröden droht. Und je mehr in der Innenstadt der Spitzhacke zum Opfer fällt, Wohnraum den Büros und Geschäften geopfert wird, desto toter wird die Altstadt.

So bildet das Fachwerk fast nur noch die Kulisse, um die Einkaufsstraßen optisch aufzuwerten. Hinter der Kulisse verkommt die Altstadt immer mehr: Die Hinterhöfe sind verbaut, ohne Licht und Luft, zusammenhängende Hoflandschaften rar. In die verwahrlosten, renovierungsbedürftigen Behausungen zieht der Celler nicht mehr ein, den »Kern des Gemeinwesens« gestalten vermehrt ausländische Großfamilien.

Doch in Celle gilt noch immer die Hoffnung auf die Wiederkehr des Vorgestern. Schwächen, Brüche und Schatten der Historie, Unruhe in der Stadt, Probleme, gar Konflikte haben nicht stattzufinden und wenn doch, dann unter Ausschluß der Öffentlichkeit. Die Sehnsucht nach der heilen Welt wird mit Ordnungsmodellen aufrecht erhalten. Begriffe wie Zucht und Ordnung, Unschuld, Tugendhaftigkeit und Sitte werden pathologisch überhöht. Und die Fachwerkfassaden der Altstadt sind doch einfach zu schön ...

Das ist zwar alles kitschig, aber wirksam. In diese abgezirkelte, geordnete Bürgerwelt kann das Chaos nur durch die Ritzen der Halbwelt dringen. Vom Jahrmarkt, vom Schützenfest, vom Tingeltangel, schlimmstenfalls noch vom Theater.

Nur wenn in Form von Drogensucht und Kriminalität in die Kreise der höheren Söhne und Töchter einzieht, dann wird Celle im rechten Sinne progressiv. So wird erzählt, daß erst, als die Tochter eines Repräsentanten der Stadt der Heroinsucht verfiel, Celle eine Drogenberatungsstelle erhielt; da war Celles Größe als Hauptumschlagplatz für harte Drogen in Norddeutschland schon lange vorbei.

Weitverbreitet sind die Ressentiments gegen die englischen Besatzer, die in Celle in eigenen Gettos leben. Nach dem Krieg, als 25 000 Heimatvertriebene und Ausgebombte in Celle seßhaft wurden (Einwohnerzahl 1939: knapp 40 000; 1950: über 60 000), haben die Briten durch Beschlagnahmung der Kasernen und über 300 Wohnhäusern zur Wohnraumnot mit beigetragen.

Schon damals war Celle in Gefahr. Als zur Zeit der Luftbrücke zwischen Berlin und Westdeutschland Anfang 1949 amerikanische Truppengeschwader in Celle einzogen, nachfolgend dabei auch kommerzielle Soldatenbräute, zeigte sich der Rat »schwer erschüttert«. »Drastische Maßnahmen mußten zum Schutz der heimatlichen Bevölkerung und der guten Sitte ergriffen werden«, schrieb ein Chronist, verschwieg jedoch welche.

Kontakt zwischen Briten und Bevölkerung findet nur auf höheren Ebenen statt: beim Serenadenkonzert im Schloß zwischen Offizieren und Honoratioren. Und die englischen Offiziere, wenn sie Celle wieder verlassen müssen, vergessen auch nicht wie auf einer gestifteten Ruhebank im Französischen Garten an die »glücklichen Jahre in Celle« zu erinnern; dagegen stehen die Schilder am Eingang von Diskotheken und Kneipen: »out of bounds«.

Celle hat den Verlust der Residenz verkraftet, den Krieg, den Flüchtlingsstrom, die Konflikte mit den Besatzern und andere Zeichen des kulturellen Niedergangs wie Anti-Baby-Pille, Abtreibung, Fremdgruppen und Minderheiten, Demokratie und Pluralismus. Celle wird auch das Kommende verkraften. Die Cellenser in der Mehrzahl freilich ergeben sich dem Historien-Spiel. Das Geschäft mit dem Glauben daran, daß in Celle die Fassaden noch heil sind, es blüht.

Obwohl die Wirklichkeit alles andere als mythenfähig ist, hat die Celle-Legende nichts von ihrer Macht eingebüßt. Wer sie mißachtet, der bekommt ihre ganze Gewalt zu spüren. Geschlossen rücken, vorneweg der Zeitungslöwe, Stadtväter, Jurisprudenz und Geschäftsleute in die Schlacht, um ihm Celler mores zu lehren.

Wer in Celle an Realitäten denkt und auf die Tradition pfeift, dem ergeht es wie dem ehemaligen Präsidenten der Notarkammer, Werner Holtfort, der die geheiligten welfischen Vorfahren vom Sockel hob – ein Sakrileg, dem prompt die Exkommunikation folgte: Holtfort wurde öffentlich gesteinigt.

Als ein evangelischer Pastor in einer Rede am Volkstrauertag vor dem »Kriegerdenkmal« des Herzogsschlosses am Stolz auf das Soldatische in der Garnisonsstadt rüttelte, wurde er verleumdet, mundtot gemacht.

Und als nach einer Fernsehsendung des NDR 90 Minuten lang gemäß Celler Harmonie fröhlich-freundliche Berichte über die Sehenswürdigkeiten vom renommierten Orchideen-Züchter bis zu den Wohltätigkeiten des Öl-Multi Mobil gezeigt wurden, und am Schluß ein Bürgermädchen, nach seiner Meinung über das, was fehle befragt, befand: »Ich finde, daß es zu schön war«, stand sie ... allein.

Da hat Celle wieder einmal seine ganze Unerschütterlichkeit bewiesen. Das ist denn auch die Kraft und die Attraktion der Celle-Legende, daß es an ihr nichts zu rütteln gibt.

Werner Holtfort

Stammväter

Heidjer und Herzöge

Schon in vorgeschichtlicher Zeit siedelten im alten Urstromtal der Celler Heide, im Mündungsdreieck zwischer Aller und Fuhse, Fischer und Jäger. Militärische Ursachen begründeten dann 972 die Entstehung Celles: Graf Bruno VI. ließ in einem die Allerfurt sichernden Rundwall - dem heutigen Altencelle - sein »slot to Celle« errichten. Die Lage barg den Keim wirtschaftlicher Entwicklung; hier kreuzten sich alte Handelsstraßen von Innsbruck bis Dänemark. Heinrich der Löwe bestimmte das Dorf 1150 zum Stapel- und Umschlagplatz für alle von Braunschweig nach Bremen verschifften Güter; der Ort wuchs rasch zur Kaufmannssiedlung heran, erhielt 1240 Stadtrecht und wurde 1290 vom Bischof von Hildesheim eingeäschert.

Um die Südflanke des Welfenreiches vor dem Drängen des streitbaren Bischofs zu schützen, verlegte Otto der Strenge 1292 die kleine Stadt drei Kilometer weiter westlich und baute das heute noch bestehende Herzogschloß. Im Schutze des Schlosses kam es zur Neuansiedlung. Noch im 14. Jahrhundert hieß die Stadt »Nigenzelle« (das heißt: Neucelle). Über die damaligen Bewohner dieser Heidegegend schrieb Johann Caspar Riesbeck aus Höchst in seinen »Briefen eines reisenden Franzosen über Deutschland«:

> »Die Einwohner sind durchaus schneckenfarbig und bleich von Farbe, weich von Fleisch und eingeschrumpft. Ihre kleinen, runden Figuren stechen von den schlanken Deutschen in südlicheren Gegenden stark ab. Rote Wangen sieht man unter dem Mannsvolk fast gar nicht, und sind auch unter dem Frauenzimmer seltener als weiter gen Süden ... Das Volk ist unempfindlich, schwerfällig, finster ...«

Nun, das ist lange her – vergangene Zeiten! Jedenfalls wurde Celle 1378 Residenz des Fürstentums Lüneburg. Das Städtchen ist mehrfach von feindlichen Soldaten besetzt worden, so 1757 durch Franzosen unter Richelieu, 1803–1813 durch napoleonische Truppen. Es hatte aber das Glück, von Kriegszerstörung verschont zu bleiben. Nur Richelieu hatte etwa 50 Häuser an der Aller, darunter die Garnisonskirche, niederbrennen lassen. Daher steht noch die alte Innenstadt mit ihren rechtwinkligen Straßen und Fachwerkhäusern, Zeugnisse für den Reichtum der Bürger durch das 1464 verliehene Monopol für den Kornhandel. 1705 verlor die Stadt die Residenz. Doch blieb sie Beamtenstadt.

Des ungeachtet wurden ihre Menschen weiterhin von der unteren sozialen Schicht, den »Heidjern«, also Heidebewohnern, geprägt, von eben den Menschen, die Johann Caspar Riesbeck als unempfindlich, schwerfällig und finster bezeichnet hatte. Etwas schwerfällig Erdhaftes mag davon übriggeblieben sein. Hermann Löns charakterisierte diese Menschen folgendermaßen:

> »Man kümmert sich wenig umeinander und zeigt seine Gefühle nicht. Fast gleichgültig gehen Mann und Frau aneinander vorüber. Man weiß, daß gemeinsames Blut und gemeinsame Interessen einander verbinden, eine Besiegelung dieser Tatsache durch Gefühlsausbrüche ist also zwecklos.«

Doch auch unter der Celler Lederhaut haben Herzensaffären immer wieder ihren Weg gefunden. So wurde das Geschick der jungen Dänenkönigin Karoline Mathilde, die Schwester König Georgs III. von Großbritannien, das man freilich als Vorzeichen kommender Umwälzungen hätte ansehen können, als Liebesgeschichte verklärt. Sie war nach einem Versuch, das dänische Staatswesen mit ihrem Leibarzt Dr. Struensee als Premierminister in freiheitlich-modernem Sinn umzugestalten, durch eine blutige Palastrevolution gestürzt und nach Celle verbannt worden; Struensee selbst wurde 1773 geköpft. Aber in Celle, wo man mit ihr die goldenen Zeiten der Residenzherrlichkeit wiederkehren wähnte, wurde sie verehrt und verwöhnt. Sie starb noch jung und vielbeweint drei Jahre später.

Herzog Georg Wilhelm von Lüneburg, mit dessem Tode auch das Celler Haus erlosch, zeugte als einziges Kind die schöne, geistreiche, stolze, aber unglückliche Sophie Dorothea. Sie mußte den Kurprinzen Georg Ludwig von Hannover heiraten, den späteren Georg I. von Großbritannien, einen stumpfsinnigen Menschen, der sich in Trunkenheit zum Beispiel ein Vergnügen daraus machte, seinen hannoverschen Landeskindern die Fensterscheiben einzuwerfen (und er betrank sich fast abendlich), und im übrigen seiner Frau fortgesetzt die eheliche Treue brach.

Gelb-Weiß

Beliebt sind im Celler Land nicht nur die Stammväter, sondern als Dessert auch der sogenannte Welfenpudding, und zwar möglicherweise nicht nur, weil er in der traditionellen Landesfarbe gelb-weiß der Welfen gehalten ist, sondern auch wirklich ausgezeichnet mundet.

Man nimmt dazu einen halben Liter Milch, 40 Gramm Zucker, eine halbe Vanillestange, 45 Gramm Speisestärke und 3 Eiweiß (Für das Weiß der Wappenfarbe), für das Gelb aber 3 Eigelb, 1/4 Liter Weißwein, 1 Eßlöffel Zitronensaft, 1 gestrichenen Eßlöffel Speisestärke und etwas abgeriebene Zitronenschale. Die Milch kocht man zu 3/4 mit Zucker und Vanille auf, rührt die Speisestärke mit 1/4 der Milch an und in die kochende Milch hinein. Dann wird der Eischnee untergehoben, nachdem er schön steifgeschlagen ist. Für den Weinschaum verrührt man unterdes die vorgenannten Zutaten miteinander und schlägt sie bei milder Hitze geduldig zu dickem Schaum. Diesen füllt man dann auf die weiße Creme und hat nicht nur einen wohlschmeckenden Nachtisch, sondern auch die schöne alte Welfenfarbe.

Das Porträt der reizvollen Dame im tiefdekolletierten Kleid ist im Celler Bomann-Museum zu bewundern. Sie verliebte sich in den stattlichen, männlich-schönen hannoverschen Dragoner-Oberst Philipp von Königsmark. Vermutlich war es die einzig glückliche Zeit in ihrem Leben. Ausgerechnet eine Mätresse des Kurfürsten von Hannover deckte die Liebesgeschichte auf. Der sehr mit Recht gehörnte Ehegatte ließ Königsmark insgeheim ermorden und verbannte seine von ihm ständig beleidigte und betrogene Gattin nach Ahlden, wo sie noch etwa 30 Jahre ihres Lebens vertrauerte.

Georg kam, als er König von England wurde, infolgedessen dort statt mit einer Königin mit gleich zwei Mätressen an. Übrigens war er, und vielleicht zu Recht, davon überzeugt, daß sein Sohn Georg II. in Wahrheit ein Königsmark sei. Er haßte ihn daher und versuchte, ihn aus der Welt zu bringen, um ihn von der Thronfolge auszuschließen. In England ging das aber nicht so gut, wie in Hannover mit dem unglücklichen Grafen Königsmark. Denn in Großbritannien gab es ein Parlament, das eifersüchtig über die »Magna Charta« wachte, die damals, wenngleich nur für den hohen Adel, galt.

Vermutlich war auch die Tochter Sophie Dorotheas, die spätere Ehefrau des Königs Friedrich Wilhelm I. von Preußen und Mutter Friedrich des Großen, eine Königsmärkerin. Das könnte jedenfalls die überwiegend feindseligen Beziehungen zwischen beiden europäischen Mächten erklären: Die Herrscherhäuser haßten einander womöglich einfach wegen der bestehenden nahen Blutsverwandtschaft. Jedenfalls darf man annehmen, daß in Großbritannien entgegen der offiziellen Historie nicht das Haus Hannover, sondern das Haus Königsmark herrscht, und daß Graf Königsmark auch Stammvater der Preußenkönige gewesen ist.

Als die Truppen des Hohenzollernkönigs (oder auch des Königsmarker Königs) 1866 Hannover Preußen einverleibten, gab es denn auch sehr schwere Unruhen unter der Celler, sonst doch eher behäbigen und gelassenen Bevölkerung. Sie wollte wohl nicht gern von dem Nachkommen der aus unerlaubter Verbindung stammenden Tochter Sophie Dorotheas beherrscht werden. Diese Aversion gegen die Preußen hielt bis in die Mitte unseres Jahrhunderts an. Auch der anläßlich des Krieges 1870 gegen Frankreich ausbrechende Patriotismus hat sie nicht gänzlich verdrängen können. Bezeichnend ist die Bildergeschichte Wilhelm Buschs »Der Geburtstag«, die 1870 spielt und in welcher der Bürgermeister bei brennender Kerze nachts im Bett vergnüglich in dem »angestammten Wochenblatt« liest:

> »... daß nämlich, wie die Sachen liegen
> die Preußen nächstens Schläge kriegen! Nur einer macht
> ihm stilles Grauen:
> Der Bismarck, dem ist nicht zu trauen!«

Doch zurück in das 18. Jahrhundert: 1735 wird in Celle das Königliche Landgestüt begründet, das heute als Niedersächsisches Landgestüt besteht. Das wird vermutlich die Celler recht gefreut haben. Die Heidemenschen hängen unbeirrt und hartnäckig an alten Bräuchen, auch an der Verehrung des Pferdes. Noch heute werden Pferdeköpfe gekreuzt an die Dachfirste der Bauernhäuser der Umgebung genagelt. Ursprünglich waren es gebleichte Pferdeschädel; erst seit dem 15. Jahrhundert werden sie aus Holz geschnitzt. Nach dem alten heidnischen und nur mühsam christlich übertünchten Aberglauben sollen sie gegen Unheil und Gefahren aller Art schützen.

In diesem Gestüt wird der »Hannoveraner« gezüchtet, ein etwas schwerer Warmblüter. Dessen Charaktereigenschaften decken sich überraschend mit denen des Celler Menschenschlages: Gutmütig, bedächtig, leistungsstark, kaum aus der Ruhe zu bringen, oder höchstens doch durch »neumodische« Ideen oder durch Preußen. So machte sich 1848 jemand einen Spaß daraus, dem Minister Strüve nach Hannover einen mysteriösen Bauernaufstand von 20 000 Rebellen zu melden. Schnell bewilligte die verunsicherte Regierung in diesem Revolutionsjahr Pressefreiheit, Vereinsfreiheit, sogar Volksbewaffnung. Niemand aber war erstaunter als die so plötzlich ins politische Gerede Gekommenen, die arglos in ihren vier Wänden saßen und nur mühselig dazu zu bringen waren, ein paar der ausgeschriebenen Volksversammlungen zu besuchen. Eine siebenfache Rhinozeroshaut, so ein Chronist, von sogenannter Ehrbarkeit, Sitte und Vorurteil panzert hier gegen Enthusiasmus und Reformen aller Art.

Auch Heinrich Heine erkannte, daß weniger Treue zum angestammten Königshaus, sondern Phlegma schlechthin der sicherste Schutz für das Königshaus war. Er kam hierher und spottete:

»Besonders gefiel mir ein großer Platz,
umgeben von stattlichen Häusern.
Dort wohnt der König, dort steht sein Palast,
er ist von schönem Äußern.

(Nämlich der Palast). Vor dem Portal
zu jeder Seite ein Schildhaus.
Rotröcke mit Flinten halten dort Wacht,
sie sehen drohend und wild aus.

Mein Cicerone sprach: Hier wohnt
der Ernst Augustus, ein alter,

hochtoryscher Lord, ein Edelmann,
sehr rüstig für sein Alter.

Idyllisch sicher haust er hier,
denn besser als alle Trabanten
beschützet ihn der mangelnde Mut
von unseren lieben Bekannten.«

Andere Königshäuser sind den Revolutionen ihrer Bürger zum Opfer gefallen. Das Haus Hannover starb unter den Schlägen der Preußenkönige. Hat sich Graf Königsmark gerächt?

Georg Eyring

Spuren im Sand
Vom Geist einer kleinen Stadt

»Wer von der Heide oder anders woher, aus wessen Botmäßigkeit immer, in unsere neue Stadt Celle, da zu wohnen, kommen wird, wenn er binnen Jahr und Tag nicht zurückgefordert wird, so soll er frei sein.«[1] Das verkündete Herzog Otto der Strenge im Jahre 1292. Stadtluft macht frei - hieß es damals. Nicht in jedem Anfang liegt die Ewigkeit.

Auf der Suche nach kulturellen Spuren muß man in dieser Stadt nicht fürchten, die Orientierung zu verlieren - sie sind äußerst dürftig »in jeistiger Hinsicht«, wie Tucholsky wohl gesagt haben würde.

»Celle blieb im wesentlichen eine künstlich angelegte kleine Großunternehmerkolonie«[2], schreibt Albert Neukirch in seiner »Kleinen Chronik« von 1931 und meint das Mittelalter. Den statistischen Beweis für die Neuzeit liefert die Stadtchronistin Carla Meyer-Rasch in ihrem Werk mit dem tönenden Titel »Celler Persönlichkeiten«[3], in dem sie acht Lebensbilder malt: vier Juristen, einen Arzt, zwei Fabrikanten und - immerhin eine Kneipenwirtin. Programmatisch prangt auf dem Umschlag das Bildnis eines schneidigen Keksfabrikanten aus wilhelminischen Tagen. Solcher Kultur weiß Niedersachsen sich bis heute verpflichtet.

Macht die Luft dieser Stadt wirklich frei? Stadtflucht lautet die Devise aller, denen es um die Wirklichkeit und ihren künstlichen Ausdruck geht. »Dabei ist hier doch alles so idyllisch«, raunen alle Touristen. Aber nicht in jeder schönen Haut steckt auch ein schöner Geist. Man muß kein enttäuschter Liebhaber sein, um das zu wissen. Wer wahren Geist sucht, gehe in die Ratsapotheke. »Alter Provisor« heißt der Weise. Er hat 50 Vol. %.

---

1 zit. bei Albert Neukirch, Kleine Chronik der Stadt Celle, Celle 1931, Seite 16
2 ebenda
3 Carla Meyer-Rasch, Celler Persönlichkeiten, 2. Aufl. Celle 1976

Der Spurensucher muß die Hoffnung zum Prinzip erheben, um sie nicht zu verlieren. Da findet sich in einer Biographie des Johann Sebastian Bach, erschienen 1976 zu Leipzig/DDR der Merian-Stich der »Fürstl. Residentz Statt Zell«. Im Text aber heißt es nur, »es kann angenommen werden, daß der junge Bach dort sogar am Geigen- oder Bratschenpult zuweilen mitgespielt hat.«[4] Gesichert an dieser Überlieferung ist, daß er nicht dageblieben ist.

Matthaeus Merians selige Erben haben in ihrer Beschreibung der Herzogtümer Braunschweig und Lüneburg aus dem Jahre 1654 Wesentliches erkannt, als die feststellten: »Der Grund umb die Stadt ist etwas sandigt ...«[5]

Um diesen Grund nicht geschert hat sich ein venezianischer Bettelknabe mit dem musikalischen Namen Francesco Maria Cappellini-Stechinelli. Er hat es vermocht, den letzten Heideherzog Georg Wilhelm bei Laune zu halten, obwohl er ihm auch Post und Finanzen hielt. Er machte einer cellensischen Hofratstochter ein Kind, während er noch mit einer anderen verheiratet war, die er nicht minder liebte. Und brachte es trotzdem zum Grafen. Dieser Mann mit dem Bettlerhut im Wappen stiftete einen Brunnen, der nun vergessen im einst schönen, jetzt zum Parkplatz verschandelten Innenhof der Ritterschaft steht, umpflanzt von spießigen Beeten, auf denen herumtrampeln muß, wer die poetischen acht Brunnenbilder sehen will. »Casca il fior, restan le spine« steht auf dem einen: »Wenn die Blume verblüht, bleiben die Dornen.«[6]

1705 ist es aus mit der Residenz und mit der Poesie. Die Stadt soll fürstlich entschädigt werden – mit einer Universität. Doch Celles Bürger wollen nicht. Erst die zweite Wahl fällt auf Göttingen. Hierzu hat Heinrich Heine alles gesagt.[7] Die Celler dulden keinen Hain, in dem Studenten nicht nur brav singen, sondern den Töchtern auch heiße Flötentöne beibringen könnten. Sie ziehen ein »festes Haus« vor – das ab 1710 errichtete Zucht- und Irrenhaus. Das ist schön ruhig und sieht aus wie ein Schloß – von außen.

---

4 Walther Siegmund-Schultze, Johann Sebastian Bach, Leipzig 1976, Seiten 23f.

5 »Topographia und Eigentliche Beschreibung Der Vornembsten Stäte Schlösser auch anderer Plätze und Örter in denen Herzogthümer Braunschweig und Lüneburg«, erschienen »Bey Matthaei Merian S. Erbe«, zu Frankfurt 1654, Seite 215

6 Heinrich Heine, Die Harzreise (1824). In: Sämtliche Werke. Herausgg. von Ernst Elster, Dritter Band, Leipzig und Wien o.J., Seiten 15ff.

7 cf. Carla Meyer-Rasch, Alte Häuser erzählen, I. Band, 3. Aufl., Celle 1972, Seiten 57ff., 280f.

Schlag auf Schlag folgt 1711 die Errichtung des Oberappellationsgerichts und 1735 als weitere huldreiche Gabe ein Landgestüt. Man muß stets um den Geist fürchten, wenn Majestäten Geschenke bringen. Celle bekam noch Kasernen. Nun war das Maß voll zur Bildung der Untertanen.

Heidesand ist schon ein schlechter Boden. Wenn dazu Gefängnismauern kommen und Jahrhunderte alter Aktenmuff, wird es nichts mit den Musen. Da hilft auch keine Hengstdressur.

Literatur findet auf der Durchreise statt. Im Jahre 1789 erschien anonym ein Buch: »Niedersachsen (In seinem neuesten, politischen, civilen und literarischen Zustande) - Ein in der Lüneburger Haide gefundenes merkwürdiges Reisejournal«; darin heißt es: »Von Braunschweig gieng ich über Zelle oder Celle hiehier nach Hamburg. Diese Tour war eine der langweiligsten meines Lebens. Keine unterhaltende Gesellschaft, meist dürre Gegenden, wenig Abwechselung der Aussichten und also - fast immer eine tödtende Einförmigkeit.«[8] Das ist Zelle. Höhnt der Autor, wenn er fortfährt: »Celle gefällt mir sehr«? Die Erklärung folgt sechs Seiten später: »Derjenige, der den Grad des weiblichen Reizes nach dem wollüstigeren, fleischigteren und wellenförmigen Bau des Körpers abmißt, und der eben nicht so sehr auf das geistigere Wesen und auf die Grazie im Gesicht und in allen handlungen siehet, kann in Braunschweig und Celle ebensogut seine Rechnung finden, wie in Baiern.«[9] Da wären wir also.

Die nächste Reisende ist eine feine Französin - Madame de Stael. Sie schreibt in ihrem Buch über Deutschland von 1814: »Ein wilder Volksstamm, Heidschnucken genannt, bewohnt die Gegend«[10] - gemeint ist die cellesche. Die Dame war auf der Fahrt nach Weimar - eine Stadt, die weniger Hengste, Henker und Richter gesehen hat als Celle, dafür aber Goethe, Schiller und Wieland.

»In Celle zu Mittag gegessen im Hotel d'Hannover. 'Kutscher! Ist Celle ein großer Ort?' - 's'ist ein kleines Dinges.'«[11] Diese kulturelle Einschätzung trägt das Datum 9. Oktober 1828 und stammt von Lud-

8 Quintus Aemilius Publicola, »Niedersachsen«, Rom 1789, Seite 43
9 ebenda, Seite 49
10 zit. bei Robert Minder, »Lüneburger Heide, Worpswede und andere Heide- und Moorlandschaften«. In: Dichter in der Gesellschaft, Erfahrungen mit deutscher und französischer Literatur. Ffm. 1972, Seite 295
11 Ludwig Börne, Sämtliche Schriften, neu bearb. u. herausgeg. von Inge und Peter Rippmann, Zweiter Band, Düsseldorf 1964, Seite 736

wig Börne, der nicht einmal zur Nacht bleiben mochte, sondern sogleich wieder in den Postwagen stieg und weiterfuhr, um fürderhin nur noch Briefe aus Paris zu schreiben. Dort wo er speiste, wirkt heute KARSTADT. Börne sei verziehen, daß er mit vollem Bratkartoffelbauch noch kurz befand: »Aber das kleine Dinges kam mir artig und freundlich vor.« Er fuhr ja schließlich weiter.

Alle haben gesehen, daß sie fortkamen aus dem Einerlei zwischen Staub und Sumpf. Das gilt sogar für den höchst geehrten Sohn dieser Stadt, der so eindringlich versucht hat, den kulturellen Boden zu verbessern. »Es lag ihm zunächst daran, seiner Umgebung augenscheinlich darzutun, daß es einen Ackerbau gebe, der vollkommen und ergiebiger sei, als der, welchen man im Celleschen Felde betreibe.«[12] Das schreibt Theodor Fontane über Albrecht Thaer, den Erfinder der »rationellen Landwirtschaft«. Von menschlichen Köpfen ist nicht die Rede. Sein Denkmal steht im Schloßpark, an einigen Häusern hängen Gedenktafeln – und dennoch ging der Mann ausgerechnet nach Preußen, um dort geadelt zu werden. »A. Thaer ist ein unbedingter Verfechter der Inzucht...«,[13] heißt es in der Festschrift zum 100. Todestag aus dem Jahre 1928, herausgegeben von der immer noch »Königlichen Landwirtschafts-Gesellschaft« zu Hannover. Ein junger Autor befand im Jahre 1843: »Das Geheimnis des Adels ist die Zoologie.«[14] Davon hatte Celle stets genug – Thaer aber wurde es zu eng. »Weder gefiel die Stadt ihm, noch er der Stadt. Ihm erschien alles klein, beschränkt, krähwinklig; er erschien allen eitel und eingebildet... Der Prophet galt nichts in der Heimat. Jahre vergingen in Unmut und Unbefriedigtheit.«[15]

Verkommen ist am Harburger Berg das Grab eines Dichters, der im französischen Revolutionsjahr 1789 das cellensische Licht der Welt erblickt hat: Ernst Schulze, der im Sommer 1817 als Göttinger Privatdozent nur zurückkam, um hier an der Schwindsucht zu sterben. Die »Niedersächsische Literaturgeschichte« versucht, ihn zum Heide-Kör-

---

12 Theodor Fontane, Wanderungen durch die Mark Brandenburg. Zweiter Teil. Das Oderland, 13./14. Aufl., Stuttgart, Berlin 1915, Seite 118

13 Albrecht Thaer. Sein Leben und seine Bedeutung in Vergangenheit und Gegenwart. Zum Gedächtnis der Wiederkehr des 100. Todestages am 26. Oktober 1928. Herausgeg. von der »Königlichen Landwirtschafts-Gesellschaft«, Hannover 1928, Seite 105

14 Karl Marx, Zur Kritik der Hegelschen Rechtsphilosophie. In: Marx/Engels, Werke, Band 1, Berlin 1969, Seite 311

15 Theodor Fontane, l.c., Seite 118

ner aufzurüsten. Sie nennt ihn den Dichter, »der sich nicht begnügte, patriotische Lieder voll Feuer zu dichten, sondern im Jahre 1813 selbst mit hinauszog, um im Grubenhagenschen Jägerbataillon für die Freiheit Deutschlands zu kämpfen«.[16] Diese Freiheit führte in die Restauration. Doch die deutsche Tugend windet stets patriotische Kränze, wenn der kritische Geist auf dem Schindanger liegt. Ernst Schulze kannte seine Celler Pappenheimer des Jahres 1813 und schildert die »Freiheit« am Ende der Franzosenzeit: »An allen Ecken wird politisiert, aus allen Wirtshäusern schallt das Geschrei betrunkener Patrioten, die sich ihrem König zu Ehren unter Tischen und Bänken herumwälzen.«[17]

Ein anderer, »in Stahlgewittern« ausgezeichnet, wurde von Kirchhorst, wo er damals wohnte, nach Celle einberufen in den Zweiten Weltkrieg. Bereits 1942 erschienen Auszüge aus seinen Tagebüchern. Celle, 1. September 1939: »Die alte Heidestadt war finster, und die Menschen bewegten sich wie Zauberwesen in einem Minimum an Licht... Und hin und wieder klatschte ein schwerer Karpfen aus dem Graben, der den Schloßpark säumt. Gleich diesen Tieren schnellt uns die Lust zuweilen in ein fremdes, leichteres Element.«[18]

Das steht in Ernst Jüngers »Gärten und Straßen, Berlin 1942«. Erst die Leser der 10bändigen Werkausgabe, 1960ff. dürfen einen weiteren Satz erfahren aus dem Celler Schloßpark: »Ich kam an einer Bank vorbei, auf der zwei alte Damen saßen; die eine sagte: 'Du mußt bedenken, daß bei dem allen auch Fügung ist.'«[19] Denn heute gehört uns Deutschland - und morgen die ganze Welt.

»Celle, die Stadt des feingeistigen Bürgertums«,[20] reklamiert die Schriftleiterin der »Celleschen Zeitung« Hanna Fueß ebenfalls im Jahre 1942. Sie mußte es wissen, sie stammte von hier und hatte jugendbewegte Tage erlebt. »Hermann Löns und die Swaantje« heißt ihr triefendes Erinnerungswerk aus dem Jahre 1923. 129. bis 133. Tausend steht in meinem Exemplar aus dem Jahre 1941 - ein deutscher

---

16 Erich Rosendahl, der Ernst Schulze fälschlich erst am 26. Juni 1826 sterben läßt, in: »Niedersächsische Literaturgeschichte«, Hildesheim u. Leipzig, 1932, Seite 120

17 abgedruckt in: Carla Meyer-Rasch, Alte Häuser erzählen, 1. Band, 3. Aufl., Celle 1972, Seite 14

18 Ernst Jünger, Gärten und Straßen, Berlin 1942, Seite 51

19 Ernst Jünger, Werke in zehn Bänden, Stuttgart 1960ff. Band 2, Tagebücher II, Strahlungen Erster Teil, Seite 71

20 Hanna Fueß, »Von Sophie Dorothea bis Oberamtmann Reinking«, in: Cellesche Zeitung 2. 2. 1942

Bestseller also im Gefolge der Heldenverehrung des zum Barden aufgenordeten Hermann Löns, der sich vor dem ersten Weltkrieg in das noch ungefärbte Milch und Blut dieses Bürgerkindes verguckt und daraus seinen schlechtesten Roman »Das zweite Gesicht« gezimmert hatte. Sie verstand es, Honig zu saugen postmortal, als der Dichter bereits im Massengrab verkam, aus dem ihn die Völkischen im Jahre 1934 herausklaubten, um mit den Resten eine Posse aufzuführen, die ihr Ende erst unter dem Tietlinger Gedenkstein fand – Wallfahrtsort noch heute für Wehrwölfe a.D.

»Unsere Heimatstadt Celle aber ist unlösbar mit dem Namen Hermann Löns verbunden«, schrieb das nachmalige Fräulein NS-Schriftleiter im »Celler Heimatbuch« des Jahres 1921. »Was Husum für Th. Storm, Weimar für Goethe und die Mark für Fontane bedeutete, das gab Celle Hermann Löns.«[21] Große Töne. Und des Rätsels Lösung? »Die allergrößte Freude machte ihm nämlich eine 'Entdekkung' – ...« Wie bitte? »Die Gebirgsbachstelze hier in Celle!« Leider verschwand sie »in zierlichem Fluge über das quirlende Wasser im dichten Gezweig des Allerklubs«. Wer mag da widersprechen? »An dem Abend war Hermann Löns wirklich glücklich ...«[22] singt die vom Dichter ungeküßte Heidelerche.

Heidelerchen sind braun und diese Dame ist ihrem cellensischen Feingeist treu geblieben, der noch 1942 tönte: »Wir wollen uns bewußt und stolz zu den Härten unserer Zeit bekennen.«[23] 1945, als 50 000 Menschen verscharrt in den Massengräbern des Konzentrationslagers Bergen-Belsen bei Celle liegen und niemand mehr sagen kann, er wisse auch jetzt noch nichts von der Schande, wandert die höhere Tochter durch die Dörfer des Landkreises und legt Dossiers an, wie treu ergeben die Leute an den Führer geglaubt, welch Gutes geschehen war in jenen tausendjährigen Zeiten und wie scheußlich sich die aus dem KZ Befreiten aufgeführt haben samt ihren aliierten Befreiern. Kein Wort für die Opfer, kein Wort über Schuld oder gar Sühne, bloß feige Rechthaberei.

In den Massengräbern von Belsen liegt Anne Frank begraben, die nicht namenlos geblieben ist, weil sie ein Tagebuch geführt hat. Der

---

21 Hanna Fueß, Hermann Löns und Celle, in: Celler Heimatbuch, herausgeg. von O. Weltzien, Celle 1921, Seite 134

22 ebenda, Seite 136

23 Hanna Fueß, »Ich seh des Maien Schein«, in: Cellesche Zeitung, 1. 5. 1942

Schriftsteller Ernst Schnabel hat ein Buch über sie geschrieben »Anne Frank - Spur eines Kindes«. Er hat auch mit Hanna Fueß gesprochen und ihr deutsches Verdrängen dokumentiert: »Was die 'Chronistin' berichtete, ist schnell gesagt: Ich bin in allen den Dörfern herumgekommen nach dem Kriege, und ich kann Ihnen versichern, sprach sie, niemand hat etwas gewußt. Es war ja alles geheim. Ich habe damals auch schon hier in der Gegend gewohnt. Ich war bis 1945 Schriftleiterin bei einer Zeitung, und mir war auch nicht das geringste von dem Lager bekannt.«[24]

»Von einem bestimmten Standpunkt aus betrachtet, war die Vernichtung mehr eine christliche Katastophe als eine jüdische, die christliche Welt hat Bankrott gemacht.«[25] Der Mann, der dies schrieb, ein jüdischer Rabbiner, hat Tausende von Menschen nach der Befreiung in Bergen-Belsen bestattet, mit eigenen Händen. Hanna Fueß starb geehrt und uneinsichtig betagt als Chanoisse im Kloster Wienhausen.

Aber die Celler haben die Vergangenheit verdrängt, sind geblieben, was sie immer waren, »konservativ bis auf die Knochen«. Für Celle ist Bergen-Belsen tabu - so sehr, daß man sich nichts daraus macht, auch alte Stadt-Friedhöfe jahrelang dem totalen Verkommen und Verwildern zu überlassen wie am Harburger Berg. Verehrt dagegen werden höchst zweifelhafte Helden wie der in Celle gepflegt ruhende Feldmarschall von Mackensen, der es sich nicht nehmen ließ, als kaiserlicher Operettenhusar den ständigen Statisten auf Hitlerparaden zu spielen. Im Bewußtsein dieser Stadt herrscht der »Tag von Potsdam«, nicht das Grauen von Bergen-Belsen. Geschichte aber ist unteilbar.

Celle ist unversehrt außen und innen. Mit Kunst und Kultur war und ist es nichts - es sei denn zu Zwecken der Erbauung. Künstler werden vertrieben aus diesem spießigen Reizklima, gehen freiwillig, wenn sie am Leben bleiben wollen - am künstlerischen. Wie schnell der Geist wieder der alte war, hat der Dichter und Maler Fritz Graßhoff erfahren, der hier viele Jahre nach dem Krieg gelebt hat. Auch er wurde schließlich vertrieben vom Dünkel und Haß der ewig Gestrigen, die ihm im wahrsten Sinne des Wortes auf den Geist gegangen sind. Sein halbwüchsiger Sohn mußte sich noch Anfang der 60er Jahre von den herrlichen Mitschülern als Sohn eines intellektuellen Schmierers ver-

---

24 Ernst Schnabel, Anne Frank - Spur eines Kindes, Ffm. 1958, Seite 148
25 Zvi Asaria, Die Juden in Niedersachsen, Leer 1979, Seite 491

unglimpfen lassen. Fritz Graßhoff hat unbeirrt von Cellensischer Harthörigkeit dieser Stadt stoisch den Rücken gekehrt, weiter seine frechen »Halunkenpostillen« gesungen und »Fürchte Dich nicht, in jeglichen Hintern zu treten. Es gibt keine Scherben.«[26] In seinem 1980 erschienenen Roman »Der blaue Heinrich« hat er Celle und seinen bruchlosen Aufstieg in die muffige Nachkriegszeit satirisch bedenkmalt.

Fritz Graßhoff atmet heute an der Bergstraße freiere Luft, in Zwingenberg. Und wenn er an Celle zurückdenkt, sagt er, er habe es dort mit der Seeräuber-Jenny von Bertolt Brecht gehalten: »Und sie wissen nicht, mit wem sie reden.«[27]

Und das wußten sie ebensowenig mit Arno Schmidt, einem der größten Dichter dieses Säkulums, der seit 1958 im nahen Bargfeld lebte und sich mit dieser Stadt nie eingelassen hat, außer daß er 1979 im hiesigen Krankenhaus sterben mußte, am Pfingstsonntag. Sein im Kreis Celle geschriebener Satz ist ein Motto: »n anschtändijer Mensch kann wieder mal nur Emigrant sein, oder Jakobiner!«[28]

Gegen Ignoranz ist kein Kraut gewachsen. Diese Stadt wird nicht aufhören, sich auch weiterhin einzubilden, unter den kleinen eine der größten zu sein. »Vielleicht war das alles erst der Anfang« ist der Titel des Tagebuchs von Hanna Levy-Haas aus dem KZ Bergen-Belsen. Es ist wahrlich kein Silberstreif am Nachrüstungshorizont.

---

26 Fritz Graßhoff, »Mir, an den Spiegel zu stecken«, in: Graßhoffs neue große Halunkenpostille, Wiesbaden, München 1981, Seite 169

27 Bertolt Brecht, Die Dreigroschenoper, Gesammelte Werke, Band 2, Ffm. 1967, Seite 415

28 Arno Schmidt, KAFF auch MARE Crisium, Karlsruhe 1960, Seite 13

Reimar Hollmann

Hermann Löns
Heimatdichter ohne Wurzel

Hermann Löns und kein Ende. Nach einem Schonzeit-Intermezzo aus Verlegenheit ist der Dichter zur Zeit wieder Gegenstand zahlreicher Rettungsversuche, zuletzt von Michael Schulte, der in einer Auswahl für den Düsseldorfer Claassen-Verlag (Die Hunde beheulen den Tod des Herzogs) einen »anderen Löns« verheißt.

Schulte ist bemüht, das Bild des Heidebarden, den die Nationalsozialisten für ihre Blut-und-Boden-Ideologie vereinnahmten, durch das Gegenbild des Pazifisten, Proletenfreundes, Obrigkeitskritikers zu relativieren und die Lust an der Zerstörung, den Todesdrang aufzuzeigen, die diese Abenteurernatur erfüllten.

Diese Erkenntnisse sind keineswegs neu, nur nie sehr volkstümlich geworden. Vor allem: auch sie bringen erst die Hälfte. Löns, ein Wurzelloser auf ständiger Suche nach dem Idyll, hat in verschiedenen Lebensphasen Unterschiedliches gedacht (wenn auch vielleicht) nicht gefühlt und formuliert. Aber nicht bloß alternativ.

So kann es passieren, daß, wie schon wiederholt seit 1974, der Name Löns für eine Star-Show des Schlagergewerbes herhalten muß, um dessen retortengefertigten Rührsingsang in die Nähe des Volksliedes zu mogeln, was auch dann unerlaubt bleibt, wenn es Löns bei seiner schwächsten Seite packt, bei den »Rosengarten«-Versen.

Diese Gedichte mit ihrer starken Resonanz bei Jugendbewegung und Zupfgeigenkult haben den einen, harmloseren Teil seiner Popularität ausgemacht, die besten sind sogar anonym geworden. Für die Jugend für 1914 sei diese Lyrik »nicht Literatur, sondern Leben« gewesen, überliefert der Dichterpfarrer Albrecht Goes.

Albrecht Schaeffer hingegen berichtet, Löns habe seine Reimereien selbst nicht ernst genommen, sondern als hingeworfenes Zeug belächelt. Dafür spricht, was seine erste Frau, Elisabeth Erbeck, erzählt:

Der Verleger sei mit einem Band Rilke gekommen und habe gesagt: »So etwas müßten wir auch mal haben ...«

Der bösere Teil war die militante Haltung im »Wehrwolf«, den Kurt Tucholsky den »Gewehrwolf« taufte, hinzufügend, er verdanke den Riesenerfolg seinem »Sadismus mit ethischem Gesamtziel«. Der und der Heldentod des Verfassers sprachen denn auch latente Strömungen an, bis zu den Fehme-Organisationen der Weimarer Zeit.

Dagegen hält der Löns-Apologet Wilhelm Deimann, der »Wehrwolf« sei »beim besten Willen nicht militaristisch«, sondern der »Roman der nackten Notwehr der zivilen werktätigen Menschheit... gegen das, was man Soldateska nenne«. Eine Beschreibung der Soldateska schlechthin ist er auch für Fechters Literaturgeschichte.

Was übersehen wird: Diese Soldateska, dieser Völkermord, das sind immer nur die anderen. Auf der eigenen Seite sind Anstand, Moral, Abwehr (daher Wehrwolf). Gott mit uns – mit Hurra zogen sie 1914 ins Feld gegen eine vermeintliche Welt voll Teufel; selbst die Widerstrebenden scharten sich 1933 um den Kriegsherrn.

Daß auch ganz andere, Thomas Mann, Hermann Hesse, Gerhart Hauptmann, Alfred Kerr damals die chauvinistischen Töne anschlugen, daß sein früher Tod im Felde Löns keine Chance zum Sinneswandel gelassen hat, steht auf einem anderen Blatt. Wir wollen Löns nicht anklagen – aber wir dürfen auch aus Schwarz nicht Weiß machen.

Nationalismus, Fremdenfeindlichkeit manifestiert sich nicht nur in Wehrwolf-Sentenzen: »Besser fremdes Blut am Messer als fremdes Messer im eigenen Blut«, sondern auch in den Kampagnen gegen »literarische Auslandssucht«, wenn Löns, um Busch aufzuwerten, Gorki und Tschechow als »gänzlich überflüssig« verwirft.

Dem geborenen Naturschilderer führte auch als Rezensent (Essayist ist da zu hoch gegriffen) die Impression, ja die Emotion die Feder. Kühle Analyse war seine Sache nicht. Gerade deshalb renken rationale Interpretationskünste sich immer den Arm aus. Der andere Löns ist eben ohne den einen einfach nicht vorstellbar.

Daß Löns überschätzt werde, hat nicht nur Tucholsky gemeint, sondern auch Erich Rosendahl 1932 in seiner Niedersächsischen Literaturgeschichte, und er hat recht behalten, wenn er nicht in den großen Romanen das Bleibende sah, sondern in den kleinen Tier- und Landschaftsfeuilletons zu »was da kreucht und fleugt«.

Der Verhimmelung folgte, ein deutscher Brauch, die Verbannung. Der Spiegel schlug Purzelbäume der Bissigkeit; sogar ein seriöser Literat wie Karl Krolow ließ allenfalls ein paar Verstecke gelten im »wunderschönen Land der ... Genre-Postkarte mit ihrer stockfleckigen Ansicht von einer (wohl vermeidbaren) Welt«.

Viele klammern, peinlich berührt, Nationalismen und Sentimentalitäten aus und picken Unschädliches heraus; Walther Killy hat ein Stück aus dem »Braunen Buch« in sein Lesebuch aufgenommen. Um die Prosa hat sich Richard Gerlach durch eine Anthologie der schönsten Erzählungen verdient gemacht (Fackelträger-Verlag Hannover).

Einen Weg zur Deutung und Würdigung des unverkürzten Löns aber weist der Pariser Germanist Robert Minder, der die deutsche Sprache besser meisterte und sich in deutscher Dichtung besser auskannte als die Mehrzahl seiner amtierenden bundesrepublikanischen Kollegen, in dem Band »Dichter in der Gesellschaft«.

Er sieht, daß dieser Dichter der Heimat nicht in der Erde wurzelt, die er besingt. Der in Westpreußen geborene Westfale, der hier Ruhe sucht, ist geistiger Abkömmling Kiplings, Jack Londons, Hamsuns; auch der große Vagant Villon darf hier genannt werden. Wurzellos wie im Boden ist er auch in der Ehe; mit 48 fällt er.

In der rassistischen Bauernmoral der »Roten Beeke« spiegelt sich Darwins Kampf ums Dasein. Die Heide unter freiem Himmel: Symbol absoluter Freiheit, Einklang mit dem Kosmos. In dieser Landschaft entsteht die kriegerische Weltsicht Ernst Jüngers, und hier liegen, grausame Konsequenz, die Gräber von Bergen-Belsen.

Löns hat diese Entwicklung weder geahnt noch gewollt. Eine Weile, als er für hannoversche Zeitungen als Fritz von der Leine oder Ulenspiegel freche Glossen schrieb, schien er ernsthaft zur Opposition entschlossen. Aber dann schwamm er mit im großen Strom, auch in der Kunstauffassung der Reaktion anheimgefallen.

Heute sind »Polster von Erika die Autobahn entlang ... Heide, lila und unfruchtbar« (Gottfried Benn). Mürrisch registrierte Arno Schmidt die Ablagerungen des Großstadtgetriebes, die sich da versammelt haben. Löns hat hier selber sein Idyll nicht gefunden. Aber die Idyllen, die er geschrieben hat, sind Lohn der Suche.

Sicher ergänzt die Kenntnis seiner Abhandlungen, und sei es die unbedarfte Definition von Satire und Humor, unsere Sicht auf den

Mann, der die Schuld an seiner privaten Misere der »Emanzipation der Frauen« zuschob. Doch müssen wir ihm nicht folgen, wenn er sich für einen Parodisten hält.

Hermann Löns

Manfred Hausin

Von Hengsten und Juristen

Am Rande der Altstadt von Celle liegen Landgestüt und Oberlandesgericht einander zwischen Aller und Fuhse auf einer Talsandinsel gegenüber. Höhepunkte im gesellschaftlichen Leben der Bevölkerung sind der alljährlich stattfindende Hengsteball und die Juristenparade. Findet ersterer im internen Kreis der Pferdefreunde statt, so zieht die letztere im Herbst eines jeden Jahres Tausende von Besuchern an. Der Generalprobe dazu dürfen im Paradehof des Landgestüts traditionsgemäß Schüler und Studenten beiwohnen. Hier der Bericht eines Lehrers, der mit seiner Klasse die Probe zur diesjährigen Juristenparade besuchte:

Der Paradehof sieht fast wie ein Sportplatz aus. In der Mitte liegt eine große Grünfläche, die von einer breiten Aschenbahn umgeben wird. Rund um den Platz sind hohe Tribünen errichtet. Endlich hat jeder seinen Platz gefunden. Wie alle ungeduldig auf ihren Bänken hin- und herrutschen! Ein aufgeregtes Summen und Brausen liegt über dem Platz.

Nun wird es plötzlich still. Alle Augen richten sich auf das Tor in einer Ecke de Paradehofes. Juristen traben heran, von Justizvollzugsbeamten in blanken Uniformen an der Hand vorgeführt. Blitzsauber sind ihre Geschirre. Unruhig tänzeln sie über die Aschenbahn. Sie sind es nicht gewohnt, daß die Öffentlichkeit ihnen zusieht. Bald erscheinen auch andere, bilden eine Doppelreihe, traben Schleifen, Achten und Figuren wie beim Volkstanz. Nun stellen sie sich in einer schnurgraden Linie auf, Kopf an Kopf, Leib neben Leib. Unbeweglich und stolz stehen sie wie Standbilder. Da heben die Justizvollzugsbeamten die Hände zum Gruß an die Mützen und hinaus geht's wieder in gestrecktem Galopp.

Marschmusik klingt auf. Ein herrlicher Oberstaatsanwalt trabt nun in die Runde. Dabei setzt er seine Beine genau im Takt. Ist er denn musikalisch? Jetzt reicht ihm jemand ein Stück Zucker. Schon erhebt er sich auf die Hinterbeine und läuft mit aufgeblähten Nüstern einige Schritte aufrecht. Ganz stolz blicken seine Augen, als wollte er sagen: Seht, was Hengste könne, das kann ich auch!

Ho! Was ist das? In rasendem Galopp jagen Oberlandesgerichtsräte herein. Immer zwei dicht nebeneinander. Je ein Rechtsanwalt mit Zulassung beim OLG steht breitbeinig auf ihren Rücken. Das ist ja wie im Zirkus! Wenn die jetzt nur etwas auseinanderlaufen, dann ... O weh! Schon ist es geschehen. Da liegt die Verteidigung am Boden! Die Zuschauer schreien auf. Doch ruhig, als ob nichts geschehen wäre, warten die Richter, bis diesmal ihr Vorsitzender auf ihre Rücken geklettert ist. Und weiter geht es in wildem Galopp. Ja, das ist die gefährliche »Celler Post«!

Keiner der Zuschauer hat bisher auch nur einen Blick auf die Uhr im Landgestüt geworfen. Über zwei Stunden dauert die Juristenparade schon. Was ist das schönste bisher gewesen? Der zweirädrige Traberwagen mit den Staatsanwälten? Oder die ... Halt! Noch ist die Parade ja nicht zu Ende! Jetzt erscheinen wieder Rechtsgelehrte am Eingang. Wieviele sind es? Schnell zählen! Neun Senatspräsidenten. Sie sind nach ihren Farben zusammengestellt, schwarze und braune, ein Falbe, ein Fuchs. Alle sind durch Leinen verbunden und ziehen einen einzigen Wagen. In großen Buchstaben steht ein Wort darauf: JUSTITIA.

Da fängt es an zu regnen. Seht nur, wie sie versuchen, die Karre noch tiefer in den Dreck zu ziehen! Nur der einsame Fuchs versucht verbissen Widerstand zu leisten. Ein wunderbares, ein hoffnungsvolles Bild! Bravo! erschallt es aus den Kehlen von Hunderten junger Menschen. Zieh! Zieh! Einige wenige Jurastudenten sind über die Absperrungen gesprungen und versuchen, dem Fuchs zu helfen. Aber der Karren steckt zu tief im braunen Morast. Und schon tauchen auf Staatsanwälten reitende Polizisten auf. RUUUHHHEEE! ertönt die Stimme des Landgestütspräsidenten, RUUUHHHEEE! Oder ich lasse das Oberlandesgericht räumen...

Eckart Spoo

Silberhochzeit beim Welfenbund

Der Karneval war längst vorüber, als am Himmelfahrtstag 1977 im überfüllten Unionsfestsaal in Celle ein Redner von der Bühne herabrief: »Wir lassen unser Prinzenpaar nicht im Stich.« Zwar erinnerte vieles an eine Rosenmontagsprunksitzung der Mainzer oder Kölner Narren, aber was sich jetzt im Mai in einer norddeutschen Stadt abspielte, war ganz und gar ernst gemeint. Der Welfenbund e.V. huldigte dem Chef des Welfenhauses, Ernst August von Hannover-Braunschweig-Lüneburg, und dessen Frau Ortrud geborene Schleswig-Holstein-Glücksburg-Sonderburg*, wozu es doppelten Anlaß gab: das 25jährige Bestehen des Welfenbundes und die Silberhochzeit seines Prinzenpaares.

Viele prominente Gäste konnten begrüßt werden: die beiden Celler Bürgermeister Hörstmann und Severin, Vertreter der Stadtratsfraktionen von CDU, SPD, FDP und Freier Wählergemeinschaft, der britische Generalkonsul (dem man versicherte: »Die Verbundenheit zum britischen Königshaus ist ein Herzensanliegen der Hannoveraner«), weitere Vertreter des Konsularischen Korps, Vertreter der Kirchen, etliche Landtags- und Bundestagsabgeordnete, der niedersächsische Bundesratsminister und CDU-Landesvorsitzende Wilfried Hasselmann, Abordnungen des Bayernbundes, der österreichischen und der italienischen Monarchisten, des russischen Obersten Monarchistischen Rates mit Sitz in London (starker Beifall), eine exilpolnische Abordnung (»Die Polen haben sich seit 100 Jahren als treue Kampfgenossen der Welfen gezeigt«), Funktionäre der ostdeutschen Landesmannschaften, die Traditionsreiter Brauchschweigische Husaren, die Schützengesellschaft Ernst August, weitere Schützen- und Jagdvereine

* Ortrud, Prinzessin Hannover, ist inzwischen verstorben. Ernst August, Prinz von Hannover, ist nunmehr verehelicht mit Monika Gräfin zu Solms-Laubach.

und nicht zuletzt der niedersächsische Ministerpräsident Ernst Albrecht.

Allgemeiner Applaus bekräftigte die Feststellung des Eröffnungsredners: »Die Treue zum angestammten hannoverschen Königshaus hat uns heute hier zusammengeführt.« Nach einer Blasmusik (nicht dem Narrhallamarsch) oblag es dann dem Gutsbesitzer und Bankkaufmann Jobst Baron von Jeinsen-Geynhausen, Vorstandsmitglied des Welfenbundes, die politische Bedeutung dieses Treuebekenntnisses herauszustellen. Mit Nostalgie, erklärte er, habe das nichts zu tun. Vielmehr gehe es darum, »das Gewesene der Gegenwart einzuverleiben, um daraus Kraft zu gewinnen, die Zukunft zu bestehen«. Zwar sei der Welfenbund eine Minderheit, aber auch eine Minderheit stelle »eine nicht zu unterschätzende Kraft dar, wenn sie weiß, was sie will«.

Jeinsen beklagte den »Zeitgeist«, die »sogenannte progressive Kunst«, den »gesichts- und geschichtslosen Moloch Sozialkunde« in den heutigen Schule und die »Freiheit an sich«, die zu Zügellosigkeit und Willkür führe. All diesen negativen Erscheinungen stellte er als »Leitbild für unser eigenes Verhalten« den Prinzen gegenüber, einen Mann, der im In- und Ausland als vielseitiger Unternehmer »um des Hauses willen in die Pflicht genommen« sei und das welfische Vermögen pflege, zum Beispiel vermittels einer in den österreichischen Alpen angelegten Mautstraße.

Nach der bitteren Klage der Wille zur politischen Tat. Zuversicht ausstrahlend verkündete Festredner Ernst Albrecht sein Programm zur Austreibung des Zeitgeistes: »Wir weigern uns, die Konzentration im Schulwesen weiter fortzuführen; die Schule muß wieder im Dorfe bleiben... Die Politik muß von der natürlichen Lebensordnung ausgehen... Gott sei Dank haben wir ja in Niedersachsen noch eine wunderbare Natur... Wir werden die Familie verteidigen mit allen Kräften, die wir haben.« Zur natürlichen Lebensordnung gehöre auch der Respekt, der wiederhergestellt werden müsse, nachdem »man« es sich in den letzten Jahren haben »angelegen sein lassen, die Menschen zum Konflikt zu erziehen, Kinder gegen Eltern, Schüler gegen Lehrer, Arbeitnehmer gegen Arbeitgeber«. Das dürfe so nicht weitergehen.

Seinen Auftritt bei dieser Veranstaltung bezeichnete Albrecht als »Zeichen der Verbundenheit des Ministerpräsidenten und der ganzen Landesregierung, des Respekts vor den königlichen Hoheiten und des Dankes für die Arbeit, die der Welfenbund unermüdlich leistet, um das Landesbewußtsein zu pflegen und in den Herzen zu stärken«. Und an Ernst August von Hannover richtete Albrecht noch einen besonderen persönlichen Dank dafür, daß »ich bei Ihnen, Eure Königliche Hoheit, immer Unterstützung und Rat gefunden habe«.

Im Aufruf zu der Kundgebung, veröffentlicht im »Bund«, dem Vereinsorgan des Welfenbundes, hatte es geheißen: »Wir wollen kein Europa, in dem es nur noch Genossen und Funktionäre gibt. Auch das wollen wir am Himmelfahrtstag in Celle kundtun.« Es konnte Albrecht nicht schwerfallen, dazu seinen Beitrag zu leisten.

Der Schlachtruf beim rheinischen Karneval lautet »Alaaf« oder »Helau«. Die Redner des Welfenbundes riefen: »Hol faß« (Halte fest). Die Menge antwortete: »Man tau« (Mal zu).

Das Prinzenpaar geruhte sowohl die Elogen als auch die kostbaren Geschenke seiner Getreuen entgegenzunehmen, wobei es huldvoll lächelte.

Übrigens: Laut Geschichtsbuch endete die Welfenherrschaft in Niedersachsen schon im Jahre 1866.

Georg Eyring

In Wehr und Waffen

Celle und sein Militär

Ich war noch Kind, als die grünberockten und weißbehosten Männer durch die Stadt zogen, in deutschem Reih und Glied und Tschingderassabum - mit Holzgewehren. Es war Anfang der 50er Jahre und dieses Land - kurzfristig - ohne Waffen. Es gibt sogar ein Bild von mir - etwa siebenjährig, da marschierte ich mit, das Spielzeuggewehr geschultert, nicht wenig stolz. Aber ich hatte danach ausgedient - für immer?

Dabei hätte schon vor genau 489 Jahren Schluß sein können. »Seit 1493 ist die Celler Bürgerwehr für auswärtige kriegerische Unternehmen nicht mehr aufgeboten«, heißt es in Alfred Kirchhoffs 1928 erschienener Festschrift »500 Jahre Celler Schützenwesen« (»Nachdruck, auch auszugsweise verboten«), unter der Überschrift »Die erste und die letzte Feldschlacht der Celler Bürgerwehr«. In der ersten haben die Celler gewonnen bei Winsen a. d. Aller, Fronleichnam 1388; bei der zweiten und lezten im Jahre 1493 am Blankenstedter Damm, bekamen sie was aufs Haupt. Und danach war es mit Cellischem Feldgeschrei vorbei. Warum also muß dieses »Stück Heimatgeschichte« geschrieben werden? Ganz einfach: 500 Jahre Schützenwesen heißt 500 Jahre schießen und vor allem saufen - kameradschaftlich, versteht sich! Bis auf den heutigen Tag.

Die Celle - die Stadt der deutschen Kontinuität. Thron und Altar heißen hier Militär und Justiz, und das Sein bestimmt das Bewußtsein allemal. Ein Herr von Bloedau hat gedichtet: »Wir Hannoverschen sind's Fundament, / nach uns heißt das Regiment.« Er meinte das Infanterieregiment 77 - »Unser 77er« - die wilhelminische Blüte dieser 400jährigen Garnisonsgeschichte, zu deren artilleristischen Glanzleistungen die treffsicheren Schüsse im Türkenkriege von 1687 gehören, mit der die Akropolis von Athen in den Staub gelegt wurde. Weitere Erfolge ließen nicht auf sich warten.

»Die Stirn mit Eichenlaub umschlungen,
Zählt Dich die Heide und der Rhein
Zu ihren besten deutschen Jungen:
Lieb Vaterland magst ruhig sein.«

Und ab ging's auf die Schlachtfelder des Weltkrieges teutonisch I. Lieb Vaterland bescherte Friedhofsruhe. Tausendjährig hieß das: »Deutsche Volksgenossen! Während des Weltkriegs hielt einmal ein älterer Hauptmann vor seiner Truppe eine kurze Ansprache: »Kameraden, wir müssen sterben, und unsere Frauen müssen weinen, damit unsere Kinder lachen können.« Das waren meine Eltern, die da lachen sollten. Taten sie's? Beim damaligen Celler Oberbürgermeister Ernst Meyer, dessen politische Kontinuität von Anfang Weimar bis Ende Nationalsozialismus trug, sah das so aus: »Seit Adolf Hitler die Führung des deutschen Volkes übernommen hat, dürfen wir mit Recht wieder den Glauben an eine bessere Zukunft haben.« Das kann man in der Celleschen Zeitung vom 28. 5. 1934 lesen – die Zeitung gibt es heute noch so. Eine Gedenkfeier im Kaiserin-Auguste-Victoria-Gymnasium im selben Jahre lief ähnlich ab: »Sieg-Heil auf Hindenburg und Hitler leitete zum Horst-Wessel-Lied über«. Eine Jugend in Deutschland.

Im April 1945 wird bei einem Bombenangriff auf Celle ein Zug mit KZ-Häftlingen getroffen. Viele können ins Neustädter Holz flüchten. Tagelang werden sie wie Vieh zusammengetrieben. Hunderte werden ermordet. Wenig später, am Tage vor dem Einmarsch der englischen Truppen, weigert sich »Stadtvater« Meyer noch, Celle zu übergeben.

»Treue um Treue« hieß es bei der SS. »Treue um Treue« heißt es noch zwei Jahre später am 25. August 1947. Oberbürgermeister a. D. Meyer ist aus dem Internierungslager der Alliierten zurückgekehrt. Er will sich von seinem »Stammpersonal« verabschieden. Außer Diensten ist zugegen der Standartenführer der SA-Standarte Celle und Sturmbannführer Adolf Thies. Es wird ein Blumenkorb überreicht. Celle entnazifiziert – »altehrwürdig« im Rathaussaal.

»Es ist schon so, daß die Deutschen von allen Kleidern, die ein Mensch tragen kann, die Uniform am heißesten begehrten«, schrieb Eugen Kogon 1946, »und der geliebte Waffenrock ließ jetzt wie damals die Herzen aller Fahneneidflüchtigen höher schlagen.« Und so traf man sich schon 1946 wieder – in der alten Nebler-Gaststätte »Zum

Krug«, zunächst noch vorsichtig und einzeln zum Biere. »Fotos, die hinter dem Schanktisch hingen, bewiesen, daß viele Kameraden hier Einkehr hielten.« Einkehr?

Celle hatte seit Oktober 1937 schöne neue Kasernen mit einer »Nebel-Lehr-Abteilung«. Die Leute hatten Nebel geworfen. Das verlernt sich nicht. Denn schon nach dem zweiten »gemütlichen Beisammensein« des Jahres 1946 interessierte sich die englische Militärpolizei für die Herren Früheinkehrer, die sich nun fortan, um sorglich »allem Ärger und Schwierigkeiten aus dem Wege zu gehen, andernorts« versammelten - als »Grüner Klub« zum Kegeln im »Braunen Hirsch«. »Wo oft die Kugeln über die Bahn rollten, fehlte es am wirklichen Kameradschaftsgeist und Einigkeit nicht.« 1948 war es »endlich« so weit, die »Kameradschaft der Nebeltruppe« konnte »riskiert« werden. Und seitdem spenden alle Jahre Stadt und Landkreis markige Grußworte und die Cellesche Zeitung jubelt: »Ehemalige Nebeler treffen sich in Celle - Aus allen Teilen des Bundesgebietes und aus Österreich werden Gäste erwartet.« Ja, Großdeutschland!

Doch wer glaubt, daß ich dichte, der lese dies alles in der Broschüre »5. Jahrestreffen der ehemaligen Nebeltruppe« aus dem Jahre 1954 nach, mit dem Schlachtruf »Nebel - Ahoi!« und dem Porträt eines Generalmajors Ochsner. Seit 1949 treffen sich diese Nebeler, »außer im Jahre 1956 (was mag da losgewesen sein?) regelmäßig«. 1958 zum ersten Male in Sonthofen, wo dann beschlossen wurde, »jedes Jahr ein Treffen zwischen Celle und Sonthofen durchzuführen.« Sonthofen paßt, denkt man. Ja und nein: In Sonthofen ist der »Traditionstruppenteil der ehemaligen Nebel- und Werfertruppe« untergebracht: Die ABC- und Selbstschutzschule. Von der »Inneren Führung« zur »Inneren Nachrüstung«.

Erinnerung an den Spätsommer 1973. Ein englisches Regiment gibt seine Abschiedsvorstellung. Vor der Kulisse von Celles »Heidekaserne«, die einst, 1872, die größte des Kaiserreichs war - Celle im Buch der Rekorde. Gegenüber ist eine Ehrentribüne errichtet - geladene Gäste, Platzkarten für das feine Celle. Allerlei militärisches Tamtam wird veranstaltet, zu schottischem Dudelsack und sontigem Militärklang marschiert, welfische Hochgefühle ringsum. Plötzlich ändert sich die Kulisse: Einsatz im Bürgerkrieg. Gespenstisch und realistisch lärmen loddrig leicht trunkene Zivilisten auf der Straße (verkleidete Soldaten). Und dann rollte ein fabelhafter militärischer Einsatz ab mit

Schüssen, MG-Salven und Nebel. Das Regiment zeigt, was es kann – auf dem Weg nach Nordirland. Ruhe und Ordnung wird wieder hergestellt – das feine Celle jubelt beifällig. Es diesen Demonstranten mal so zu zeigen – ja! Auf der Einladung stand »Tattoo« – nach dem Motto: »Von Besatzern über Alliierte zu Freunden.«

Der Berliner Feuilletonist Victor Auburtin hat schon im Jahre 1911 gefragt: »Habt ihr schon je den Blick beachtet, mit dem der deutsche Bürgersmann einen Offizier ansieht? Diesen scheuen und treuen Blick, so von unten herauf, als ob ein geduckter Pudel zu seinem Herrn aufsieht!« Resigniert fährt er fort: »Wenn du diesen Blick kennst, so weißt du, daß es in Deutschland nie etwas Rechtes werden wird.« Ja, es ist stets nur rechts geblieben. Und wer sich fragt, warum gerade die Deutschen es so verbissen mit den Rechten halten, obwohl kein anderer je dieses Land in solche Katastrophen geführt hat, der muß nur Celle anschauen: Es bleiben immer die Rechten über.

Ja, mit dieser Stadt ist Staat zu machen – der, den wir hatten, der, den wir haben und der, von dem wir fürchten müssen, daß wir ihn haben werden.

Geisterstunde der Republik (Fotomontage von John Heartfield)

2. Kapitel

Mahnmal Bergen-Belsen

»Ich glaube an das Gute im Menschen!« schrieb Anne Frank, als sie bereits ein Opfer des Bösen war.

Lin Jaldati

Hölle ohne Gnade

Manche erinnern sich nicht gern. Und manche, die wußten was geschehen war, wollen es nicht mehr gewußt haben. Ich aber muß mich erinnern, damit nichts vergessen wird als Mahnung für uns alle und die jüngeren Generationen. Die Millionen Toten dürfen nicht vergessen werden. Für mich ist Überleben eine Verpflichtung.

An einem der ersten Novembertage 1944 mußten wir in Auschwitz-Birkenau sehr lange Appell stehen. Über tausend Frauen, nackt, es war schon recht kalt. Dr. Mengele* selbst selektierte. Wir nannten ihn den Todesengel. Mit einer Handbewegung schicktte er die Schwachen, Abgemagerten nach der einen Seite, in die Gaskammern. Die noch einigermaßen Gesunden schickte er nach der anderen Seite, zur Arbeit oder zum Transport. Ich fühlte mich hundelend. Als ich an die Reihe kam, fing Mengele an zu lachen und die Damen und Herren von der SS neben ihm lachten lauthals mit. »Was hast D u denn da für ein Veilchen?«, fragte er mich. Ich wußte gar nicht, was er meinte. Er wies auf mein blaues Auge und lachte noch mehr. Ach so, ja, kurz zuvor hatte mir ein Mithäftling mit einem Holzschuh ins Gesicht geschlagen. Mengele gab mir einen Klaps und schickte mich zu denen, die noch leben durften. Das blaue Auge hat mich gerettet.

Wir mußten noch länger Appell stehen und bekamen schließlich ein paar alte Klamotten zum Anziehen zugeworfen. Meine Schwester und ich ergatterten Holzschuhe, wir waren ja in Holland daran gewöhnt. Jeder bekam ein Stückchen Wurst, ein Stückchen Brot und ein Stückchen Margarine. Dann wurden wir in Viehwagen gepfercht. Es ging also auf Transport. Wohin, das wußten wir nicht. Das war einer der ersten Transporte zur Evakuierung von Auschwitz. Später mußten die Gefangenen laufen.

---

* Dr. Mengele lebt heute noch ungestraft in Paraguay. Sein Fahndungsbild war beim Bundeskriminalamt nicht mehr auffindbar.

Wie lange wir fuhren, weiß ich nicht mehr. Es erschien uns eine Ewigkeit. Wir merkten nur, daß es in Richtung Westen war. Wieder einmal hielt der Zug still. »Wir sind in Celle«, rief eine Frau, die hoch oben im Wagen durch eine Ritze geschaut hatte. Dann fuhren wir noch ein Stückchen weiter und blieben auf offenem Gelände stehen. Die Türen wurden aufgeschoben. »Schnell raus, ihr Dreckschweine«, riefen die SSler. »Dalli, dalli, na, wirds bald, schneller, schneller, Tote liegen lassen!« Manche wurden herausgestoßen. Meine Schwester und ich hielten uns fest an den Händen, wir hatten Angst, einander zu verlieren.

Da standen wir nun auf einer breiten Chaussee, rechts und links war Wald. Ja, richtige grüne Bäume, Kiefern und Tannen. Aber man ließ uns keine Zeit zum Schauen. Wir wurden geschubst und geschlagen, bis wir in Zehnerreihen standen, eine lange Schlange von elenden, ausgemergelten, zerlumpten Gestalten. Den Anfang der Schlange konnten wir nicht sehen und auch das Ende nicht. Die Aufseher brüllten durcheinander, die Hunde bellten. Fliehen war unmöglich, die Hunde hätten uns zerfleischt. Die Schlange setzte sich in Bewegung, die Füße schlurften über die Erde. Aber es roch nach Wald und die Luft war frisch. Da war kein Gestank von verbranntem Menschenfleisch wie in Auschwitz. Unterwegs begegneten uns viele Menschen, auf Fahrrädern, auf Pferdewagen und auch Fußgänger, alle haben uns gesehen. Aber nach dem Kriege hat kaum einer etwas gewußt.

Dann mußten wir auf einem schmalen Sandpfad weitergehen, jetzt in Fünferreihen. Wir kamen durch eine Zaunöffnung und dann noch einmal durch einen Stacheldrahtzaun - der war nicht elektrisch geladen - bis wir endlich auf einem riesigen Appellplatz stehenblieben. Wir bekamen einen Eßnapf, einen Löffel und eine Decke. Meine Schwester und ich hatten noch Glück, am Ende der Schlange haben viele nichts mehr bekommen. Wir froren sehr und waren todmüde. Und doch atmeten wir auf. Hier gab es keine Gaskammern. Wir wurden in großen Zelten untergebracht und jeder wurde sich selbst überlassen.

Meine Schwester und ich gingen auf eine kleine Anhöhe, dort war ein Wasserhahn, wir hatten uns seit Tagen nicht mehr waschen können. Da kamen uns zwei magere, kahlgeschorene Gestalten entgegen. Wir lagen uns in den Armen und weinten. Es waren Margot und Anne Frank, die wir mit ihren Eltern in Westerbork, dem »Auffanglager« in den Niederlanden, getroffen hatten. Wir fragten nach ihrer Mutter. Anne sagte nur: »Selektiert!«

Im Zelt krochen wir vier zusammen unter unsere Decken, um einander zu wärmen, aber wir wurden nicht warm, denn es regnete viel. Nach ein paar Tagen tobten schwere Stürme, die Zelte brachen zusammen, es gab Verletzte. Wir wurden in Baracken untergebracht. Und es gab immer wieder Tote, vom Elend und Hunger zermürbt.

Auschwitz war die organisierte Hölle, Bergen-Belsen die Hölle ohne Gnade. Manchmal gab es tagelang nichts zu essen oder zu trinken, dann kam mal wieder etwas, und jeder mußte sehen, wo er etwas her kriegte. Wir waren immer den schlechten Launen der Wachmannschaften und Kapos ausgesetzt. Anne fragte meine Schwester: »Warum wollen sie, daß wir wie Tiere leben?« Meine Schwester antwortete: »Weil sie selbst Raubtiere sind!«

Es war Dezember geworden. Wir wurden von einem Block in den anderen geschoben. Immer wieder neue Transporte kamen an. Es gab immer mehr Tote. Wir mußten arbeiten: Ledersohlen von Schuhen abreißen, aber man bekam dafür etwas Wassersuppe und ein Stückchen Brot. Die Hände fingen an zu bluten und zu eitern. Manche starben an Blutvergiftung. Anne und ich mußten zuerst mit der Arbeit aufhören. Margot und meine Schwester hielten etwas länger aus.

Eines Tages bekamen wir ein extra Stückchen Harzer Käse. Es war Weihnachten. Wir waren drei holländische Schwesternpaare zusammen und wollten Sankt Niklas, Chanuka (das jüdische Lichterfest) und Weihnachten auf unsere Weise »feiern«. Meine Schwester hatte Kartoffelschalen »organisiert«, das heißt, hinter der SS-Küche unter Lebensgefahr weggeholt, Anne hatte ein Stückchen Knoblauch aufgegabelt, die Schwestern Daniels hatten irgenwoher eine rote Rübe und eine Mohrrübe ergattert. Ich hatte in einem anderen Block vor Blockältesten Lieder gesungen und einen Walzer von Chopin – die Melodie sang ich dazu – getanzt, dafür hatte ich eine Handvoll Sauerkraut bekommen. Von unseren sechs Decken improvisierten wir einen Tisch. Wir hatten unser bißchen Brot vom Munde gespart und jede von uns hatte für die anderen mit diesem Brot kleine Überraschungen vorbereitet. Etwas Muckefuck hatten wir in einer Schüssel vom Morgen aufbewahrt, auf einem kleinen Öfchen heimlich aufgewärmt und die Kartoffelschalen geröstet. So feierten wir. Wir haben leise holländische Lieder gesungen, ich sang jiddische Lieder, wir haben uns Geschichten erzählt und uns ausgemalt, was wir alles tun würden, wenn wir wieder nach Hause zurückkommen. »Dann werden wir in einem der teuersten Restaurants von Amsterdam ein Festessen machen«, sagte Anne. Und wir stellten schon das Menü zusammen, lauter herrliche Sachen. Wir sahen einander in die Augen, große, runde Augen mit einem grünlichen Schimmer, wir waren immer magerer geworden.

Im Januar und Februar war es bitter kalt, es lag hoher Schnee. Es gab immer weniger zu essen, es herrschte ein völliges Durcheinander. Hunger und Flecktyphus breiteten sich aus und wir hatten fast keine Kleidung. Auch ich fühlte mich immer elender.

Aus dem »Stern«-Lager, in dem ganze Familien untergebracht waren, kamen etwa sechzig Frauen und Kinder zu uns ins Straflager, die Männer waren irgendwohin auf Transport gegangen. Eine SS-Aufseherin kam in unseren Block und fragte, wer Pflegerin sei. Meine Schwester meldete sich sofort und hob auch meinen Arm hoch, obwohl wir früher außer einem Kursus für erste Hilfe keine Ausbildung gehabt hatten. Aber wir bekamen ein Stückchen Brot extra und konnten wenigstens versuchen, etwas für andere Menschen zu tun. Wir kamen in einen anderen Block mit den holländischen Frauen und Kindern, die wir versorgten, so gut wir das unter diesen Umständen konnten.

Wir mußten für den ganzen Block Wasser und Essen holen, die Baracken sauberhalten und die Kranken versorgen. Die meisten dieser Frauen waren schon lange im Familienlager gewesen, als »Privilegierte«, die stets in der Hoffnung lebten, über Schweden gegen Deutsche im Ausland ausgetauscht zu werden. Und jetzt waren sie ins schlechteste Lager gekommen, das Straflager. Es gab immer weniger zu essen, manchmal gab es auch kein Wasser. Die Zahl der bis aufs Gerippe abgemagerten toten Menschen naben der Lagerstraße nahm täglich zu.

In der Baracke waren immer drei Pritschen übereinander angeordnet, auf denen meist sieben bis neun Menschen vegetierten. Auf der Pritsche gegenüber der unsrigen lag eine Mutter mit drei Kindern, Marianne Asscher. Ihr Mann, der in Holland im Diamantenhandel gearbeitet hatte, mußte mit zwei Kindern über vierzehn Jahren auf Transport; sie sind alle drei umgekommen. Marianne Asscher kam schon krank in unseren Block. Sie kümmerte sich nur um ihr jüngstes Kind, ein Mädchen von knapp zwei Jahren. Es war im Lager Westerbork geboren. Es konnte noch nicht sitzen, reagierte nur mit zwei großen traurigen Augen und wimmerte ganz leise. Die Mutter gab ihm ab und zu ein wenig Milchpulver und kleine Stückchen Brot, die sie selbst weichgekaut hatte. Es war uns ein Rätsel, daß dieses arme Geschöpf noch lebte.

Wir und eine Frau Schwarz, die selbst ein Mädchen von sechs Jahren bei sich hatte, kümmerten uns um die beiden anderen Asscher-Kinder: Bram war etwa zehn Jahre und Jopie fünf Jahre alt. Zuerst haben wir ihnen draußen mit einer stumpfen Schere die Haare abgeschnipselt und dann alle zwei Tage vorsichtig die Läuse aus der Kopfhaut gekrabbelt und den Kopf mit Pfützen- oder Schneewasser gekühlt.

Eines Morgens rief Bram ganz aufgeregt meine Schwester: »Mutter ist so komisch, schau mal!« Marianne Asscher hatte schon tagelang hohes Fieber und lag in Agonie. Sie starb kurz darauf. Wir trugen sie in einer Decke zur großen Grube. Auch das Baby hatte Fieber, aber merkwürdig, obwohl es nur noch vertrocknete Haut und Knochen war, kämpfte es gegen den Tod. Dann mußten wir auch dieses kleine Wesen in die große Grube werfen.

Bram und Jopie waren verzweifelt. Wir haben sie wie unsere eigenen Kinder gepflegt und bis zur Befreiung durchgeschleppt. Sie lebten später in Amsterdam bei einer Tante.

Wie Marianne Asscher und ihr Baby starben auch in unserem Block viele Frauen und Kinder an Typhus und Hunger. Leichen zu sehen und wegzutragen war für uns alle, auch die noch lebenden Kinder, etwas Alltägliches geworden.

Als wir »Pflegerinnen« in den Block mit den sechzig Frauen und Kindern zogen, fragten wir Margot und Anne Frank, ob sie nicht mit uns zusammen arbeiten wollten, aber Margot hatte abscheulichen Durchfall bekommen und konnte sich nicht mehr halten. Wegen der Ansteckungsgefahr des Bauchtyphus mußte sie im alten Block bleiben. Anne sorgte für sie, so gut es ging. Wir konnte ihnen ab und zu noch etwas Essen bringen, das wir organisiert hatten. Ein paar Tage später fanden wir sie in der Krankenbaracke wieder. Wir beschworen sie, nicht dort zu bleiben, denn sobald man liegen bleibt, geht man ein. Anne sagte: »Wir sind beisammen und haben Ruhe.« Margot sagte kaum noch etwas, sie hatte hohes Fieber und lachte in Phantasieträumen ...

Ein paar Tage später gingen wir wieder zu ihnen. Margot war von der Pritsche gefallen, halb ohne Bewußtsein. Anne fieberte auch, sie war freundlich und lieb. »Margot wird gut schlafen, und wenn sie schläft, brauch ich auch nicht mehr aufzustehen.« Wenige Tage später war ihre Pritsche leer. Wir wußten was das bedeutete. Wir haben beide gesucht und gefunden. Zu viert haben wir die dünnen Leichname in eine Decke gelegt und zur großen Grube gebracht. Mehr konnten wir nicht tun. Aber so konnte niemand sie schänden.

Wir fieberten alle. Viel länger hätte es auch für uns nicht dauern dürfen. Es war ein fieberndes Grauen. Etwa zwei bis drei Wochen später, am 15. April, wurde das Lager von den Engländern befreit. Ich erinnere mich nicht mehr daran, ich war bewußtlos. Als ich wieder aufwachte, befand ich mich im Militärkrankenhaus in Belsen. Ich wog 28 Kilo.

Die Engländer waren entsetzt darüber, was sie vorfanden. Sie zählten etwa 15 000 nicht begrabene Leichen. Etwa 60 000 Gefangene erlebten die Befreiung, aber viele waren so erschöpft, daß in den folgenden Tagen und Wochen etwa 13 000 von ihnen trotz bester Fürsorge starben.

Die Engländer zwangen Einheimische aus den Dörfern, das Lager zu besichtigen und die Leichen zu beerdigen. Aber es mußten Bulldozer herbeigeschafft werden, es waren zuviele Tote.

Marianne Asscher und ihr Baby, Margot und Anne Frank und mit ihnen Millionen andere wurden grausam umgebracht. Wir, die wir die Höllen von Auschwitz und Bergen-Belsen überlebt haben, und alle anderen, besonders die Jungen von heute, müssen zusammenstehen, daß es ein solches Menschenmorden nie mehr geben wird und wir in Frieden leben können.

SS-Frauen befördern die Leichen in eines der Massengräber

Axel Eggebrecht

Erinnerungen
Der Bergen-Belsen-Prozeß in Lüneburg*

Das war der erste, die Welt interessierende Prozeß gegen die Nazi-Verbrecher. Er hat genau zwei Monate gedauert - vom 17. September bis zum 17. November 1945. Es war der wirksamste aller Prozesse. Damals glaubten wir, daß er entsetzlich lange gedauert hätte. Er hat natürlich im Vergleich mit all den anderen Prozessen, wie wir wissen, sehr kurz gedauert.

Alle Zeugen, die gebraucht wurden, waren in nächster Nähe, denn das Lager Belsen liegt von Lüneburg nur eine halbe Autostunde entfernt. In den späteren Prozessen, ich habe zum Beispiel Ende der 60er Jahre den großen Auschwitz-Prozeß 20 Monate - dieser hat zwei gedauert, der 20 Monate - mitgemacht, mußte die Zeugen aus Australien, aus Kanada, aus Polen und sonst woher geholt werden.

Und wir glaubten im Herbst 1945, so ungefähr wie dort würde sich die ganze Abrechnung mit den Leuten im Laufe weniger Jahre erledigt haben.

Das tollste für mich allerdings war, daß es die Verteidiger der Angeklagten waren, die bis zu einem gewissen Grade mit den Angeklagten sympathisierten: das waren Mosley-Anhänger. Weiß man noch, wer Mosley war?

Mosley hieß der englische Faschistenführer, der während des ganzen Krieges eingesperrt war wegen seiner Sympathie mit den deutschen Nazis. Und diese jungen Offiziere waren Anhänger von Mosley, soweit ging der Gerechtigkeitsfanatismus dieses englischen Militärgerichtes. Was die Verteidiger sich leisteten, war einfach unvorstellbar. Es

---

* Angeklagt waren 33 SS-Leute und 11 Kapos, Häftlinge mit Lagerfunktionen. Nicht vor ein Gericht gestellt wurden die vielen SS-Funktionäre, die das Lager kurz vor der Befreiung verlassen hatten. Der Schriftsteller Axel Eggebrecht war als Rundfunkkommentator einer der drei offiziell zugelassenen deutschen Prozeßbeobachter.

hat zum Beispiel ein Verhör gegeben, wo diese Offiziere sagten, man muß doch schließlich bedenken, Herr Richter, daß diese Menschen es mit dem Abscheum der Gettos von Ost-Europa zu tun hatten! Herbst 1945, englisches Militärgericht.

Dennoch glaube ich auch heute noch, nach 36 Jahren, mit Recht behaupten zu können, daß dieser Prozeß wichtig war, vorbildlich und besser in Ordnung als die meisten anderen. Später ist eigentlich im Vergleich dazu nur Stückwerk zustande gekommen.

Das Erstaunlichste waren ja die Urteile. Da sind also von den Leuten 11 zum Tode verurteilt worden, einer hat lebenslang bekommen, 18 lange Zuchthausstrafen und 14 wurden freigesprochen. Die 11 sind dann im Zuchthaus Hameln mit dem Strang hingerichtet worden.

Und da ich ein prinzipieller Gegner der Todesstrafe bin, habe ich den Bericht am Abend des Urteils damit geschlossen, daß ich ein Plädoyer gegen die Todesstrafe hielt. Unter einer Militärregierung, in einem Sender der Militärregierung! Radio Hamburg Station of Military Government war das damals, der spätere NWDR.

Der Prozeß fand statt in einer Turnhalle, die leider heute nicht mehr steht. Einer richtigen Turnhalle. Da waren oben diese eisernen Quergerüste, da hingen Ringe, die hochgeschlagenen Klettertaue und was es sonst alles so gab. Auf der einen Seite waren die Plätze des Gerichtes und auf der anderen Seite die Plätze der Angeklagte, davor die Verteidigung. Als der Prozeß losging, war es für mich erstaunlich, wie dieses Militärtribunal, natürlich nach 12 Jahren Nationalsozialismus, uns sozusagen ein Lehrstück richtiger Justiz vorführte.

Die Angeklagten waren zwei ganz verschiedene Gruppen: Die SS und die Kapos. Die Kapos, also die unter den Häftlingen ausgesuchten Helfer, die eine privilegierte Stellung hatten, waren ja vielfach schlimmer als die eigentlichen Herren. Ich hatte das später auch in anderen Prozessen immer wieder gesehen und bis zu einem gewissen Grade selber, in meiner kurzen Erfahrung im KZ, auch erlebt. Das ist immer so in der Welt, das ist schon im Mittelalter so gewesen: Die Helfer sind natürlich die Grausamsten, die wollen sich immer bewähren, die wollen zeigen: Auf mich ist Verlaß! Die SS-Leute, die fühlten sich als Märtyrer, als Herren, die Haltung bewahren mußten bis zum Tode, denn ihnen war ja völlig klar, daß sie zum Tode verurteilt werden würden. Die SS hielt zusammen. Unter den Kapos, da gab es schon Zusammenbrüche, auch moralisch. Besonders eine Frau ist mir in Erinnerung, die schrie und weinte, als sie zu 20 Jahren verurteilt wurde. Die hat sie natürlich später nie ganz abgesessen, die sind ja alle viel früher rausgekommen. Aber sonst, diese SS: Haltung bewahren!

Axel Eggebrecht kommentiert:

17. September 1945. Beginn des Belsen-Prozesses. Heute morgen Punkt 10.00 Uhr wurde die Verhandlung eröffnet.

Zuerst kamen die Richter herein. Dann wurden die Angeklagten auf ihre Plätze geführt.

Sie trugen Nummern auf der Brust, um die Verständigung zu erleichtern. Zu Beginn wurden den Pressefotografen und Filmleuten 15 Minuten Zeit gelassen, um die notwendigen Aufnahmen zu machen. (...)

Josef Kramer, der Angeklagte Nr. 1, sitzt vorn rechts in der ersten Reihe. Mich erinnern seine, ein wenig eng zusammenstehenden und tiefliegenden Augen an die von Rudolf Hess. Man darf nicht allzuschnell der naheliegenden Vorstellung verfallen, hier säße ein entschlossener Fanatiker. Der erste Eindruck täuscht leicht. Heute jedenfalls saß Kramer gefaßt, regungslos, mit deutlich zur Schau getragener kalter Sicherheit im Kreuzfeuer der Fotoblitzlichter.

Er ist übrigens bei weitem nicht das auffallendste Gesicht in diesen Reihen. Gleich neben ihm sitzen mehrere Männer, die – wenn man einmal die sogenannten wissenschaftlichen Fachausdrücke des Dritten Reiches hier anwenden darf – fast durchweg den »ostischen« oder »ostbaltischen« Typus angehören. Ich weiß freilich nicht, ob Nazi-Rassenforscher diese SS-Leute jemals in dieser Hinsicht gemustert haben. (...)

Die SS, die die Lager bewacht hat, das sind ja alles Leute, die dann nicht mehr an die Front zu gehen brauchten. Es sind zum Teil Mörder aus Drückebergerei. Wenn einer nicht gut tat im Lager unter der SS und nicht spurte, der wurde an die Front geschickt, denn die Front war zwar der Ehrendienst für den Führer, aber gleichzeitig eine Bestrafung. Natürlich hatten alle Angst nach Rußland an die Front zu müssen, also waren sie noch grausamer als vorher, dann konnte man sie gut gebrauchen. Das ist ein Hauptmotiv gewesen, daß einige tausend Leute sich meldeten. Dazu kam natürlich, wer erst einmal ganz drin war in dieser Apparatur, der kam auch nicht wieder raus.

Der Kommandant Kramer, der hat schon in Auschwitz eine Rolle gespielt, wie ich später in dem Prozeß 1964/65 hörte. Das ist ein Mann gewesen, dem der Begriff Ordnung, über alles ging. Wie sollte man denn sonst Ordnung halten, sagte er. Nun ist ein sehr interessantes Verhör über diesen Begriff gewesen. Einer der englischen Ankläger fragte:

Herr Kramer, wo haben Sie denn gelebt? Im Lager? - Nein, außerhalb. - Ja, außerhalb. Gut. Direkt neben dem Lager? - Ja, direkt neben dem Lager. - Ja, wie weit war denn etwa das Lager entfernt? - Der Stacheldrahtzaun war gleich hinter unserem Garten. - Aha, ja wir haben also festgestellt, Ihre Kinder ... - Er hatte zwei oder drei Kinder - ... die haben dort gespielt. Sie sind ein guter Vater? - Ja, ich bin ein guter Vater, ich habe noch für Ordnung gesorgt. - Und Sie waren auch für Ordnung im Lager? - Ja. - Gut, da haben also die Kinder gespielt und haben sich das angesehen dort, ungefähr 100 Yard - nicht Meter, das ist ja weniger entfernt - lagen dann schon die Haufen der Toten. Stimmt das? - Ja, das kann mal gewesen sein. - Aber Sie sind ein guter Vater? - Ja, natürlich. - Keine Fragen weiter.

Dieses zeigt die Art, wie die Dinge aufgefädelt wurden, das zeigt auch den Mann, der hatte in dem Moment noch nicht begriffen, was da aus ihm herausgeholt wurde, und immer wieder sprach er von der Ordnung, die er aufrecht erhalten muß, daß er selbst nie geschlagen hätte und eingegriffen, wenn die anderen ...

Es waren keine Sadisten, das ist ja das Schreckliche. Wenn das sexuell abartige Menschen mit Ausschweifungen gewesen wären, so könnte man es verstehen, nein! Es waren durchschnittliche Leute. Die Banalität des Bösen, wie das Hannah Arendt später genannt hat, die kann man sich gar nicht schrecklich genug vorstellen.

Der Verbrecher von heute ist der wild gewordene Kleinbürger, hat sie in einem sehr guten Aufsatz ganz kurz nach dem Kriege geschreiben, und das ist das wirklich Schreckliche! Es waren zum großen Teil, leider muß man sagen, Kleinbürger üblicher Art, deutsche Kleinbürger, Ordnung liebende Leute.

Doch wir wollen gerecht sein, das gibt es ja bei allen Völkern. Daß es bei uns so besonders ausgeprägt ist, liegt an unserem ausgeprägten, eingebleuten Obrigkeitsgehorsam. Der Franzose mäkelt grundsätzlich und bäumt sich auf und wird aufmüpfig. Gegen die Obrigkeit zu sein ist bei uns absolut unpopulär, das ist immer nur eine winzige Minderheit.

Und deswegen haben wir keine bürgerliche Revolution gehabt. Ich kann es nicht oft genug sagen, das hat alles historische Gründe. Der deutsche Kleinbürger ist besonders leicht abzurichten, unser Gehorsam gewohntes Volk war besonders leicht abzurichten auf Untermenschen losgelassen zu werden, da es völlig davon überzeugt war, wir sind die Guten, und wir müssen die schlechten Triebe am Baum der Menschheit ausrotten. Und das - wie das alles heißt in den Schriften der Herren Rosenberg und anderen - das haben sie geglaubt.

Himmler ist der Prototyp, das ist kein Verbrecher von Haus aus, gar kein Sadist, sondern ein Knabe, der mit - durch seinen Vater, der Lehrer war - bayerischen Prinzen zusammen erzogen worden ist. Der die Demut vor den Oberen gelernt hat und plötzlich selbst ein Oberer wird, und der nun glaubt, ich muß etwas tun, die wundervollen Gedanken meines Führers in die Wirklichkeit umzusetzen. Ob nur als Geflügelzüchter oder als Lebensbornorganisator, damit die richtigen Leute die Kinder herstellen, immer hat er pseudovernünftige Gedanken im Kopf gehabt. Und niemals war es ein Menschenschinder aus Lust am Schinden. Das waren ganz wenige, das gibt es auch. Die mischen sich unter die Leute. Aber die viel Schlimmeren, das ist der Durchschnittsmensch als Mörder, das ist der Keim und das Wesen faschistischer Systeme.

Lagerkommandant Josef Kramer (39) begann seine Karriere als einfacher Wachmann.

Erich Fried

Ein Soldat und ein Mädchen*

Helga, eine der Hauptangeklagten, war nach wochenlanger Verhandlung verurteilt worden. Es war ein großer Prozeß gewesen, ihr Bild war in der Presse vieler Länder erschienen, und einige Soldaten der verschiedenen Siegernationen, die ihre Zeitungen weniger lasen als nach Mädchenbilder durchsuchten, wie das Soldaten tun, hatten ihren Kopf ausgeschnitten und neben Filmschauspielerinnen und Sportlerinnen an die Wand ihrer Quartiere geklebt.

Helga hätte als Jüngste und nicht gerade am schwersten Belastete vielleicht Aussicht gehabt, mit dem Leben davonzukommen. Aber sie hatte während der Verhandlung weder geweint noch gebeten oder öffentlich Reue bekundet, sondern scheinbar unbewegt erklärt, sie bedaure ihr Tum als Lageraufseherin nicht im mindesten.

Es ist merkwürdig, daß vor Gericht derlei trotzige Bekenntnisse immer für bare Münze genommen werden, obwohl sie oft nur eine letzte dünne Wand sind, hinter der mehr echtes Entsetzen, Schuldgefühl und Verzweiflung aufgespeichert ein kann als bei den meisten bereitwillig Zerknirschten.

Wie immer dem sein mag, Helga hatte getrotzt und im Verhandlungssaal mehrmals mit dem Gruß des abgetanen Regimes gegrüßt. Dieses Verhalten machte ihren Fall hoffnungslos, obwohl man ihr nicht gerade einen Mord nachgewiesen hatte, sondern nur zahllose kleinere Taten, die allerdings noch so unfaßbar arg waren wie alles in jenen Lagern. Zu dieser ganzen langen Liste von angelernten Grausamkeiten und stumpfen Herzlosigkeiten bekannte sie sich.

Es geschah, als man sie nach ihrem letzten Wunsch fragte. Helgas Antwort - genauer: ihre zweite Antwort - war vielleicht noch im

* So lautet der Titel eines Romans von Erich Fried, in dem von einer Begegnung zwischen der zum Tode verurteilten KZ-Lagerwärterin Helga (die SS-Aufseherin Irma Greese ist gemeint) und einem ihrer Bewacher in der Nacht vor Helgas Hinrichtung berichtet wird.

Augenblick, in dem sie den Mund auftat, nichts als Trotz und Bitterkeit, oder ein kindischer Versuch, so hartgesotten zu sein, wie sie im Prozeß erschienen war. Vielleicht war es auch Auflehnung gegen den Tod, obwohl – oder gerade weil – Helga sich geweigert hatte, nach dem Urteil ein Gnadengesuch zu unterzeichnen.

»Ihr könnt mich alle ...« platzte sie heraus. Mitten im Wort verlor sie die Stimme und schlug sich die Hände vors Gesicht. Die Wärterin, die sie stützte, zuckte zusammen. Helga konnte es deutlich spüren, denn es unterbrach ihr eigenes Zucken, das mit dem Schluchzen kam und verging.

Der eine Soldat brach bei Helgas Worten in ein kurzes, abgebissenes Lachen aus. Helga ließ die Hände sinken und stampfte mit dem Fuß auf. »Ja, ich habe noch einen Wunsch.« Sie schüttelte sich frei. Ihre Stimme klang gar nicht mehr sehr laut. »Ich will heute nach mit wem schlafen. Mit diesem Ami da: mit dir!« Sie zeigte auf den Soldaten, der sofort verstummt war und sich immer noch die Hand vor den Mund hielt. Offenbar verstand er Deutsch. »Ich will heute nacht mit dir schlafen.«

Irma Greese trat mit 15 in die SS-Hierarchie ein und wurde während des Prozesses 22 Jahre alt.

Norbert Kandel

Erholungslandschaft

Die begrabene »Sensation«

Der Weg nach Belsen führt durch einsame Bauerndörfer vorbei an hohem, dichten Föhrenwald. Schilder tauchen auf, erst vereinzelt, dann immer häufiger: »Betreten verboten! Lebensgefahr!« Dahinter stacheldrahtbewehrte Zaunmaschen. Der Asphalt wird löchrig, Panzer und Militärfahrzeuge kreuzen den Weg. Links und rechts Einweisungen zu den Artilleriefeuerstellungen und Schießanlagen. Um das Todeslager Belsen üben 7 000 Soldaten aus sieben NATO-Staaten. Der Truppenübungsplatz beschirmt und schirmt ab. Seit über 40 Jahren.

Als erstes grüßt eine kalte, graue Betonmauer, im gleichen Kleid die Dokumentationshalle, kaum größer als die angeschlossenen Toiletten. Der saubere, gepflasterte Weg führt hinaus in die flache Heidelandschaft, dem ehemaligen Lagergelände. Viele gehen nicht diesen Weg. Sie kommen, verweilen kurz in der Halle, gehen dann wieder. Manchmal sind die Busse binnen einer Viertelstunde wieder weg. 130 000 Besucher im Jahr gibt die Bezirksregierung Lüneburg an, 250 000 nennt die niedersächsische Landesregierung. Beide verlassen sich auf den Hausmeister, der ab und an die geparkten Fahrzeuge zählt (»pro Bus mal 40, pro Pkw mal drei«).

Es gibt auch nicht viel zu sehen. Hier und da ein steinernes Mahnmal vor hügelartigen Grabfeldern mit Inschriften wie: »Hier ruhen 2 500 Tote«. Inmitten des Heidekrauts verloren wirkende Grabkreuze: »Hier ruhen meine Eltern«. Auf einem Plateau ein 25 Meter hoher Obelisk, im Hintergrund eine 50 Meter lange Gedenkwand aus Marmor mit eingemeißelten Botschaften in 30 Sprachen; abseits das jüdische Denkmal mit der Mahnung: »Möge die Erde nie das Blut bedecken«. Sonst Weite, Heide, Kiefern und junge Birken. Eine Erholungslandschaft.

Wieder und wieder wird die alte Dame mitten im Wort von donnernden Geschützsalven unterbrochen. Das dumpfe Grollen bricht am angrenzenden Waldrand und rollt langsam in der Ferne aus. Die Frau, die seit sieben Jahren regelmäßig aus dem 20 Kilometer entfernten Celle kommt, um ausländischen Delegationen, Kirchen-, Gewerkschafts- und Schülergruppen in privater Führung die Geschichte des Lagers zu erzählen, kann sich an Kanonendonner und Hubschrauberlärm nicht gewöhnen. Ebensowenig die Anwohner. Der Kommandant des Truppenübungsplatzes hört von ihnen immer wieder Beschwerden über den unerträglichen Lärm. Die Toten von Belsen können sich nicht beschweren.

Paragraph 6 des Kriegsgräbergesetzes vom 1. Juli 1965:

Bei Aufstellungen von Bauleitplänen ... ist es angemessen zu berücksichtigen, daß die nähere Umgebung geschlossener Begräbnisstätten ... von Bebauung und Anlagen, die die Friedhofsruhe stören und die Gefühle der Besucher verletzen könnten, freigehalten wird.

Bergen-Belsen erfüllt eine zweifache Mahnung: In der Abgelegenheit der Lüneburger Heide liegen auf engstem Raum über 100 000 Menschen begraben. Die Toten des Kriegsgefangenenlagers und des Konzentrationslagers. Die Einwohner einer mittleren Großstadt.

Die Geschichte des Lagers begann 1935. Im Zuge der deutschen Wiederaufrüstung kaufte das Reich von den Bauern weite Flächen für die Anlage eines Truppenübungsplatzes. In kurzer Zeit mußten für die Panzertruppe über 100 Kasernen und Verwaltungsgebäude aus dem Boden gestampft werden. Sie stehen heute noch. Drei Kilometer weiter westlich wurden für die Tausende von Arbeitern Wohnbaracken errichtet.

Dort zogen, nach dem Frankreichfeldzug, zuerst französische Kriegsgefangene ein. Weitere notdürftige Behausungen entstanden, als nach dem Überfall auf die Sowjetunion ab August 1941 für russische Kriegsgefangene Platz geschaffen werden mußte. Schon zu der Zeit wurde Belsen zum Vernichtungslager. Unter der Verantwortung der Deutschen Wehrmacht starben in den folgenden Monaten die völ-

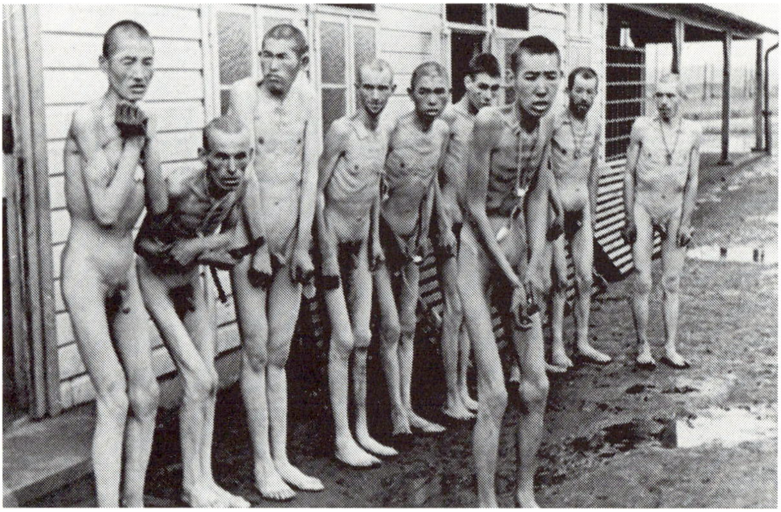

Sowjetische Kriegsgefangene aus dem »Stalag« 11b zwischen Bergen-Belsen und Fallingbostel im Jahr 1941.

lig erschöpften, ausgehungerten und kranken Russen zu Zehntausenden. Nur wenige überlebten. So konnte die SS im Frühjahr 1943 auf Befehl Himmlers einen Lagerkomplex für ein »Vorzugslager« übernehmen. »Protektionsjuden« sollten hier zusammengefaßt werden, um gegen im Ausland internierte Deutsche ausgetauscht zu werden – zur »Stärkung des deutschen Kräftepotentials« im totalen Krieg.

Doch Belsen wurde nur zum Nadelöhr zur Freiheit. Knapp 2000 durften das Lager verlassen, die meisten mußten für ein Kopfgeld von 1000 US-Dollar vom Ausland freigekauft werden. Im Sommer 1944 wurde Belsen zum Sammelbecken erschöpfter und kranker Menschen aus den Rüstungsbetrieben. Belsen war erneut zum Sterbelager geworden; im Dezember 1944 durfte es auch offizell Konzentrationslager genannt werden. Je mehr Evakuierungstransporte aus den aufgegebenen Lagern im Osten aufgenommen werden mußten, desto schlimmer wurde die Katastrophe. In den zwei Jahren von 1943 bis 1945 starben über 50000 Menschen, auch in den Tagen und Wochen nach der Befreiung durch die englischen Truppen am 15. April 1945 noch über 13000 – trotz aller Rettungsversuche.

In Belsen gab es keine Gaskammern, keine Erschießungsanlagen oder Massenhinrichtungen an Galgenkreuzen. Ein Grund für viele, heute zu verharmlosen: In Belsen wurde niemand vergast. Unter der perfektionierten Massentötung im »Dritten Reich« sind diese Methoden des Tötens auch weitgehend unbekannt geworden: Aushungern, planmäßige Vernichtung durch Seuchen, gewollte Epidemien, organisierte Vernachlässigung der Hygiene in überfüllten Unterkünften und das Wüten der Einsatzkommandos führte auch zum Tode. Ebenso sicher, nur qualvoller.

Weil Belsen das erste Lager war, von dem ausführlich berichtet werden konnte und weil es den Beweis brachte, daß es kein »eingebildeter Teufel« war, gegen den die Alliierten fast sechs Jahre lang gekämpft hatten, wurde Bergen-Belsen für die westliche Welt zum Symbol für alles, was über die Niederträchtigkeit des Nazi-Regimes gesagt und kaum geglaubt worden war. Belsen wurde ein neues englisches Wort für Terror.

Die Geschichte des Lagers ist damit noch nicht zu Ende. Die Juden wandelten sich von Lagerinsassen in »Displaced Persons«, gründeten im Internierungslager ein Komitee – das von den Briten allerdings nicht anerkannt wurde – und schufen sich einen eigenen Kulturkreis

Auszüge aus der einzig detaillierten Studie »Bergen-Belsen, Geschichte des 'Aufenthaltslagers' 1943–45« des Historikers Eberhard Kolb:

Der stellvertretende Amtschef von D II, Sommer, sagte im WVHS-Prozeß aus, er sei am 28. 3. 1945 auf der Durchreise kurz in BB gewesen und habe beobachtet, wie in der Nähe Celles ungeheure Lebensmittellager des Heeres und der Marine geräumt worden seien; jede Truppe der Wehrmacht habe soviel empfangen können, wie sie Transportraum hatte, die Zivilbevölkerung habe kisten- und wagenweise die Verpflegung nach Hause gebracht.

Nach der Übernahme des Lagers stellten die Engländer fest, daß sich auf dem Truppenübungsplatz, zwei Kilometer vom Lager entfernt, riesige Lebensmittellager und eine völlig intakte Brotbäckerei (mit einer Kapazität von 60000 Laib Brot pro Tag) befanden. In den Lebensmittelmagazinen waren 600 t Kartoffeln, 100 t Büchsenfleisch, 30 t Zucker, über 20 t Milchpulver, Kakao u.a. gelagert.

Der Bau einer provisorischen Wasserleitung wurde nach dem Zusammenbruch der Wasserversorgung unterlassen, obwohl das Material dazu da war.

Kramer gab im Winter kein Holz für die Öfen frei, obwohl Vorräte vorhanden waren. Er ließ die Dächer der Baracken nicht reparieren, obwohl Material zur Verfügung stand.

... Hunderte von Rotkreuzpaketen wurden erst am Tag vor der Ankunft der Engländer ausgegeben, die zurückgehaltenen Rotkreuzsendungen an Büchsenmilch, Fleisch und Keksen füllten einen Raum von vier Meter Länge, fünf Meter Breite und drei Meter höhe bis unter die Decke.

Während den Häftlingsärzten fast gar keine Medikamente zur Verfügung gestellt wurden, fand man nach der Übergabe des Lagers beträchtliche Bestände an Medikamenten in der Lagerapotheke vor.

mit jüdischer Ortspolizei, Schulen, Gericht und Theater. Deutschen blieb der Eintritt verboten. Der Rabbiner Zvi Asaria berichtet warum: »Dem Versagen der Entnazifizierungspolitik folgte für die Bürokratie in den niederen Amtsstuben jedoch das Aufkommen von Uninteressiertheit, das bis zu einem solchen Grad von Feindseligkeit in einzelnen Fällen ausgeartet ist, daß man von einer Gleichheit der Einstellung in der Zeit vor 1945 zu der Zeit von heute sprechen kann.« Erst 1948 löste sich das Lager endgültig auf, die Juden waren ausgewandert.

Schon im Oktober 1945 hatte der Oberpräsident der Provinz Hannover, Hinrich Wilhelm Kopf, an den Regierungspräsidenten in Lüneburg geschrieben: »Gegenwärtig erkennt man die Massengräber nur an Erdhügeln. So kann es nicht bleiben. Unter den Hügeln liegen Tausende von Menschen. Ich werde Sie anweisen, diese Stätten würdig auszugestalten. Es sollen Gärten angelegt und Denkmäler errichtet werden.« Ein Gartenarchitekt aus Hannover wurde beauftragt, die Fläche von 100 000 Quadratmetern provisorisch herzurichten. Er teilte im November 1945 mit: »Wohl noch niemals in der Menschengeschichte hat es derartiges gegeben, (...). Es muß uns gelingen, die 'Sensation' Belsen einzugraben und in eine ständig wirksame Mahnung umzuwandeln.«

Die ersten Arbeiten begannen unter Aufsicht einer englischen Einheit durch deutsche Kriegsgefangene. Ende 1945 ließ die Militärregierung den Obelisk und die Inschriftenwand errichten. 1952 übernahm die niedersächsische Landesregierung die Schirmherrschaft über das Gelände. Erst acht Jahre später, am 15. Jahrestag der Befreiung, konnte der damalige Innenminister dem Zentralrat der Juden versichern, daß die »dauernde Erhaltung der Gedächtnisstätte gesichert« sei.

Doch die Deutschen taten sich schwer mit der Betreuung. Pfingsten 1960 veranstalteten ehemalige Widerstandskämpfer in Belsen ein internationales Treffen. »Mit Erschütterung und Verbitterung« mußten sie entdecken, daß »die ungepflegten Massengräber noch den Eindruck langgestreckter Kartoffelmieten machten.«

Ein belgischer Besucher fragte im gleichen Jahr im Informationsblatt des deutschen Auschwitz-Komitees: »Außerhalb der neuen Umzäunung wurden menschliche Knochen gesammelt. Glauben Sie nicht, daß die deutschen Behörden diese armseligen Reste unvermengt mit Asche und mit Holzkohle, aufsammeln müßten und sie innerhalb des Lagers legen sollten?«

Dieses Gebeinfeld in unmittelbarer Nähe des Gedenkobelisken blieb noch vier Jahre unbeachtet. Erst im Februar 1964 informierte ein ehemals in Belsen internierter Franzose den französischen Kriegsopferminister. Davon erfuhr die Vereinigung der Verfolgten des Nazi-Regimes in Hannover, die ihrerseits, Ende Juli, die Landesregierung darauf hinweisen mußte. Überreste von mehreren hundert Menschen wurden gefunden, gerichtsmedizinische Untersuchungen konnten dagegen nicht klären, ob die Reste aus dem Konzentrationslager oder dem Kriegsgefangenenlager stammten.

Endlich wurde auf Druck der Verfolgtenverbände eine Gedächtnishalle errichtet. Die Landesregierung zahlte allein. Der Bund mogelte sich mit dem Hinweis auf das Gräbergesetz aus der Finanzierung heraus. Was war nicht alles geplant. Noch 1961 wurde verkündet, daß Belsen zur »Internationalen Begegnungsstätte« mit Tagungs- und Übernachtungsräumen ausgebaut werden sollte. Das Dokumentationshaus sollte aus »mehreren größeren Räumen« bestehen, ein eigener Raum gar für Anne Frank. Heraus kam, 1966, ein »schlichtes, flaches Haus« mit einem Ausstellungsraum. In dem abseits gelegenen Wohnhaus sollte ein Betreuer wohnen, und die Besucher auch in Führungen informieren. Doch andere als private Führungen hat es nie gegeben.

Aus einem Schreiben des niedersächsischen Innenministeriums vom 24. September 1979:

Es ist nicht beabsichtigt, auf der Gedenkstätte Belsen ständige Führungen einzurichten, weil dies mit dem besonderen Charakter der Stätte als einem Platz der Ruhe und Besinnlichkeit unvereinbar erscheint.

Auch was in der Halle ausgestellt ist, wird weder der Bedeutung des Lagers noch seiner Symbolgeltung noch dem vom Historiker Eberhard Kolb erarbeiteten Material gerecht. Das liegt nicht, wie vorgegeben, an der ungünstigen Quellensituation. Es liegt auch nicht an der Vernichtung der Lagerregistratur durch die SS. Und es liegt auch nicht an der Verbrennungsaktion der Briten, die aus Furcht vor einem Übergreifen der Seuchen und als Symbol für den Sieg die Baracken den Flammen opferten.

Ein Archiv und eine Bibliothek, wo die vielen Veröffentlichungen über Belsen, von denen inzwischen eine Reihe nur schwer zu beschaffen sind, koordiniert werden könnten, gibt es nicht. Das »Begleitmaterial«, die kleine 33seitige Broschüre, die nach offizieller Meinung in der Halle vorliegen sollte, kann die ihr zugedachte Aufgabe nur im Ansatz erfüllen. 30 000 Mark stellt der Etat alle drei Jahre für den Druck zur Verfügung. Doch der Besucher erfährt nichts von ihrer Existenz. Der

Hausmeister muß sie in seinem Wohnhaus verschlossen halten, weil die Besucher damit nicht umgehen können.

Der eindrucksvolle, von den Briten gleich nach der Befreiung gedrehte Film »Die Todesmühle« kann nicht angeschaut werden, weil keine Möglichkeit der Filmwiedergabe besteht.

Individuelle Lebensläufe, die zeigen sollten, wie sehr Leben und Sterben im Lager miteinander verbunden sind, sind nicht aufgearbeitet worden. Wer wäre da nicht geeigneter als Anne Frank? Auf sie wird in elf Sätzen verwiesen.

Eine Sammlung von Interviews mit ehemaligen Häftlingen wie in Dachau wäre auch für Belsen möglich. Lagereinrichtungen hätten rekonstruiert werden können, wenn nicht bei den »gärtnerischen Arbeiten« vor 20 Jahren die damals noch bestehenden Grundmauern der Baracken »untergepflügt« worden wären.

Wo wird auf das Schicksal der verschiedenen Gruppierungen verwiesen? In Belsen waren nicht nur Juden, sondern auch politische Widerständler, Sozialdemokraten, Kommunisten, Geistliche, Behinderte, vermeintlich Geistesgestörte, Homosexuelle, Sintis und Obdachlose. Die Sinti mußten erst am 27. Oktober 1979 zur internationalen Gedenkfeier aufrufen, bis auch für sie an der Mahnmauer eine Tafel angebracht wurde.

Ernst Albrecht im März 1979:

Wir Menschen haben das Vorrecht unter den Geschöpfen, Träger eines bewußt erlebten Schicksals zu sein: Wir können Erfahrungen der Vergangenheit nutzen, um unsere Zukunft besser zu meistern. Auch die menschlichen Gemeinschaften können auf diese Erfahrung nicht verzichten. Sie können nicht geschichtslos leben.

Zwei Kilometer von der Gedächtnisstätte entfernt, an der Panzerstraße nach Fallingbostel, liegt heute der »Russenfriedhof« mit über 50 000 Toten. Hier werden keine Ansprachen gehalten. Es nimmt auch niemand zur Kenntnis, wenn die Bezirksregierung Lüneburg das von einer sowjetischen Delegation am Eingang aufgestellte Denkmal abmontiert und tief hinten im Dickicht versteckt. Niemand stört sich daran, wenn es wieder einmal zerstört wird und monatelang auf Restauration warten muß.

Und noch ein paar Kilometer weiter, in der Gemarkung Wietzendorf, liegen weitere 17 000 Russen. In Wietzendorf ist die Ruhe der Toten durch einen Schlagbaum des NATO-Schießplatzes geschützt.

In der Gedächtnisstätte findet sich weder ein Hinweis auf diese Massengräber noch auf weitere Gräber im Kasernenbereich. Dort liegen 8 000 Menschen, die nach der Befreiung den Engländern unter den Händen weggestorben sind. Die Landesregierung ließ anfangs auf den Stein am Eingang dieses abgesperrten Friedhofs schreiben: »Hier ruhen einige Hundert Opfer«. Die Geschmacklosigkeit wurde erst nach Protesten entfernt.

Karl Ravens,
Bundesminister, am 27. 4. 1975 in Belsen:

Heute sollten wir uns gleichwohl zu Bergen-Belsen als einem schrecklichen Teil unserer Geschichte bekennen und ... auch künftig Gedenkfeiern abhalten.

1975 lud Ministerpräsident Alfred Kubel zum letzten Mal zur öffentlichen Gedenkfeier nach Belsen ein. Die im Fünf-Jahres-Rhythmus wiederkehrende Erinnerung an den Tag der Befreiung, zu der jedesmal über 10 000 Menschen aus dem In- und Ausland gekommen waren, wurde, still und leise, im Jahre 1980 eingestellt. Als der niedersächsische Verfolgtenverband bei der Landesregierung nachfragte, antwortete der Innenminister in einem Schreiben am 24. September 1979: »Anläßlich der 35. Wiederkehr des Tages der Befreiung des ehemaligen Konzentrationslagers Bergen-Belsen werden stille Kranzniederlegungen stattfinden.« So geschah es dann auch. Es ist sonst niemandem aufgefallen.

Norbert Kandel

Der gute Name Belsen

In Celle haben sie nichts gewußt, heißt es. Bis auf die Familien in der Umgebung des Güterbahnhofs, die die endlosen, zum Teil offenen Waggons nicht mehr sehen konnten und fortzogen. Bis auf den Ingenieur der Celler Maschinenfabrik, der schon früh in seinem Tagebuch notierte: »Ende Dezember 1941 wurde in unserer Fabrik erzählt, daß täglich 200 gefangene Russen in den Lagern bei Belsen, Fallingbostel oder wie die hießen, sterben. Sie stürben wie die Fliegen.«

Nur der Eisenbahner der Osthannoverschen Eisenbahnen berichtete in der Bahnhofsgaststätte Celle-Vorort vom 15. Januar 1942, als drei Waggons mit russischen Kriegsgefangenen rangiert wurden: »Kein Lebender war mehr darin. In jedem Waggon lagen fünfzig tote Russen ... Die werden mit einer Hacke herausgezerrt, in eine Kiesgrube gebracht, die zugeworfen wird.« Und nur einem fiel am 7. Januar 1945 der lange Güterzug mit Viehwagen auf, der in Richtung Bergen fuhr: »Die Türriegel waren mit Draht zugebunden. An den Fensteröffnungen guckten nicht Ochsen, sondern Frauen. Lauter jüdische Frauen aus Ungarn. An den bekleckerten Wagen konnte man sehen, daß die ihren menschlichen Dreck aus den Öffnungen werfen mußten.«

Hat niemand vom ersten und letzten Bombenangriff auf Celle am 8. April 1945 erfahren, als in die Transportzüge auf dem Güterbahnhof Bomben und Splitter einschlugen: »Die noch lebenden flüchtenden Häftlinge gingen draußen in den Straßen der Stadt oder im Vorraum der Gärten und Felder zugrunde an ihren Verletzungen. Sie verhungerten oder wurden am nächsten Tage in Treibjagd durch Abschußkommandos der SS und der Polizei niedergeknallt.«

Nach dem Krieg machte sich eine Celler Chronistin auf, um in unermüdlicher Kleinarbeit in einer Schrift von 3 000 Seiten die Aussagen der Einheimischen zusammenzutragen. Ihr Name war Hanna Fueß. Bis zum Einmarsch der Briten war sie als Schriftleiterin der Celleschen Zeitung aufgefallen, als sie in unerschrockenem Glauben Mythen um die Opfergänge für die Befreiung Großdeutschlands rankte, um auch die letzten Männerkräfte für den Endsieg freizumachen. Und so sammelte sie die rechten Stimmen, die vornehmlich die Empörung über die Beschmutzung des »guten Namens Belsen« wiederspiegelten.

Aus dem Tagebuch der Hanna Lévy-Hass:

Auch als wir endlich an unserem Bestimmungsort ankamen, ohne die leiseste Ahnung, wo wir uns befanden, und als wir aus unseren Löchern hervorkamen, da war es, als ob wilde Tiere aus dem Schatten des Todes herauskröchen. Und dann begann der traurige Zug: Erloschen und erdfahl, ausgehungert, mit den letzten Kräften, bleich und mit fiebrigen Augen, schleppten wir uns auf einer endlos erscheinenden Straße ins Lager Bergen-Belsen. Staubig und schwitzend unter der Last dessen, was uns als elende Habe geblieben war. Furchteinflößende menschliche Schatten zogen stumm, langsam, auf unbekannter Straße dahin. Dorfbewohner, Frauen in sehr netten Sommerkleidern, Radfahrer und Fußgänger, alle gut gekleidet, gepflegt, ausgeruht, mit der Ruhe einer normalen Lebensführung im Gesicht, hielten einen Augenblick an, um uns neugierig anzustarren. Ohne aus ihrer absoluten Indifferenz herauszugehen! Und die zahlreichen Soldaten begleiteten uns, ohne je das Gewehr aus der Hand zu legen, teilten entlang der ganzen Kolonne Stockschläge an jeden aus, der sich umwandte oder ein wenig zurückzubleiben wagte. Das war der Augenblick, da die gequälte Seele begann, die Beleidigungen und die Schande in sich aufzuspeichern, die in der Folge, mehr und mehr zu einem Berg von Qualen anwuchsen.

In Buchenwald haben die Amerikaner die Weimarer Bevölkerung durch das Lager getrieben. Nach Belsen zitierten die Briten Vertreter der naheliegenden Orschaften. Auch aus Celle machten sich »auf Veranlassung der Besatzungsbehörde« am 24. April 1945 je drei Vertreter der Stadt und des Landkreises auf den Weg nach Belsen. Zehn Tage später mußten sie in dem provisorischen Bekanntmmachungsanzeiger der Bevölkerung berichten; sie taten es in 62 Zeilen.

Die »Celler Männer« in Belsen empfanden »Abscheu« vor den Männern, die »diese Zustände verursacht oder pflichtwidrig geduldet haben. Sie haben nicht nur dem deutschen Namen in der Welt Unehre gemacht, sondern dem menschlichen Gefühl jedes wahren Deutschen zuwidergehandelt... Wer sich solcher Verbrechen an wehrlosen Menschen schuldig gemacht hat, gehört nicht zu uns«. Sie vergessen nicht zu erwähnen, daß »fast alle Celler bis in die letzten Tage von dem Vorhandensein eines Konzentrationslagers in Belsen nichts gewußt, danach aber ihrem Mitleid mit den Insassen des Lagers durch zahlreiche Spenden bereitwillig Ausdruck gegeben haben.«

Celles KZ-Bewältigung bestand also im Spenden. Waren sie freiwillig? Am 21. April 1945 freut sich der kommissarische Oberbürgermeister Vogel noch unter »Bekanntmachungen« über das »überwältigende Zeugnis für Eure Gebefreudigkeit« und appelliert »besonders an die besser situierten Teile der Bevölkerung«: »Also, öffnet noch einmal die Herzen und Truhen.«

Acht Tage später geht aus einem »Sonderdruck« vom 29. April hervor, daß der Militärgouverneur die Sache wohl anders sah: »Falls nicht genug Sachen abgeliefert werden, müssen wir mit scharfen Maßnahmen der Militärregierung rechnen. Es werden dann die nötigen Kleidungsstücke wahllos aus den Häusern geholt werden.« Am 8. Mai 1945 muß nochmals aufgerufen werden: »Wie gespannt die Lage ist, sieht die Bevölkerung ja an der gestrigen Eilsammlung durch den Lautsprecherwagen, denn die im Winterquartier untergebrachten ehemaligen KZ-Häftlinge frieren in den kühlen Nächten.«

Deshalb: »Gebt schnell und gerne wie immer. Noch nie hat die Bevölkerung Celles versagt.«

Bergen 1982

In den Heimatführern wird Bergen als »freundliche Kleinstadt« vorgestellt. Es wird auf »abwechslungsreiche Wanderwege durch Wald und Heide« verwiesen, auf das Bergener Heimatmuseum, das Großsteingrab in Siddernhausen, auf ein 4000 Jahre altes Megalitgrab aus der jüngeren Steinzeit. Man soll, im »zauberhaften Celler Land«, in der »Stille einsamer Kiefernforste, silberweißer Birkenwälder und verträumten Heideland« das »Gestrige erforschen«, um das »Heute zu erleben«. In einer Selbstdarstellung der Stadt Bergen lesen wir:

»1935 wurde der Truppenübungsplatz zwischen Bergen, Soltau, Fallingbostel und Ostenholz errichtet. 8363 Hektar Grundfläche mußten von den Gemeinden aus dem Raum abgegeben werden. Aus dem Heidedorf Bergen wurde 1957 die 'Stadt Bergen', in der jetzt neben rund 6000 Deutschen, 5000 Briten und Niederländer ihre Häuser und Wohnungen haben.«

Bergen, eine »Stadt mit Tradition« heißt es dann etwas weiter

Gedenkstätte Bergen-Belsen im Dezember 1981

3. Kapitel

Krieg
und Nachkrieg

Heute noch beinahe unverändert: Fassade des Zuchthauses an der Trift.

Ulrich Vultejus:

Goldene Jugendzeit

Dies ist die Geschichte einer Jugend zwischen Elternhaus, Schule und Hitlerjugend. Dies ist auch die Geschichte einer Jugend in Celle und des Versuches, sich von den Fesseln dieser Stadt zu befreien. Ich habe sie für mich aufgezeichnet. Ich öffne den Einblick in sie, um den Alltag im Faschismus sichtbar zu machen, aber auch, um die Kräfte des Widerstandes aufzuzeigen, den er in jungen Menschen freizusetzen vermochte.

Das Elternhaus: Ein gelbes Bürgerhaus aus dem Ende des vergange-nen Jahrhunderts in der Trift 1 schräg gegenüber dem Zuchthaus. Der Vater: Rechtsanwalt am Celler Oberlandesgericht seit 1913 – die Mut- ter: Eine Hildesheimerin aus einer Juristen- und Offiziersfamilie. Beide waren erklärte Gegner des Nationalsozialismus.

Die Erinnerung an die Jugend ist kein Film, Bild an Bild; sie besteht aus vielen Inseln, die mal dicht benachbart, mal weit von einander entfernt im Nebel der Erinnerung schwimmen.

ERSTE INSEL.

Die schönste Insel ist das geräumige Elternhaus mit großem Garten in der Nähe der Triftanlagen zwischen den Wiesen der Unteraller, dem Hauptbahnhof und der Innenstadt. Ich habe diese Insel immer zusammen mit Tieren bewohnt, mit Kaninchen, der Schildkröte Mikra, Wellensittichen, dem Schaf Schneck und Hunden. Kaninchen und Schaf waren zunächst der Ersatz für einen Hund, als meine Eltern mir noch keinen Hund erlaubt hatten. Deshalb sollten die Kaninchen lernen, mit einem Halsband an der Leine zu laufen und angepflockt Gras zu rupfen. Mehr Spaß empfanden sie freilich beim gemeinsamen Buddeln im Sand. Schneck, das Schaf, war schon eher bereit, die Manieren eines Hundes zu erlernen, über kleine Hindernisse zu springen, den

Handwagen zu ziehen und zum Schrecken meiner Mutter mich an der Leine auf Gängen in die Innenstadt zu begleiten. Rechte Freude hatte ich jedoch erst an den Ausflügen mit Zwergschnauzern auf dem Fahrrad und im Faltboot. Ich möchte die Insel nicht versteckt halten, weil deutlich werden muß, daß auch für die Jugend in einer Diktatur die Sonne scheinen kann.

Die Umgebung des Elternhauses war ein Spiegel der Zeit. Das liebste Haus in der Umgebung, das alte Barockhaus in der Arndtstraße 2, war nie verschlossen. Nach Öffnen einer schweren altersschwachen Holztür trat der Fuß begleitet von dem Klang der Türglocke eine Stufe herab auf einen großen Flur aus ausgetretenen roten Wesersandsteinplatten. Rechts lagen die Räume der Witwe Burchard, der Hauseigentümerin, die dort mit ihrem geisteskranken Sohn lebte und durch ihre ständige Sorge, die Nazis könnten ihn ermorden, mein Herz anrührte. Diese alte Frau mag mit ihrem großen Hut und ihren vielen schwarzen Hüllen verschroben gewirkt haben. Doch sie war eine Heldin. Sie hat sich beharrlich geweigert, ihren ihr an Kraft vielfach überlegenen Sohn fortzugeben und ihm so das Leben gerettet.

Die Bewohner zur Linken des Flures sollten dagegen nicht überleben. Es waren die Geschwister Müller, die dort in klassischer Armut lebten, wie ich als Bürgersohn sie sonst nur in den Bildern Ludwig Richters gesehen hatte. Ich kam aus einem Haus mit Eßzimmer, Küche, Wohnzimmer, Herrenzimmer, Damenzimmer, Schlafzimmer und Fremdenzimmer und traf hier auf Menschen, die zufrieden in einer Küche mit Steinfußboden mit unzähligen Katzen lebten; durch das Fenster schaute ein ungepflegter verwunschener Garten. In der Mitte der Küche stand ein großer Kieferntisch, altersschwach und ohne IKEA-Schick. An der einen Seite heizte ein Kohleherd den kleinen Raum, auf dem Küchenbüffet gegenüber tickte laut ein großer Wecker. Ich saß oft in dieser Küche, habe den Erzählungen des Paares gelauscht, die Katzen gestreichelt, bis, ja bis die Gestapo erst die Schwester, wenige Tage später auch den Bruder abholte und ich die Todesanzeige in der CELLESCHEN ZEITUNG las. Sie verriet nichts von der Tragödie, Gott hatte sie heimgerufen.

Das alte Barockhaus Arndtstraße 2 ist nach dem Krieg von der Stadt aufgekauft und in Vorgriff auf künftige Sanierungen abgerissen worden. Wild wuchernd bedecken jetzt Sträucher und Unkraut die Stätte meiner Neugier und Beklemmungen.

Einem anderen Haus unserer Nachbarschaft widerfuhr nach dem Krieg ein gnädigeres Schicksal: Das Celler Zuchthaus wurde aufgerüstet. Es dient an der Trift, wie eh und je dem Rechtsstaat. Doch so darf ich das nicht schreiben. Ich meine natürlich: mit Ausnahme der Zeit von 1933 bis 1945; damals diente es dem Unrechtsstaat – allerdings taten die Richter und Staatsanwälte, die in jenen Jahren die Zuliefermaschinerie des Zuchthauses bedienten, kein Unrecht. Dessen jedenfalls kann ich gewiß sein, denn sie blieben auch später im Dienst.

Die Justiz weiß nicht, ob das Celler Zuchthaus in den braunen Jahren von einem Massenmörder geleitet worden ist. Zuchthausführer – oder sollte es noch altmodisch: Zuchthausvorstand geheißen haben? – war seit dem 15. 11. 1934 der Hauptmann a. D. und dann zum Regierungsrat ernannte Otto Marloh. Es gibt das Gerücht, daß er derselbe sei, der als Oberleutnant Otto Marloh am 11. März 1919 29 Matrosen der Volksmarinedivision in der Französischen Straße in Berlin hatte erschießen lassen und vor einem Gericht freigesprochen worden war, weil er irrtümlich einen Mordbefehl seiner Vorgesetzten angenommen habe. Ich fragte die damals für die Dienstaufsicht zuständige Behörde, den Generalstaatsanwalt in Celle. Er verwies mich an den Präsidenten des Justizvollzugsamtes Grützner in Celle. Grützner erklärte, er habe keine Unterlagen. Bei der zweiten Nachfrage verwies er mich an einen Entnazifizierungsausschuß. Dieser an ein Zentralarchiv und dies hatte keine Unterlagen mehr. Der niedersächsische Justizminister Schwind ließ erklären, auch er habe keine Unterlagen ...

Die Behauptung, das Zuchthaus sei für mich ein Ort des Schreckens gewesen, wäre nur die halbe Wahrheit. Die alte efeubewachsene Barockfassade strahlte Vertrauen aus. Ja ich war gelegentlich stolz belustigt, wenn Fremde das Gebäude mit dem Celler Schloß verwechselten und fotografierten. Beruhigt hat mich auch die Versicherung meines Vaters, daß im Celler Zuchthaus niemand hingerichtet würde; dies traf auch noch für die Anfangsjahre des Krieges zu. Die alte Lessingstadt Wolfenbüttel war der Ort der Hinrichtungen für die Provinz Hannover. Nach dem Kriege sollte ich diese Hinrichtungsstätte, einer ungepflegten Waschküche ähnlich, als Gegenstand niedersächsischer Richterfortbildung kennenlernen. Während des munteren Geplappers des für den letzten Trost zuständigen Geistlichen entdeckte ich entsetzt noch eingetrocknete Blutreste. Doch zurück zum Celler Zuchthaus. Täglich konnte man Gefangene auf der Straße sehen. Sie trugen schwarzbraune Drillichanzüge mit gelber Armbinde und gelben Streifen an den Seiten der Hose ähnlich den roten Biesen eines Generals. Sie unterschieden sich so von den Gefängnisgefangenen in ihrem blauen Drillich . Die Welt der Gefangenen, der Bodensatz der Justiz, spiegelte sich in den lichten Höhen. Die Dienstränge der Richter und Staatsanwälte waren durch Biesen - freilich durch Biesen in Gold und Silber an den Roben - zu unterscheiden. In der Justiz herrschte eine wohlgegliederte Ordnung; sie gab Halt! Heute ist sie den Gleichmachern zum Opfer gefallen. Strafgefangene und Richter tragen in Niedersachsen Einheitskleidung, die einen blau, die anderen schwarz.

Die Schrecken eines Zuchthauses wurden durch die historische Fassade hindurch immer wieder sichtbar. Von der Unteraller aus konnte man an Sommerabenden Trauben von Gefangenen an den Fenstergittern sich drängen sehen - nur um ein wenig Sommerluft zu atmen. Gefangene mußten auf der Straße von bewaffneten Beamten bewacht in Kolonnen zur Arbeit gehen; sie mußten auch anstelle von Pferden im Geschirr die Wagen ziehen. Einmal sah ich einen zum Tode Verurteilten, der sich körperlich schwer angeschlagen, von fünf strammen Beamten begleitet, über die Trift schleppte. Zwei Tage später wurde er in Wolfenbüttel hingerichtet. Die CELLESCHE ZEITUNG meldete dies stolz rechts oben auf der ersten Seite.

Gegen Ende des Krieges muß der Justiz das Gewissen geschlagen haben. Die Gefangenen wurden nur noch nachts mit Lastwagen transportiert. Im Bett hörte ich beklommen das Rappeln der Wagen, die Kommandos der Wachmannschaften und das Abspringen der Menschen.

ZWEITE INSEL

An die Volksschule habe ich nur tröstliche Erinnerungen. Meine Eltern hatten erreicht, daß ich gegen die amtliche Einteilung die Neustädter Schule besuchen konnte. Es war eine Schule, die überwiegend von Arbeiterkindern besucht wurde. Der Rektor Schulze und mein Klassenlehrer Lampe hatten es verstanden, eine Atmosphäre der Freundlichkeit zu schaffen, die ich so später in einer Schule nie wieder finden sollte.

In Celle gab es bis zum Kriegsende zwei Höhere Schulen für Jungen, die Hermann-Billung-(Oberreal-)Schule und das humanistische

Gymnasium Ernestinum in der Magnusstraße. Hier schieden sich die Geister. Die Hermann-Billung-Schule hatte das Schwergewicht auf die Naturwissenschaften gelegt, war die höhere Schule der Aufsteiger und dem Nationalsozialismus gegenüber offen. Das Ernestinum dagegen pflegte die alten Sprachen und war die Schule des dem Nationalsozialismus ablehnend gegenüberstehenden Bürgertums.

Gewiß hatten die Nazis auch in Lehrkörper und Schülerschaft des von mir besuchten Ernestinums kleine Einbrüche geschafft; das Klima der Schule aber war national-konservativ, die Nazis verachtend.

Vom alten Stamm der Lehrer war nur der Oberstudienrat Lauter – nicht zufällig stellvertretender Schulleiter – überzeugter Nazi. Jedermann wußte dies; er war wie eine Katze mit umgehängter Schelle keine Gefahr. Die Nazis versuchten, mit jüngeren Lehrern an dieser Schule Fuß zu fassen und versetzten deshalb je einen Zeichen- und Musiklehrer ohne volle akademische Ausbildung an das Ernestinum; für sie war es der Königspfad in den höheren Dienst. Der Zeichenlehrer Behling – innen und außen blaß, rötlichblond – war eine anrührend schlichte Seele. Für ihn entsprang alle Kunst germanischem Kunstsinn. Zum Gespött machte er sich mit seinen gläubigen Versuchen, alle Bauwerke auf das »Nordische Rechteckhaus« zurückzuführen, einem offensichtlich schafstallähnlichem Gebäude mit bis auf die Erde herabgezogenem Dach. Selbst Rundtempel konnten der Ableitung aus dem »Nordischen Rechteckhaus« nicht entgehen. Wenn man sich die Seitenwände höher, durch Säulen ersetzt und alles überaus rund als Prozeß der Entwicklung vorstellte, war die Verbindung zwingend. Gefährlich dagegen war der Musiklehrer Roß, der als Erwachsener einen Hitlerjugenddienstrang ergattert hatte und mich auch bei der Kreisleitung der NSDAP anzeigen sollte; er mußte nach dem Krieg das Ernestinum verlassen.

Die die Schule prägenden Lehrer waren jedoch offene Feinde der Nazis. Sie fühlten die Verpflichtung, uns humanistische Kultur weiterzugeben. Nie habe ich von ihnen ein lobendes Wort über die Nazis gehört. Im Mittelpunkt stand für mich der Studienrat Dr. Alpers aus dem Bremer Weg 18 (Deutsch, Latein, Griechisch), der uns die klassische deutsche Dichtung nahebrachte. Ich erinnere mich sehr lebhaft, daß er uns eines Tages eröffnete, in den nächsten zwei Wochen bekämen wir in Deutsch keine Schularbeiten; wir sollten HEINRICH HEINE'S Werke lesen; sie gehörten zum deutschen Kulturgut, nur dürfe er sie nicht in den Unterricht einführen. Er gab uns noch mit auf den Weg, unsere Eltern hätten mit Sicherheit Heines Werke; wir sollten uns nicht mit dem Bestreiten unserer Eltern zufrieden geben.

Den Nazis gegenüber ähnlich ablehnend verhielt sich der Studienrat Rudtke. Als ich aus dem Geschichtsbuch Negatives über die Freimaurer vortrug, brach es aus ihm heraus: er selbst sei Freimaurer und auf Freimaurern beruhe ein Teil unserer Kultur. Hier erfuhr ich, daß Goethe, Friedrich der Große und Heine Freimaurer gewesen waren.

Der Studienrat Hartung überraschte uns während des Rußlandfeldzuges mit der Erklärung, der Unterschied zwischen Russen und Deutschen sei, daß die Unterführer bei den Russen häufig schwere Fehler machten, während die deutschen Unterführer die Lage oft zu retten vermochten. Dagegen sei die russische Führung hervorragend, während die deutsche Führung für die verlorenen Schlachten verantwortlich sei.

Der Krieg erschwerte die Arbeit der Schule immer mehr. Sammlungen von Altmaterial und Kartoffelferien, in denen wir als billige Arbeitskräfte an Bauern vergeben wurden, beanspruchten Zeit und Kraft. Gegen Ende des Krieges wurden alle körperlich tauglichen Schüler als Luftwaffenhelfer zur Flak abkommandiert. Hierdurch drohte der Unterricht unmöglich zu werden. Zuvor jedoch wurden wir vom Amtsarzt Hiestermann im Gesundheitsamt in der Windmühlenstraße untersucht. Es ging das Gerücht, unser Schuldirektor Ohlendorf habe am Abend vor der Untersuchung das Ergebnis mit Hiestermann abgesprochen und die Schüler bezeichnet, die er für die Fortführung des Unterrichts für unerläßlich hielt. Jedenfalls setzte ich zur Untersuchung meine Lesebrille auf. Als ich den Untersuchungsraum betrat, fragte mich Hiestermann, ob ich überhaupt Flugzeuge erkennen könne. Als ich verneinte, stellte er ohne Untersuchung meine Untauglichkeit fest. In unserer Schule war der Anteil der Untauglichen wesentlich höher als in der Hermann-Billing-Schule …

DRITTE INSEL

Der Dienst in der Hitlerjugend war für mich immer nur Episode. Als Pimpfe mußten wir nach einem Jahr mit auswendig gelernten Naziprüchen und sportlichen Leistungen die »Pimpfenprobe« ablegen. Als Belohnung winkte die Erlaubnis, zur Uniform Schulterriemen und Dolch - auf der Klinge die Aufschrift: »Blut und Ehre« - tragen zu dürfen. Man konnte mich zwingen, am Dienst teilzunehmen, aber nicht zwingen, eine Prüfung zu bestehen. So fiel ich durch, auch bei Wiederholungsprüfungen immer wieder durch. Mit heimlichem Stolz nahm ich ohne Schulterriemen und Dolch am Dienst teil. Hitlerjugendführern, die immer wieder des Tragen von Riemen und Dolch verlangten, begegnete ich mit der widerborstigen Antwort, daß ich eben die Prüfung nicht bestanden hätte, und freute mich diebisch an der Standfestigkeit meines legalistischen Schutzwalls. Als mein Vater davon erfuhr, machte er mir deutlich, daß hier Widerstand ohne Sinn sei. Als ich den Dolch zum ersten Mal gürtete, gab es zu Haus eine Erörterung, ob der Dolch links oder rechts zu tragen sei. Mein Vater steuerte die Bemerkung bei, daß die römischen Legionäre als Rechtshänder die Schwerter links und den Dolch rechts getragen hätten. Aber wo trugen sie Dolch ohne Schwert? Jedenfalls trug die klassische Bildung dazu bei, daß ich mit dem Dolch an der falschen Seite zur allgemeinen Heiterkeit zum Dienst erschien.

Später lernte ich, mich mit ärztlichen Attesten vom Dienst fernzuhalten. Freunde behaupteten schließlich, ich hätte einen Karteikasten, aus dem ich nur das passende Attest herauszuziehen brauchte. Es war nicht verwunderlich, daß man meinen Attesten immer kritischer begegnete. Meine Mutter hatte schließlich die rettende Idee. Ich solle mich bei meiner Einheit mit dem Bemerken verabschieden, das Attest liege auf dem »Bann«, der Hitlerjugendführung. Wenn man schließlich die Unwahrheit feststelle, könnten wir uns durch den Hinweis auf die Unordnung der Hitlerjugendführung, bei der das Attest verlorengegangen sei, aus der Affäre ziehen. So gelang es, zwei Jahre dem Dienst in der Hitlerjugend zu entkommen. Nur: die Freiheit endete mit meinem ersten Strafverfahren wegen Fernbleibens vom Dienst. Mit Mühe gelang es meinem Vater, mit dem Jugendrichter eine Vereinbarung dahin zu treffen, daß das Verfahren eingestellt werde, wenn der Amtsarzt jedenfalls nachträglich meine Dienstunfähigkeit feststelle. Der Gang zum Amtsarzt wurde zur Angstpartie. Die Angst jedoch erwies sich als unnötig, der verblüffend junge Amtsarzt dachte so wie ich und das Attest war kein Problem. Nach einem Anruf meines Vaters bescheinigte er mir sogar noch weitere drei Monate Dienstunfähigkeit. Die Hitlerjugend sollte mich nie wiedersehen.

VIERTE INSEL

Die Frage, was »die Deutschen« von den Nazigreueln gewußt haben, bewegt die Gemüter. Die Frage scheint mir schief zu sein, denn »die Nazis« waren ein Teil des deutschen Volkes. Ebenso schief könnte man fragen, was die Deutschen von ihren eigenen Verbrechen gewußt haben. Ich will hier nur berichten. Bei der Wertung wird man sehen müssen, daß ich damals ein Kind und Jugendlicher mit verminderter Möglichkeit der Informationsaufnahme war.

Es ist wohl außer Streit, daß die Konzentrationslager nicht verheimlicht wurden, daß die Verletzung der Menschenrechte bei den dort eingesperrten politischen Gegnern und Juden und die Morde an ihnen allgemein bekannt waren. Die Konzentrationslager konnten ihre Aufgabe, das politische System zu stabilisieren, nur erfüllen, wenn sie als Bedrohung empfunden wurden. Für mich war die Furcht vor dem Konzentrationslager Teil meines täglichen Denkens. Immer wieder schärfte mir meine Mutter ein, nichts von unseren häuslichen Gesprächen verlauten zu lassen, weil ich sonst alle ins KZ bringen würde. Ab und an erfuhr ich von Freunden meiner Eltern, die in ein KZ verbracht oder aus ihm entlassen worden waren – mit Schweigegebot. Unseren Tierarzt Dr. Döhler aus dem Heiligen Kreuz, der sein Zimmer mit frei fliegenden Rosenstaren teilte, habe ich heimlich bewundert; er war wegen kritischer Äußerungen im KZ gewesen.

Kurz vor dem Krieg sah ich eine Kolonne von KZ Häftlingen aus dem Frauen-KZ Moringen bei Northeim, heute niedersächsisches Landeskrankenhaus für psychisch Kranke, die sich, schwer bewacht, auf dem Reitweg neben der Landstraße dahinschleppte. Sie durfte die den Volksgenossen vorbehaltene Straße nicht betreten. Ich glaube, ich habe nie wieder Frauen in so erbarmungswürdigem Zustand gesehen. Auf meine Nachfrage erklärte die uns begleitende Arztfrau Brauer aus Moringen, eine Freundin meiner Mutter, man könne die Häftlingskolonne täglich auf dem Weg zur und von der Arbeit sehen.

In den letzten Tagen des Polenfeldzuges – oder war es etwas später? – kam der Bruder unseres Hausmädchens Anna zu Besuch. Er hatte am Polenfeldzug als Soldat teilgenommen und trug die Wehrmachtsuniform. Ich sehe ihn noch heute auf dem grünsamtenen Ohrensessel gegenüber dem Ofen. Er erzählte vom Krieg, er erzählte auch von den Einsatzkommandos, ihren Morden, und daß er gesehen habe, daß die

Männer Kinder an die Füße gefaßt und so geschleudert hätten, daß die Köpfe an der Wand zerschellten, das Gehirn verspritzte.

Ich sah auf sein Koppelschloß: »Gott mit uns« las ich dort eingeprägt. Wenig später läuteten während einer Woche jeweils von 12 bis 12.15 Uhr die Glocken der neben dem Ernestinum gelegenen katholischen Ludwigskirche, um den Sieg über das katholische Polen zu feiern.

»Gott mit uns.«

Während des Krieges traf ich auf dem Hof von Bekannten meiner Eltern, dem Bögerhof bei Rinteln, auf einen etwa gleichaltrigen Polen, der dort zur Arbeit eingesetzt war und erzählte, sein Heimatdorf sei von Deutschen umstellt und alle arbeitsfähigen Männer eingefangen und abtransportiert worden. Darunter auch er.

Die Tötung von Geisteskranken war in unserer Schule und erst recht im Elternhaus Tagesgespräch. Unser Hausmädchen Anna stammte aus der Nähe von Belsen. Sie hat uns als erste von dem Kriegsgefangenenlager und späteren KZ Belsen berichtet. Die russischen Kriegsgefangenen verhungerten dort nach ihrem Bericht in großer Zahl; die Rinde der im Lager stehenden Bäume sei von den verzweifelten Menschen schon abgenagt.

Celler Söhne der SA vor den »Kammer-Lichtspielen« am Brandplatz.

Auch die Übergriffe gegen die Juden waren kein Geheimnis. Unsere Englischlehrerin Seidel hat uns von der Todesangst der aus Deutschland flüchtenden Juden und den Schwierigkeiten, in England Asyl zu finden, im Unterricht berichtet; in manchen Seeorten höre man mehr Deutsch als Englisch. Ich selbst habe nach der Reichskristallnacht ein verwüstetes Geschäft in der Altstadt gesehen. Natürlich wußten wir, daß jüdische Rechtsanwälte ein Berufsverbot hatten. Ich selbst habe mehrfach einem nichtarischen, mit Berufsverbot belegten Rechtsanwalt während der Dunkelheit Pakete meiner Eltern überbracht.

Bei einem Luftangriff auf Celle im April 1945 waren auf dem Güterbahnhof Transportzüge mit KZ Häftlingen getroffen. Etwa 2000 Häftlinge sollen geflüchtet sein, die meisten wurden in den Vorgärten und im Neustädter Holz erschossen. Sollte nur ich davon gewußt haben?

FÜNFTE INSEL

Es kann hier nicht mein Ziel sein, das Thema Justiz und Nationalsozialismus darzustellen; ich will mich darauf beschränken, Bausteine zu liefern. Ich bezweifle sogar, ob Richter, Staats- und Rechtsanwälte damals wie heute eine Gruppe mit geschlossenem Weltbild darstellen, die sich als Komplizen oder Gegenspieler des Nationalsozialismus empfunden haben. Nur ein kleiner Teil der Richter, Staats- und Rechtsanwälte hat - so meine Einschätzung - für oder gegen den Nationalsozialismus Position bezogen; die Mehrzahl ist damals wie heute mit den Zeiten geschwommen und hat sich angepaßt. Allerdings gibt vielleicht die Zahl der Juristen, die der NSDAP - nach heutigem Sprachgebrauch einer terroristischen, verfassungsfeindlichen Vereinigung - angehörten, ein falsches Bild. Es waren etwa 90 Prozent der Richter und Staatsanwälte, Richter etwas weniger, Staatsanwälte etwas mehr und etwa 65 Prozent der Rechtsanwälte.

Als typisch mag der Oberlandesgerichtspräsident Dr. Adolf von Garßen gelten, der im preußischen Justizministerium groß geworden und schon am 1. 3. 1932 in Celle Oberlandesgerichtspräsident geworden war. 1933 war er sehr im Zweifel, ob die Nazis ihn im Amt belassen würden, wie er meinem Vater, dem er aus der Zeit gemeinsamer Ausbildung verbunden war, sorgenvoll offenbart hat. Als er im Amt bleiben durfte, hat er sich nicht für die Nazis engagiert, ihnen aber auch keinen Anlaß zu Anständen gegeben. So überließ er die Auseinandersetzung mit einem SA-Trupp, der auf dem Oberlandesgericht eine Hakenkreuzfahne hissen wollte, seinem Amtmann Wüstefeld, der anschließend sein Amt verlor. Während Wüstefeld den SA-Männern gegenüberstand, fragte der Herr Präsident im Justizministerium nach ... und blieb. Seine 1945 auf Anordnung der Militärregierung erfolgte Festnahme stieß bei den Celler Juristen auf Verständnislosigkeit; er hatte seine Pflicht getan. Viele meinten, er sei wohl im Zusammenhang mit den Gefangenenerschießungen nach dem Luftangriff auf den Güterbahnhof festgenommen worden. Wohl werde er bald freigelassen werden und weiteramtieren, sobald der unwissenden Militärregierung deutlich gemacht sei, daß ein Eingreifen nicht in seinen Zuständigkeitsbereich gefallen sei. Sein Lebensweg scheint mir mit dem des Reichsgerichtspräsidenten Bumke vergleichbar zu sein, der 1929 über eine Ministerialkarriere in sein Amt gelangt war und den Nazis ein so treuer Diener werden sollte, daß sie seine Dienstzeit über die Altersgrenze hinaus verlängerten.

Vielleicht sollte ich hier auch auf die beiden anderen Celler Behördenchefs, den Oberbürgermeister Meyer und den Landrat Heinichen hinweisen, die auch vor 1933 in ihr Amt gelangt waren und sich danach als stromlinienförmig erwiesen. Die stromlinienförmige Fortbewegungsart führte Heinichen in den 50er Jahren auf den Stuhl des Oberbürgermeisters.

Damals wie heute gibt es in der Justiz Schaltstellen der Macht. Die wichtigsten Schaltstellen sind die Gerichtspräsidenten und ihre unmittelbaren Mitarbeiter. Es ist sicher kein Zufall, daß der Führer des NS-Rechtswahrerbundes in Celle gleichzeitig Personalreferent des Oberlandesgerichtes war. Die Nazis haben für Entscheidungen, die ihnen politisch am Herzen lagen, Sondergerichte geschaffen, weil durch deren Besetzung die gewünschte Entscheidung sichergestellt werden konnte. Für politische Strafverfahren - ich berichtige, weil es bekanntlich politische Strafverfahren nicht gibt - für Strafverfahren gegen politisch motivierte Täter wurde in Hannover für die Provinz Hannover ein Sondergericht geschaffen. Auf den Volksgerichtshof sollte ich auch hinweisen, weil er seine Verbrechen auch im Herumreisen ausübte und mit in unserem Gebiet tätig war. Der Schaffung dieser Sondergerichte lag die Überlegung zugrunde, daß es vergleichsweise leicht ist, die Besetzung eines Sondergerichts zu steuern, während es bei allgemeiner Zuständigkeit dem Zufall überlassen bleibt, wie das Gericht besetzt ist. Auch heute haben wir Sonderzuständigkeiten für politische Verfahren; dem liegt jedoch der Wunsch zugrunde, in diesen Strafsachen durch ausgesuchte, besonders qualifizierte Richter entscheiden zu lassen.

Für Celle hat ein weiteres Sondergericht besondere Bedeutung erlangt, das am 8. 2. 1934 im Celler Schloß eröffnete Landeserbhofgericht. Es entschied für Preußen in 2. Instanz in allen Landwirtschaftssachen und sollte die »Blut und Boden«-Ideologie durchsetzen helfen. Die Richter dieses der braunen Ideologie verhafteten Gerichts flossen vornehmlich nach 1945 wie Eiter aus einer geplatzten Eiterblase in die ordentliche Gerichtsbarkeit ein und prägten insbesondere die in das ganze Bundesgebiet ausstrahlende Rechtssprechung des Landwirtschaftssenats des Celler Oberlandesgerichts. Folgenden Richtern des Landeserbhofgerichts gelang es, das Oberlandesgericht zu infiltrieren: Wilhelm Stärke, Dr. Karl Hopp, Wilhelm Kuhlmann, Dr. Otto Wöhrmann, Dr. Ernst Panzer, Dr. Wilhelm Rötelmann, Paul Luther, Gerhard Schmal, Dr. Paul Herminghausen.

Hauptaufgabe des Verteidigers in jenen Jahren war es, auf die Staatsanwaltschaft dahin einzuwirken, ihre Wahlmöglichkeit gegen die Sondergerichte und für die allgemeinen Strafgerichte auszuüben. Höchste Kunstfertigkeit aber verlangte die Aufgabe, nicht nur überharte, sondern ebenso milde Urteile oder gar Freispruch zu verhindern, weil beide Entscheidungen Lebensgefahr für den Angeklagten bedeuteten. Im Krieg hatten der Reichsjustizminister Thierak und der Reichsführer SS Himmler ein Abkommen getroffen, nach dem alle Strafgefangenen mit Strafen von 8 Jahren Zuchthaus und mehr in »Steinbrüchen verschrottet« werden sollten. Als Thierak dies vor den Präsidenten der Gerichte und der Rechtsanwaltskammer des Celler Bezirks sowie den leitenden Beamten der Staatsanwaltschaft vortrug, widersprach niemand.

Bei einem Freispruch sorgte nicht selten die Gestapo vor den Toren der Justiz für eine Korrektur. Während die Verbrechen des Volksgerichtshofes und der Sondergerichte offen zu Tage liegen – der Bundesgerichtshof in Karlsruhe hält sie allerdings für Ordentliche Gerichte und nicht für terroristische Vereinigungen – sind die Untaten des Landeserbhofgerichts als einer vorgeblich fachbezogenen Gerichtsbarkeit im Dunkeln geblieben. Deshalb will ich die Tränen eines von meinem

Vater vor dem Landeserbhofgericht vertretenen Geschwisterpaares dem Vergessen entreißen, denen wegen ihrer antifaschistischen Einstellung der Hof weggenommen wurde; der Ortsbauernführer hatte auf dem Land zuviel Unkraut entdeckt. »Abgemeiert« hieß der Fachausdruck damals.

SECHSTE INSEL

In diesen Tagen lag in meiner Post der Fragebogen eines Journalisten, der über das Selbstverständnis gewerkschaftlich orientierter Richter schreiben möchte. Gleich die erste Frage weist vorsichtig darauf hin, daß gewerkschaftlich orientierte Richter politisch eher links einzustufen seien, die Justiz aber konservativ sei und will wissen, warum ich »dennoch« Richter geworden sei. Eine beklemmende Frage, doch auch eine Frage, die sich mir nach dem Kriege nicht gestellt hat. Die Nazis schienen in den Schlund des von ihnen angezettelten Krieges hinabgerissen zu sein. Der Gedanke, die Justiz könne wieder so werden, wie sie vor 1945 war, wie sie vor 1918 war, wie sie immer war, ist mir damals nie gekommen. Und doch! Die Weichen waren sehr bald gestellt.

Die Militärregierung hatte kurzfristig den letzten Oberpräsidenten der Provinz Hannover, Hagemann, der von 1933 bis 1945 in die Anwaltschaft in Celle ausgewichen war, zurückgeholt, und dieser hatte aus politischer Verbundenheit den Celler Rechtsanwalt Freiherrn von Hodenberg als Oberlandesgerichtspräsidenten (1945 bis 1955) vorgeschlagen. Als Hagemann mit der Militärregierung nicht zurecht kam, wurde er auf Hodenbergs Vorschlag Landgerichtspräsident in Verden. Rechtsanwalt Freiherr von Hodenberg war ein konservativer, den Welfen nahestehender Mann. Er hatte sich vor 1945 mit den Nazis nicht gemein gemacht, wenn auch angemerkt werden muß, daß der SA-Führer Dr. Klapproth ebenso wie der Rechtsanwalt Dr. Kurt Blanke seine Sozien in seiner Anwaltskanzlei waren. Als das Vaterland den gut verdienenden Anwalt in der Stunde der Not rief, stand er nach welfischer Tradition zur Verfügung – allerdings erst, nachdem er sich entgegen allem Haushaltsrecht das Gehalt eines Staatssekretärs hatte versprechen lassen.

Hodenberg ist die Schlüsselfigur, die schwer belasteten Nazis in unvorstellbarer Zahl die Rückkehr in die Justiz ermöglicht hat. Seine

Beweggründe sind mir immer verborgen geblieben; ich weiß lediglich, daß mein Vater deswegen eine sehr ernste Aussprache mit ihm gehabt hat und auch ihm die Gründe verborgen geblieben sind. Die Aussprache hatte – mein Vater war 1945 Präsident der Rechtsanwaltskammer geworden – die Rückkehr der Nazis in die Anwaltschaft zum Schwerpunkt und Hodenberg hatte meinen Vater mit dem Argument zu überzeugen versucht, die Anwaltschaft sei schon immer eine Zufluchtsstätte für politisch Verfolgte gewesen.

Als seinen ersten Mitarbeiter (Präsidialrat I) hatte Hodenberg den Oberlandesgerichtsrat Dr. Bennefeld ausgewählt, dem die Militärregierung wegen brauner Flecken auf der Weste jedoch die mit dieser Stellung verbundene Bearbeitung der Personalsachen untersagte. Hiermit wurde ein Mann betraut, der in der Nazizeit die Justiz hatte verlassen müssen, weil sein Ariernachweis nicht den Ansprüchen genügte, und der sich mühsam als Buchhalter eines Kohlenhändlers durchgeschlagen hatte: der Oberlandesgerichtsrat Dr. Heinemann. Bennefeld und Heinemann trugen nunmehr beide die Bezeichnung »Präsidialrat I«, Bennefeld mit dem Zusatz »a«, während der verfolgte Heinemann sich unter dem Kennbuchstaben »b« richtig eingruppiert wiederfand. Man hätte erwarten sollen, daß Heinemann der Rückkehr der Nazis skeptisch gegenüber stand.

Er förderte indessen – Hodenberg blind ergeben – nach Kräften die Rückkehr der Braunen. Bei ihm könnte christliche Religiosität bestimmend gewesen sein. Jedenfalls setzten beide die Rückkehr ehemaliger Nationalsozialisten in ihr Richteramt gemeinsam durch. Zunächst hatten sie sogar erreicht, daß nur »Alte Kämpfer«, Angehörige der SS und ähnliche als untragbar angesehen wurden. Doch dann traf sie der Schlag: nur noch die Hälfte der einzustellenden Richter durften Nazis sein. Lassen wir Hodenberg selbst über diese schwere Zeit berichten:

»Die Fortsetzung der Arbeit ... erhielt einen neuen Schlag, als Anfang November 1945 für die britische Zone neu angeordnet wurde, daß von allen eingesetzten Richtern und Staatsanwälten jedes Oberlandesgerichtsbezirks nur 50 Prozent frühere Parteigenossen sein durften ... Gegenvorstellungen gegen diese sogenannte 50-Prozent-Regel blieben erfolglos, weil in anderen Besatzungszonen damals überhaupt keine früheren Parteigenossen wieder als Richter tätig sein durften ...«

Doch will ich nicht alle in die Justiz zurückgekehrten, dem Nationalsozialismus verbundenen Richter und Staatsanwälte aufzählen.

Machen wir es einfacher: Wenn etwa 90 Prozent aller Richter und Staatsanwälte Mitglieder der NSDAP gewesen waren, und nahezu alle, wenn auch zum Teil erst nach einer Schamfrist, in die Justiz zurückgekehrt sind, ja Niedersachsen sogar ein Zufluchtsort für Nazis aus dem Osten und der amerikanischen Zone war, so müssen auch 90 Prozent der nach 1945 amtierenden Richter und Staatsanwälte Mitglieder der NSDAP gewesen sein.

Die Vereinigung der Verfolgten des Naziregimes (VVN) in Niedersachsen hat ein Buch herausgegeben, in dem die unmittelbar in der Mordmaschinerie tätigen und in die Justiz zurückgekehrten Richter und Staatsanwälte verzeichnet sind. Das Buch ist notgedrungen ungenau; einige wenige sind zu Unrecht hineingeraten, viele fehlen. Auch wenn man davon ausgeht, daß sich diese Zahlen gegeneinander aufheben, muß man zugeben, daß nahezu 10 Prozent der nach 1945 amtierenden Richter und Staatsanwälte an Hitlers Verbrechen beteiligt, in ihrer Mehrzahl Mörder waren.

Bei der namentlichen Darstellung belasteter Juristen will ich mich auf Männer beschränken, die ich persönlich kennengelernt habe.

Der langjährige Justizminister Bosselmann (CDU) - vor 1945 SA-Obertruppführer, nach 1945 jovialer Held ländlicher Schützenfeste - war Träger des Goldenen HJ-Ehrenabzeichens. Sein Gewissen reagierte mit der Empfindlichkeit einer Mimose auf die Strömungen der Zeit. Vor 1945 trat er aus Gewissensgründen aus der Kirche aus, nach 1945 trat er aus Gewissensgründen wieder in die Kirche ein. Als seine Ernennung bekannt wurde, verschwanden seine Personalakten binnen Stunden im Oberlandesgericht Celle im mit Direktleitung zur Polizei gesicherten Panzerschrank.

Der niedersächsische Justizminister Dr. Puhvogel (CDU) - sein Panier: Strafe muß Strafe bleiben - mußte 1978 zurücktreten, weil er in einer Dissertation in nationalsozialistischem Geist die Ausmerzung und Ausrottung von Sittlichkeitsverbrechern gefordert und noch als Justizminister seine alten Auffassungen zurückzunehmen nicht bereit war. Der Braunschweiger Oberlandesgerichtspräsident Wassermann leitete damals gegen den Richter an seinem Oberlandesgericht Dr. Kramer ein Disziplinarverfahren ein, weil dieser durch das Verbreiten von unkommentierten Aktenauszügen aus der Dissertation unter Kollegen mangelnde Achtung vor dem Justizminister als seinem höchsten Dienstvorgesetzten gezeigt habe - einen Tag vor dessen Rücktritt.

Die Personalpolitik der Justiz wurde zunächst von den Oberlandesgerichtspräsidenten bestimmt. Als 1946 das Niedersächsische Justizministerium geschaffen wurde, fiel dort die letzte Entscheidung. Hier reifte seit 1947 der spätere Ministerialdirigent Dr. Heinz Schulz (»Ohrenschulz«) zur Grauen Eminenz heran. Er hielt von 1952 bis zum Ende der 70er Jahre die Personalpolitik fest in der Hand. Schon früh bemühte er sich um die Reinhaltung des Öffentlichen Dienstes. 1938 hatte er an der Universität Göttingen über die »Rechtsstellung der jüdischen Mischlinge« promoviert. Damals sah der Parteigenosse die Zeit nicht mehr fern, in der »nur noch wenige Menschen deutsch-jüdischen Blutes als Produkte artvergessener Eltern in Deutschland ihr Leben fristen.« Schulz ging mit Sorgfalt der Frage nach, »ob und inwieweit den jüdischen Mischlingen das Recht zur Bekleidung öffentlicher Ämter zugestanden ist« und kam zu dem Schluß, daß als Beamter »eben nur der deutsche, deutschblütige Volksgenosse an hervorragender, mit besonderen Aufgaben betrauter Stelle stehen« könne. Schulz verwarf den »Grundsatz von der Gleichheit alles dessen, was Menschenantlitz trägt,« empörte sich, daß jemals »Juden deutsche Menschen heirateten«, pries das »rassische Kampfblatt der Bewegung«, den »Stürmer«, diffamierte »jüdische Mischlinge« als »Bastarde« und kritisierte den »unhaltbaren Zustand« der Ehe eines Beamten auch nur mit einem »Mischling ersten Grades«.

Als der SPIEGEL am 23. 10. 1972 Auszüge aus der Dissertation veröffentlichte, prüfte Justizminister Hans Schäfer (von rechts zur SPD gewechselt) diesen Vorwurf nicht etwa kritisch, sondern eilte aus der Ministersuite in das Dienstzimmer des Beamten, um ihm sein Bedauern auszusprechen. Während Schulz sich des besonderen Vertrauens seines Ministers sicher sein konnte, war die Karriere des Mannes, der wahrscheinlich sogar zu Unrecht in Verdacht geraten war, Zuträger des SPIEGEL gewesen zu sein, zu Ende.

Leiter der Strafrechtsabteilung des Justizministeriums in der heißen Phase des Kalten Krieges war der Ministerialdirigent Wilkening. Er verhinderte mit allen polizeilichen Mitteln die Verbreitung des Braunbuches – aus gutem Grund; er selbst war nämlich in ihm als Angehöriger der Gnadenabteilung des Reichsjustizministeriums aufgeführt, jener Abteilung, die die Vollstreckung der Todesurteile freigab! Mit ihm war aus dem Reichsjustizministerium Erich Hornig gekommen, der in Niedersachsen auch zum Ministerialdirigenten aufstieg.

Von den Richtern und Staatsanwälten, die Hitlers Todesmaschinen bedient und nach dem Kriege – rückgratlos hinter der jeweiligen Regierung und treu auf dem Boden der wechselnden Verfassungen – ihr Amt fortgeführt haben, habe ich viele gekannt. Bei allen Unterschieden: Es waren bürgerlich konservative Bildungsbürger mit gepflegten Umgangsformen, gewissenhaft, ordentlich, oft kollegial. Es war keiner unter ihnen, dem auch nur ein Hauch von Zweifeln an seiner Vergangenheit anzumerken gewesen wäre. Ihre Vergangenheit blieb verschlossen. Nur einmal habe ich einen von ihnen sprechen hören. 1952 höhnte der Staatsanwalt Pfleiderer, der als Staatsanwalt an den Sondergerichten in Prag und Brünn an Todesurteilen beteiligt war, von seiner Anwesenheit bei Hinrichtungen während des Krieges in Wien über die Kollegen, denen anschließend das Mittagessen nicht geschmeckt habe. Ich sehe ihn noch heute auf dem ausgelaugten Dielenfußboden des Flurs der Staatsanwaltschaft in Verden stehen. Ich habe oft über diese Szene nachgedacht. Kann es sein, daß er vor sich selbst beweisen wollte, er habe die Zeiten seelisch heil überstanden? Pfleiderer ist später zum Oberstaatsanwalt bei der Staatsanwaltschaft am Oberlandesgericht Celle befördert worden und hat dort mit Disziplinarverfahren für die Reinhaltung des Juristenstandes, auch der Rechtsanwälte, gesorgt. Nicht nur die Dienstvorgesetzten, sondern auch die Kollegen hatten uneingeschränktes Vertrauen zu Pfleiderer. Sie wählten ihn als Vertreter der niedersächsischen Staatsanwälte in den Vorstand des das Feld beherrschenden Richterbundes.

Der Richter Dr. Otto Wöhrmann, ein kleiner, stets geschäftiger Mann mit den harten Gesichtszügen eines Mannes, der lieber »nein« als »ja« sagt, ist ein Mann mit vielseitiger Berufserfahrung: Nach 1934 arbeitete Wöhrmann am Landeserbhofgericht und half, die braunen Vorstellungen von Bauerntum und Scholle durchzusetzen. Nach 1939 beförderten die Urteile des Oberfeldrichters Wöhrmann deutsche Soldaten ins Jenseits. Auch nach 1945 war er zur Stelle. Seine alte Liebe zum Landwirtschaftsrecht war wieder durchgebrochen. Er wurde gemeinsam mit Kameraden vom Landeserbhofgericht Mitglied des Landwirtschaftssenats des Oberlandesgerichts Celle und, nachdem er seine Kameraden Rötelmann und Herminghausen ausgestochen hatte, dessen Präsident.

Am 30. Oktober 1943 hatte Wöhrmann den Gefreiten Joachim Hertslet und den Unteroffizier Anton Hamm von der »Artillerie-

Ersatz-Abteilung (mot.) 75« in Eberswalde zum Tode verurteilt, weil sie im alkoholgeförderten Übermut ein Führerbild mit leeren Flaschen beworfen und zerstört hatten. Hertslet und Hamm entgingen nur dadurch der Hinrichtung, daß eine Fliegerbombe die Prozeßunterlagen vernichtete. Am 14. April 1944 tagte das Feldkriegsgericht der Wehrmachtskommandantur Berlin erneut gegen beide, diesmal unter dem Vorsitz des Kriegsgerichtsrats Klein, nach dem Kriege Rechtsanwalt in Darmstadt. Er zeigte menschliche Qualitäten und verurteilte beide lediglich wegen Volltrunkenheit zu einem Jahr Gefängnis.

Unter den von Wöhrmann zum Tode Verurteilten befand sich auch der spätere Hildesheimer Oberstaatsanwalt Kleffel, der das Urteil Wöhrmanns überlebt hat, weil der Kriegsrichter Rosenkranz - nach dem Kriege sicherlich nicht zufällig Staatsanwalt in Hildesheim - die Hinrichtung hinausgezögert hatte; Kleffel hatte sich durch kritische Bemerkungen über den Führer mißliebig gemacht. Als Wöhrmann sich um die Stelle eines Senatspräsidenten beworben hatte, fragte der Ministerialdirigent Dr. Heinz Schulz bei Kleffel, einem unkonventionellen Antityp zum Justizjuristen, diskret an, ob er Einwände habe. Kleffel war einverstanden und Wöhrmann Präsident.

Als die Presse Wöhrmanns Vergangenheit aufdeckte, verlangte Schulz dessen freiwilligen Abgang. Wöhrmann konnte dem jedoch entgegen halten, daß seine Vergangenheit bekannt gewesen sei. Er blieb nach einem unwürdigen: geht er oder geht er nicht? So war es ihm noch lange vergönnt, unser Landwirtschaftsrecht durch Grundsatzurteile eines der am meisten beachteten Landwirtschaftssenate des Bundesgebietes zu bereichern.

Als Gerichtsassessor kam ich Ende 1952 zur Staatsanwaltschaft Lüneburg. Sie wurde von dem Oberstaatsanwalt Dr. Erich Topf geleitet und hatte nicht nur das allgemeine Aufgabenfeld einer Staatsanwaltschaft, auf dem ich eingesetzt war, zu beackern. Ihr war eine Sonderabteilung »Politische Strafsachen« angegliedert. In ihr wirkte neben dem früheren Richter am Sondergericht Poznam (Posen), Dr. Liebau, auch der Staatsanwalt Karl Heinz Ottersbach, vor und nach 1945 auf die Verfolgung von Staatsfeinden spezialisiert. Von ihm hat der Oberlandesgerichtspräsident Dr. Richard Schmid gesagt, sein Fall sei der übelste und der, der am wenigsten Zweifel und Entschuldigungen aufkommen lasse. Ottersbach, ein genauer Arbeiter mit winziger Apothekerhandschrift, war 1941 und 1942 Ankläger am Sondergericht Kattowitz gewesen. Dort hatte er zum Beispiel die Todesstrafe gegen den Polen Vincent Fuhrmann wegen Waffenbesitzes beantragt. Fuhrmann wurde jedoch am 9. Juli 1942 freigesprochen, weil sein Geständnis erprügelt war:

»Durch die Beweisaufnahme in der Hauptverhandlung konnte der Angeklagte (Fuhrmann) nicht überführt werden. Der Zeuge Kriminalsekretär Polaczek, hat bestätigt daß der Angeklagte vom Kalfaktor geschlagen worden ist. Die damals abgelegten Geständnisse des Angeklagten konnten daher dem Urteil nicht zugrunde gelegt werden.«

Mit eigener Handschrift hat Ottersbach damals in den Handakten vermerkt, daß er nach dem Freispruch angeregt habe, »Haftentlassung nur zu Händen der Gestapo vorzunehmen«. Das Gericht entsprach auch dieser Anregung nicht.

Der damalige niedersächsische Justizminister Dr. Arvid von Nottbeck (FDP), der in den Kriegsjahren zeitweilig ebenfalls in Poznam tätig gewesen war, verteidigte Ottersbach am 25. Mai 1964 in einer Sendung des NDR-Fernsehens damit, Ottersbach habe die »Entlassung zu Händen der Gestapo« nur »angeregt«, nicht aber »vorgeschlagen« und sei rechtlich auch befugt gewesen, Fuhrmann selbst festzunehmen.

Am 26. April 1942 verfaßte Ottersbach eine Anklageschrift gegen die polnischen Bürger Jakob Horowitz und Reisla Gutfreund, beide aus Chrzanow, die die Vornamen Israel und Sara tragen mußten, weil sie Nahrungsmittel gegen Textilien getauscht hatten. Hierzu muß man wissen, daß 1941 Juden in Polen nur eine Lebensmittelration von 184 Kalorien erhielten, weniger als zwei Brötchen. Horowitz erhielt auf Antrag von Ottersbach 6 Jahre verschärftes Straflager. (Urteil vom 10. September 1942). Horowitz hat dies Urteil nicht lange überlebt; eigenhändig hatte Ottersbach nach dem Urteil dessen Überstellung an die Staatspolizeileitstelle in Kattowitz ausgeschrieben. Ob Frau Gutfreund verurteilt worden ist, ist nicht bekannt geworden. Sie war nach einem Aktenvermerk im Zeitpunkt der Hauptverhandlung bereits von der Gestapo in das KZ Auschwitz verbracht worden.

Am 29. Mai 1942 beantragte Ottersbach vor dem Sondergericht gegen Helene Michon 10 Jahre verschärftes Straflager, weil sie gestohlenes Geflügel gekauft hatte, um ihre 7 Kinder durchzubringen, nachdem ihr Mann Roman Michon schon zuvor verschleppt worden war. Das Urteil von 4 Jahren verschärftes Straflager sollte Helene Michon nicht lange überleben. Sie wurde am 16. Dezember 1942 in das KZ

Auschwitz gebracht. Von dort teilte die Gestapo der Staatsanwaltschaft unter dem 3. Mai 1943 mit, daß Frau Michon verstorben sei.

Das Leid, daß Ottersbach über diese Familie gebracht hat, wird aus einem Gnadengesuch deutlich – geschrieben von einem Kind der Frau Michon –, das zwar den Schreibtisch, nicht aber das Herz des Staatsanwalts erreicht hat: »Hiermit wende ich mich, ein dreizehnjähriges Kind, mit flehender Bitte um Freilassung meiner einzigen lieben Mutter. Wir sind 7 ganz kleine Kinder, mein kleines Brüderchen ist erst drei Monate alt, ich bin ratlos, denn ich habe kein Geld, und ich bin zu klein, die 6 Geschwister allein zu betreuen ... Ich bin schon selbst krank. Wir sind Waisen ohne Vater und Mutter, denn Vater ist schon seit langen Monaten von uns weg, wir wissen nichts von ihm.«

Am 19. Mai 1942 wurde auf den Antrag von Ottersbach Eduard Rodak zum Tode verurteilt, weil er an der Schwarzschlachtung einer Kuh teilgenommen hatte.

Am 23. Juli 1942 wurden auf den Antrag von Ottersbach Bronslawa Cielcielska und Ottilie Wojcikiewicz zum Tode verurteilt, weil sie Brot ohne Marken an die hungernde Bevölkerung verkauft und dies durch gefälschte Brotmarken zu verdecken versucht hatten. Sie wurden am 14. August 1942 hingerichtet.

An der Tätigkeit von Ottersbach hat sich durch das Kriegsende wenig geändert, nur die erzielbaren Strafen waren schlapper geworden. Er hat sich in Lüneburg auf die Verfolgung von Kommunisten spezialisiert. Man wird ihr Erstaunen nachfühlen können, als sie auf dem Stuhl des Anklägers einen Mann wiedererkannten, den sie dort schon früher gesehen hatten. Sie mögen sich daran erinnert haben, daß 1933 die Gestapo aus dem Referat: »Bekämpfung kommunistischer Aktion« der Kriminalpolizei hervorgegangen war und der erste Chef der Preußischen Gestapo, Rudolf Diels, zuvor 1930 als Regierungsrat unter dem Innenminister Severing (SPD) das Referat: »Bekämpfung kommunistischer Aktionen« im preußischen Innenministerium geleitet hatte.

Es soll auch festgehalten werden, daß Ottersbach in einer Hauptverhandlung am 13. Mai 1960 dem Angeklagten Paul Butscheck entgegenhielt: »Aus Ihrer Inhaftierung in den Jahren 1933 bis 1945 haben Sie nichts gelernt!«

1961 kam es zu einer peinlichen Szene im Gerichtssaal. Drei angeklagte Mitglieder der KPD hatten sich geweigert, auf Fragen von

Ottersbach zu antworten. Die Vorgesetzten hielten weiterhin zu Ottersbach. Sie schickten einen Assessor in die Sitzung, der die Fragen stellte (»dem antworten wir natürlich«), während Ottersbach in gewohnter Weise das Plädoyer hielt und den Strafantrag stellte.

Niemand wird sich wundern, wenn er erfährt, daß das Lüneburger Gericht auf Antrag der politischen Abteilung der dortigen Staatsanwaltschaft die Einziehung des vom Nationalrat der DDR herausgegebenen Braunbuches als »staatsgefährdend« verfügt hat, weil in ihm die wieder zu Würden gelangten, in die Verbrechen des NS-Regimes verwickelten Richter und Staatsanwälte aufgelistet und ihre Taten aufgezählt waren; unter ihnen auch Ottersbach und Liebau. Selten ist die Bundesrepublik Deutschland wohl so geschmäht worden, wie durch diese Gerichtsentscheidung.

Von Wagner war neben mir Staatsanwalt in Celle. Er wohnte mit kinderreicher Familie in unserer Nähe am Lauensteinplatz. Ich bewunderte ihn wegen seiner großen schlanken Erscheinung, seiner steten Liebenswürdigkeit und Hilfsbereitschaft, aber auch wegen seiner klugen differenzierten Plädoyers. Umso erschrockener war ich, als ich eines Tages gewahr wurde, daß er als Staatsanwalt am Volksgerichtshof vielen Menschen liebenswürdig und elegant den Tod gebracht hatte.

Mit dem Staatsanwalt von Wagner gemeinsam belieferte der Staatsanwalt Harzmann den Volksgerichtshof mit Menschenmaterial. Seine Stellung kann man ermessen, wenn man weiß, daß er als Vertreter des Oberreichsanwalts ausersehen war, am 28. 2. 1945 vor dem 1. Senat des Volksgerichtshofes die Anklage gegen den Oberbürgermeister der Stadt Hannover, Dr. Arthur Menge, zu vertreten. Ich lernte Harzmann in den goldenen 50er Jahren als Landgerichtsrat in Verden kennen. Er war dem Strafrecht treu geblieben und galt als Anlaufstelle der Staatsanwaltschaft in schwierigen Fällen.

Unser Nachbar zur Rechten im Hause Trift 2 war der Oberlandesgerichtsrat Wilhelm Döscher. Er war gleichzeitig auch unser NSDAP-Ortsgruppenleiter. Der erkannte Zusammenhang zwischen politischer Aktivität für die NSDAP und der erhofften Beförderung zum Senatspräsidenten machte ihn blind für den Niedergang der Bewegung. Je länger der Krieg dauerte, desto brauner wurde er, und zuletzt sah man ihn nur noch mit mürrischer Amtsmiene in Parteiuniform über das Pflaster eilen. Für mich war dieser Mann mit dem zerhackten Akademikergesicht immer ein Schrecken, weil ich ihn als Nachbarn – und deshalb, weil er meinem Vater beruflich verbunden war - zu grüßen hatte. Ich aber wollte um keinen Preis der Welt eine braune Uniform grüßen. So hielt ich stets nach ihm Ausschau und flüchtete schon bei dem Anblick seiner Uniform. Nach dem Kriege setzte er seine Karriere am Oberlandesgericht Oldenburg fort.

Ein weiterer Nachbar im Hause Trift 16, in dessen Obergeschoß das Anwaltsbüro meines Vaters untergebracht war, war der Oberlandesgerichtsrat Dr. Rudolf Dorschel. Er war gleichzeitig unser NSDAP-Blockwart und machte sich gelegentlich durch die Beanstandung unserer gewiß mangelhaften Verdunkelung unliebsam bemerkbar. Wenige Tage vor dem Einmarsch der englischen Truppen verlangte er von meinem Vater, daß er das auf das Notariat hinweisende Schild mit Reichsadler und Hakenkreuz entferne. Die stolze Antwort meines Vaters, daß sie (gemeint waren Dorschel und seine Parteifreunde) ihn doch gezwungen hätten, sein Notariat mit dem Hakenkreuz zu kennzeichnen und dies sichtbar bleiben solle, beruhigte ihn wenig. Als die Engländer einmarschierten, war das Schild verschwunden ... Am 1. 1. 1956 wurde Dorschel zum Bundesrichter befördert.

Unmittelbar nach dem Krieg hatte man meinen Vater als Gegner der Nazis zum Präsidenten der Anwaltskammer gewählt. Als er altershalber nicht mehr kandidierte, wurde als Nachfolger der SS-Mann Rechtsanwalt Hossmann gewählt, der vor 1945 die Rechtsanwaltskammer Breslau geführt hatte, und als dessen Nachfolger wiederum der NSDAP Ortsgruppenleiter Behrens. So hat die Anwaltschaft den Anschluß an die Justiz wiedergefunden. Merke: Auch die Anwaltschaft ist ein Organ der Rechtspflege!

SIEBTE INSEL

Was soll ich jetzt in den Fragebogen des Journalisten schreiben? Warum bin ich Richter geworden?

Wilfried Köppen

Amtshilfe
Bis Celle ohne Juden war

Anfang 1933 lebten in Celle etwa 80 jüdische Bürger. Keiner von ihnen ist zurückgekehrt. Die Überlebenden sind im Ausland geblieben, in den USA, in Israel, Argentinien; sie kamen nur kurz, um ihren Kindern die Stadt zu zeigen, aus der sie fliehen mußten. Ihre Wohnungen, Geschäftsräume und Plätze sind noch erhalten, nur bewohnt von anderen, die dort ihrem Alltag nachgehen, ohne Erinnerung an sie, die sich hier doch auf immer eingerichtet hatten. Was werden sie empfunden haben, alles so unverändert vorzufinden?

Die versteckt in einem Hinterhaus gelegene Synagoge wurde 1974 restauriert. Leben kann nicht restauriert werden. Der Friedhof liegt still und vergessen. Als im Sommer 1970 dort Jugendliche wie ihre Väter randalierten, interessierte das in Celle niemanden; es war gerade Schützenfest.

Was ist geblieben? Es gibt einige wenige Akten, unvollständig und einander widersprechend; und es gibt die Berichte der »Celleschen Zeitung«, die die Vertreibung zuerst mit erschreckender Normalität begleiteten und mit der Zeit immer entschiedener unterstützten. Man erfährt Daten, Fakten und die irrationale Propaganda, aber nichts von dem Leid, der Furcht und der Trauer der Menschen, gegen die sie gerichtet war. Dabei geschah fast alles vor den Augen der Freunde, Nachbarn, Klassenkameraden und Kunden und hatte nicht erst 1933 begonnen.

»Geschehnis gliedert sich an Geschehnis,« schrieb Kurt Tucholsky im Februar 1920 in der »Weltbühne«, »und keiner will sehen, wie wir offenen Auges ins Verderben laufen. Weit, weit hinter das Jahr 1914 zurück.« Und er zitierte den Brief eines Offiziers aus der Provinz Hannover: »Wohin soll das führen? Hier sammelt sich im stillen ein Haß an, der, zum Brand entfacht, fürchterlich in Erscheinung treten muß. (...) Es wird gar nicht mehr diskutiert, daß die Juden umgebracht werden sollen, sondern nur, wie man sie umbringen will.«

Immer wieder tauchten in Celle Flugblätter auf, die offen zu Gewalttätigkeiten gegen Juden aufforderten. Sie wurden an Hauswände und Schaufenster geklebt, selbst während einer Theatervorstellung im Saalvorraum der städtischen »Union«. Am 6. Januar 1920 bat die jüdische Gemeinde den Magistrat, »Stellung gegen dieses Treiben zu nehmen und die Polizeiorgane anweisen zu lassen, gegen die Verbreiter der Handzettel einzuschreiten.« Zwei Tage danach sprach der Rat gegen sieben Stimmen der bürgerlichen Fraktion seine »schärfste Mißbilligung gegen diese hinterhältige und schmutzige Hetze« aus und bat die Polizeidirektion »energisch gegen die anonymen Hetzer« einzuschreiten. Wenig später stellte die Polizei ihre Ermittlungen ein. Ohne Ergebnis.

Eva van der Wall ging auf die Oberrealschule am Nordwall, dem späteren Hermann-Billung-Gymnasium. Ihr Vater, der Rechtsanwalt Dr. Julius v. d. Wall, war Vorsitzender der jüdischen Gemeinde in Celle. Ob Eva dadurch Nachteile hatte, daran können sich ihre ehemaligen Klassenkameradinnen heute, nach über fünfzig Jahren, nicht mehr erinnern. Nach dem Abitur 1928 trennten sich die Wege, man hatte nur noch selten Kontakt miteinander. Auch waren nur wenige richtig mit ihr befreundet, Eva war immer recht still und zurückhaltend - vielleicht war das der Grund.

Eine Mitschülerin erinnert sich, daß Eva mit jüdischen Jungen Tanzstunde hatte und später zu Tanzfesten nach Hannover fuhr, aber nie mit anderen Juristentöchtern zusammen auf Juristenfeste ging. Margarete Freese, die eng mit Eva befreundet war, weiß, warum sie dort nicht so gern hinging. »Im Jahre 1924 hatten die antisemitischen Parolen dazu geführt, daß die jüdischen Schülerinnen gemieden wurden. Man forderte sie nicht zur Tanzstunde auf und tuschelte.« Als Margarete Freese sich zu einer tuschelnden Gruppe gesellte, wurde Eva sehr ärgerlich; sie nahm die Sache sehr ernst.

Beide waren noch oft zusammen, Margarete besuchte Eva auch längere Zeit in Paris, wo sie an der Sorbonne studierte. Sie lebte dort wie in einer anderen Welt.

In Deutschland spitzte sich die Lage langsam zu. Die NSDAP, die schon seit 1927 immer wieder versucht hatte, jüdische Geschäfte zu boykottieren, war in Celle 1932 zur stärksten Partei geworden. Am 30. Januar 1933 eroberte sie im Reich den staatlichen Machtapparat. Eva van der Wall hatte kurz vorher einen alten Jugendfreund, Walter

Kauffmann, geheiratet. Er war ebenfalls Jurist und trat in die Kanzlei ihres Vaters ein. Margarete Freese kann sich noch an einen Brief erinnern, den sie 1933 von Eva zum Geburtstag erhielt. »Aus ihm sprach Trauer und Hoffnungslosigkeit.«

Im April 1933 hatte die NSDAP ihre Macht in Celle weitgehend etabliert. Die KPD war zerschlagen und verboten. Die SPD schwieg, wartete ab und ließ sich nicht »provozieren«. Die »Bürgerlichen« schwebten über den Dingen. Noch im Februar hatte der für die »Bürgerliste« kandidierende Rechtsanwalt August Sagebiel betont, daß es immer noch Bürger gäbe, die »jenseits des Marxismus und des Nationalsozialismus« stünden und »einer 'unwiderstehlichen und großen Bewegung' auch weiterhin widerstehen« könnten. Im Rathaus jedenfalls sollten keine »'gigantischen Kämpfe um die Erlösung unseres Vaterlandes' ausgefochten« werden. Leere Worte. Am 6. April stimmten sie im Magistrat einem Antrag der NSDAP, jüdische Geschäfte und Unternehmen von städtischen Aufträgen auszuschließen, zu.

Eine Woche vorher, am 1. April, war es zu einer ersten propagandistischen Aktion gegen jüdische Läden gekommen. Die »Cellesche Zeitung« berichtete wie von einem Fest: »Die Stadt war natürlich heute morgen auf den Beinen, um die Abwicklung der angekündigten Maßregeln zu erleben. Die typischen Zentren waren von dichten Menschenmengen besetzt. Kurz vor 10 Uhr marschierte die SS singend zur Polizei. Dort wurden einige Hilfspolizeibeamte verpflichtet, die nachher den städtischen Beamten halfen, die Straßen für den Verkehr freizuhalten. Auf der Kanzleistraße hatten sich SA-Leute versammelt; sie trugen schon die Schilder, mit denen sie sich kurz nach 10 Uhr vor die Läden der jüdischen Geschäfte oder die Türen der jüdischen Rechtsanwälte stellten. Die Aktion verlief ohne jede Unruhe.«

Doch noch ließen sich viele davon nicht beeindrucken, schoben die SA-Posten einfach zur Seite. Der Schuhhändler Oskar Salomon heftete sich sein im ersten Weltkrieg erworbenes Eisernes Kreuz und das Verwundetenabzeichen ans Jackett und stellte sich zwischen die beiden Posten vor seinem Geschäft. Der ältere der beiden SA-Männer nahm beschämt sein Plakat und verschwand.

Julius van der Wall war inzwischen verboten worden, vor dem Oberlandesgericht aufzutreten. Eva und Walter Kauffmann emigrierten nach Amsterdam, sie wurden in Celle zuletzt 1937 gesehen. Als sie fortgingen, war Evas Mutter dem Wahnsinn nahe. Margarete Freese und

Eva schrieben sich noch öfter, obwohl ihr Vater abriet, die Verbindung aufrecht zu erhalten, damit sie nicht in Schwierigkeiten käme. Bald hörten sie nichts mehr voneinander. Evas Eltern blieben in Celle. Julius van der Wall fühlte sich »ganz als Deutscher«.

1938 hatten eine Reihe jüdischer Familien Celle bereits verlassen. Die Atmosphäre in der Stadt war immer gefährlicher geworden, die antisemitische Propaganda - vor allem auch in der »Celleschen Zeitung« - hatte in ihrer Schärfe immer mehr zugenommen. Die jüdischen Geschäfte hatten nur noch wenige Kunden. Manche kauften auf Kredit, ohne je zu bezahlen, in der Gewißheit, die Juden bekämen ja doch kein Recht.

Als in der Nacht vom neunten auf den zehnten November auch in Celle die Läden und Kirchen verwüstet wurden, hielt die »Cellesche Zeitung« das für den Ausdruck »spontanen Abscheus gegen die jüdischen Mordbuben« in der Bevölkerung.

Am Morgen des 10. November ging der Celler Karl Dürkefelden auf dem Weg zur Arbeit durch die Altstadt: »Es war viertel vor acht Uhr. Ich kam hinter der Stadtkirche vorbei und sah in der Zöllnerstraße, Ecke Poststraße, einen Menschenauflauf und fragte ein Mädchen, was da los sei. 'Bei Wolff liegen die ganzen Sachen draußen.' Ich wollte zurückgehen, tat es aber der knappen Zeit wegen nicht. Ich sah noch ein schadenfrohes Gesicht, hörte Worte: 'An der Ecke liegt auch alles auf der Straße, haben ganze Arbeit gemacht.'«

Am Judenfriedhof in der Straße »Am Berge« waren morgens um halb fünf zwei Kraftwagen und einige Motorräder vorgefahren. Etwa 15 Mann in Zivil zerschlugen innerhalb einer halben Stunde die Einrichtung der Friedhofskapelle. Auch in der Synagoge hatte man die Fenster und die Einrichtung zertrümmert und hinausgeworfen. Sie wurde nur deshalb davor bewahrt, angezündet zu werden, weil sie unmittelbar an eine Häuserreihe und eine Lederfabrik grenzte.

Im Laufe des Tages nagelten Stadtbedienstete die Schaufenster mit Brettern zu. Straßenfeger warfen mit der Schaufel Scherben, Dekorationspuppen, Schuhe und Kleider in die Geschäfte zurück. Wieder stand Oskar Salomon mit seinen Auszeichnungen aus dem ersten Weltkrieg daneben.

Fast alle jüdischen Bürger wurden im Gemeindehaus der Synagoge »Im Kreise« in Verwahrung genommen und von der zuständigen Geheimen Staatspolizei Harburg nach Hamburg transportiert. Die

Möbel sowie den gesamten Hausrat übernahm die Verwaltungspolizei, den Wohnungsschlüssel das Finanzamt, das die Sachen zu verwerten hatte. In die Geschäfte zogen neue Besitzer ein, darunter die ehemalige Konkurrenz. Noch Tage nach der »Kristallnacht« liefen durch die Stadt Männer mit verbundenen Händen – auch angesehene Geschäftsleute.

Das Ausmaß der Zerstörung hatte jedoch einige Bürger erschreckt. Diejenigen, die Mitgefühl mit den Juden äußerten, mußten sich vor der Polizei rechtfertigen. Die Rechtsanwälte Frisius und Dr. Klapproth, obwohl selbst in SA-Positionen, distanzierten sich offen, kamen vor ein Parteigericht und wurden freigesprochen, weil die Aktion selbst innerhalb der NSDAP auf Kritik gestoßen war. Doch am 9. Dezember 1938 schloß eine Großkundgebung in der städtischen »Union« mit den Worten: »Die Judenfrage ist jetzt endgültig gelöst. Was wir einmal wollten, daß es nämlich in ganz Deutschland keine Juden mehr gibt, wird in Erfüllung gehen.«

Julius van der Wall und seine Frau Else folgten ihrer Tochter am 10. November nach Amsterdam. Die Möbel und die Bibliothek sollten nachkommen, wurden jedoch noch am gleichen Tag zerstört. Amsterdam war nicht weit genug. Die Deutschen besetzten Holland und ermordeten auch Julius und Else van der Wall. Eva und Walter Kauffmann wurden nach Auschwitz gebracht. Ihr Kind konnten sie noch rechtzeitig zu Freunden bringen und dadurch retten. Eva starb in Auschwitz. Ihr Mann kam vielleicht noch einmal durch Celle – er starb in Bergen-Belsen.

Die Geschichte der Vertreibung der Juden aus Celle war damit nicht zu Ende. Nach der Befreiung gab es eine größere jüdische Gemeinde in Celle als zuvor: Menschen, die Bergen-Belsen überlebt hatten, ausgehungert, krank, seelisch gebrochen und weit von ihrer Heimat entfernt. Die Briten brachten sie in die Celler Heidekaserne in der 77er Straße. Einigen gelang es, Wohnungen zu bekommen. Die Synagoge wurde wiederhergestellt und erwachte zu neuem Leben. Täglich gab es Gottesdienste und Bibelstunden, im Gemeindehaus wurden Mittagessen verteilt.

Doch die Celler Bevölkerung, erinnert sich der Rabbiner Zvi Asaria, war der neugegründeten Gemeinde »nicht wohlgesinnt«. Sie machte ihr Schwierigkeiten »sowohl bei der Vermietung von Wohnungen, als auch bei der Ausgabe von Lebensmittelkarten. Sie versuchte öfter, diese Karten zu verweigern mit der Ausrede – und dieses teilten sie den englischen Behörden mit – daß die Juden keine konstruktive Arbeit leisten wollten.«

Mit der Zeit konnten alle ausreisen, kehrten in ihre Heimatländer zurück oder gingen nach Israel. Bis Celle ohne Juden war.

Als im Oktober 1951 die Landeshauptstadt Hannover wissen wollte, wer »nach außen die Verantwortung für die Evakuierung getragen hat, Stadtverwaltung, Polizei oder eine Parteidienststelle?«, da schrieb der Celler »Stadtbürodirektor« in seiner Antwort am 16.10.1951: »Die Abschiebung geschah auf Weisung der Gestapo ... Wenn tatsächlich die Stadt als Verwaltungspolizei tätig geworden ist, so geschah dieses immer nur auf Weisung der Gestapo. Aus eigener Initiative hat die Stadt, bzw. die Verwaltungspolizei, nichts unternommen und sie war hierzu auch nicht befugt. Wir haben lediglich Amtshilfe zu leisten gehabt.«

Der Judenfriedhof Am Berge im Dezember 1981.

Heinrich Albertz

Vergessene Träume

Celle war 1945 eine heilgebliebene Bürgerstadt. Nicht besser oder schlechter als andere, viele Nazis bis in das Herz der Gemeinschaft der Gebildeten, das Oberlandesgericht hinein. Überschwemmt von Flüchtlingen, entlassenen Häftlingen aus dem nahegelegenen KZ Bergen-Belsen, das angeblich niemand gekannt hatte. Britisch besetzt mit strenger Anwendung des Prinzips der »No-Fraternisation«. 28 000 Einwohner bei Kriegsende. Heute zählt die Stadt über 70 000 Bürger. Ein typisches Beispiel für die völlige Veränderung eines kommunalen Gemeinwesens durch die Folgen des Krieges.

Wir waren zunächst bei Verwandten meiner Frau untergekommen, in einem winzigen Zimmer mit zwei Betten für Eltern und zwei Kinder. Ich war arbeitslos. Die hannoversche Landeskirche dachte gar nicht daran, vertriebene Pfarrer, noch dazu aus einer unierten, preußischen Kirche zu übernehmen. Endlich fand sich ein Job bei der britischen Post. Aber am Tage, bevor ich dort hätte arbeiten können, kam der Superintendent des Kirchenkreises Celle, ein hochgewachsener, vornehmer Mann, zu uns in die Wohnung und fragte mich, ob ich nicht die pastorale Betreuung der Flüchtlinge in der Stadt übernehmen wolle. Dies sei ein persönlicher Vorschlag von ihm, kein Landeskirchenamt wisse davon, er könne mir auch nur aus Kollekten RM 300 im Monat zahlen. Aber ich erhielte ein Zimmer für Sprechstunden im Pfarrhaus an der Stadtkirche und dürfte jeden Sonntag einen Gottesdienst halten für die Flüchtlinge – natürlich, wie es sich gehört, am Rande der Stadt, um 11 Uhr nach dem regulären Hauptgottesdienst. So saß er vor mir, ein konservativer, welfisch gesinnter Mann, der tat, was er für notwendig und richtig hielt. Ich habe in den folgenden Jahren diesen großartigen Superintendenten Hoppe immer mehr schätzen gelernt. Er ist, wenn man so will, der Mensch, der an allem weiteren »Schuld« trägt: denn mit der Übernahme dieses Auftrages waren die

Konsequenzen, die dann eintraten, fast zwangsläufig. Jedenfalls ertrug er sie, manchmal erstaunt, manchmal beunruhigt, aber immer voll Nachsicht und Verständnis.

Es begann damit, daß ich an mein Zimmer einen Zettel heftete: »Ev. Flüchtlingspastor Celle, Sprechstunden Montag bis Freitag 9–11, 15–17 Uhr.« Ob jemand kommen würde? Nach wenigen Tagen standen die Menschen Schlange, meldeten sich freiwillige Helfer, entstanden die ersten Verbindungen zu den städtischen Ämtern, den Besatzungsdienststellen, den gerade wieder entstehenden Wohlfahrtsorganisationen. Es begannen auch die Gottesdienste, immer voller und voller. Beides gehörte zusammen, bedingte sich: Wort und Sakrament und eine unbeschreibliche Flut von sozialen Problemen: Arbeit, Wohnung, Kleidung, Ausbildung der Kinder, Suchen nach vermißten Vätern, Söhnen, Müttern. Schon nach wenigen Wochen wurde ich ins Rathaus gebeten. Diesmal war es der erste, noch von den Briten ernannte Oberbürgermeister, der mich bat, doch meine Arbeit auch gleichzeitig für die Stadt Celle zu tun. Er könne ein Stockwerk in einem alten Bürgerhaus zur Verfügung stellen, dort könne ich arbeiten und wohnen. So zog ich um. Es erschien ein neuer Anschlag an meiner Tür: »Ev. Flüchtlingspastor Celle – Flüchtlingsamt der Stadt Celle.« Jedem lutherischen Theologen müssen mit seiner Zwei-Reiche-Lehre Schauer über den Rücken laufen. Jedem Vertreter der Trennung von Kirche und Staat mußten alle nur denkbaren Einwände kommen. Aber damals hatten wir keine Zeit für solche Überlegungen. Ich war Pastor und Vertreter der Stadt. Ich erhielt ein Telefon und – unvorstellbar – einen uralten Opel-P 4 – mit den nötigen Benzingutscheinen. Ich weiß noch heute sein Kennzeichen: LÜN 2075. Die alte Wohnung war beides: In einem großen Raum kochte und schlief meine Frau mit den Kindern, drei andere Räume waren Büro, ich schlief in dem meinen. Die ehrenamtlichen Helfer zogen ein und arbeiteten rund um die Uhr. Einmal in der Woche wurde alles zusammengerückt, Tische und Stühle, und bis zu hundert Menschen versammelten sich zu Vorträgen, Diskussionen, Lesungen. Die Kinder schliefen mitten unter den Menschen fest – in einer dunklen Ecke. Eine besondere Gruppe von Hilflosen waren entlassene oder einfach weggelaufene Soldaten, aus den Ostgebieten stammend, auf der Suche nach ihren geflüchteten Familien. Sie brauchten vor allem eins: eine Adresse, einen festen Platz, von dem aus sie suchen und selbst gefunden werden konnten. So entstanden die »Inseln«, einfachste Unterkünfte in der Stadt und im Landkreis Celle. Vier Rote-Kreuz-Schwestern, die sich freiwillig meldeten, kümmerten sich um die verlassenen Männer, unter primitivsten Verhältnissen. Sogar noch aus Abfällen der britischen Küchen wurden herrliche Suppen gekocht. Die Leute blieben, bis sie ihre Familien gefunden hatten. Manche sehr lange. Einige für immer – dann schließlich allein in Celle untergebracht. Eine »Insel« war eine richtige Schule. Sie bot Nachholkurse an, um das nicht gültige Kriegsabitur wiederholen zu können. Ein Schulrat erschien und nahm die Prüfung ab. Ich saß dabei, aber durfte nicht fragen, natürlich. Ich war ja kein Lehrer. Einer der »Insulaner« wurde mein Fahrer. Er fuhr den armseligen P4. Er stieg in den ersten nagelneuen VW um, als ich Minister wurde. Er gewöhnte sich an den Mercedes. Er hat zuletzt den Niedersächsischen Ministerpräsidenten Dr. Diederichs gefahren. Ein Ostpreuße, treu, zuverlässig, erfindungsreich. Ein Mann dieser ersten Stunde, Herbert Haasler.

Was war es, das uns trieb? Die Hoffnung, die große Hoffnung auf ein neues Land, eine neue Kirche, eine neue Menschlichkeit. Oh, welche Hoffnungen! Ich war ja sogar der Meinung, aus der neuen Masse der Besitzlosen würde sich eine Veränderung der gesellschaftlichen Strukturen im Ganzen ergeben. Ich konnte mir nicht vorstellen, daß 60 Prozent der Deutschen in ihrem Besitz unangefochten blieben und 40 Prozent alles verloren hatten. Ich predigte einen neuen, christlichen Sozialismus, wie andere auch. Ich war sogar – wenn auch nur kurz – der gefährlichen Legende von der »Stunde Null« erlegen. Wir wissen, dies alles ist gescheitert. An der eigenen Trägheit, am Beharrungsvermögen, auch und gerade dem der Flüchtlinge, am Betrug der Währungsreform mit seiner zynischen Behauptung, jeder müsse nun vom gleichen Punkte aus neu anfangen, an einem falschen, nämlich quotalen Lastenausgleich, für den sich auch die SPD bereitfand, an den Besatzungsmächten. Oder einfach und kürzer: an der Unmöglichkeit, schnell und konsequent, also revolutionär zu handeln. Die Eigentumsverhältnisse blieben voll erhalten, die Flüchtlinge stiegen in sie ein. Die wirtschaftliche Macht bestimmt in vollem Umfang wieder das Land, das Bundesrepublik Deutschland heißt.

Was die Demokratisierung, die Ausmerzung faschistischer Strukturen, die Bekämpfung der Nazis anging, sah alles zunächst positiver aus. Zwar war auch hier die Initiative voll in den Händen der Besatzungsmächte. Aber die Freigabe der Gründung von Parteien, der langsame Aufbau von parlamentarischen Körperschaften - Gemeinden, Kreise, Länder mit Stadträten, Kreistagen und Landtagen ließ Einübung in die Demokratie zu. So bitter es klingt: Hätte man uns mehr Zeit gelassen, wären Währungsreform, Marshallplan und Grundgesetz nicht so schnell gekommen, hätte der neue Kalte Krieg die Deutschen - übrigens beide Teile Deutschlands - nicht plötzlich aus Besiegten zu Kumpanen der Sieger gemacht, so daß wir - zumindest in den Westzonen - sehr schnell glauben konnten, wir hätten den Zweiten Weltkrieg eigentlich gar nicht verloren - dann wäre die Demokratie auf ein festeres Fundament gestellt worden. So kam die Demokratisierung von oben: durch die Siegermächte und ihre verunglückte Entnazifizierung, durch den Parlamentarischen Rat und sein nie zur Abstimmung gestelltes, vom Volk diskutiertes Grundgesetz. Wenn heute 60 Prozent der Bürger ihre Verfassung nicht kennen, wenn sie auf entsprechende Fragen antworten, die Grundrechte stünden in der Verfassung der DDR - wenn das sogar die Mehrzahl der Beamten antwortet, dann ist das Ergebnis erschütternd. Wir haben eine funktionierende Demokratie in unserem Land. Aber alte Obrigkeitsvorstellungen sind unausrottbar geblieben. Ein kräftiger Schuß Antikommunismus hat das Volk noch selbstgerechter gemacht. Und die Regierenden wundern sich dann, wenn ihnen große Teile gerade der nachdenklichen jungen Generation in die Verweigerung weglaufen.

Wahrscheinlich hätten wir damals Widerstand leisten müssen gegen die zu schnelle, gegen die übergestülpte, gegen die den ökonomischen Bereich aussperrende Demokratisierung. Aber wir machten mit. Auch ich. Die Träume von Celle waren schnell vergessen. Viel zu schnell.

Eckart Spoo

Die Unschuld des Kripo-Chefs

Ines Friedmann war zwei Jahre alt, als Anfang 1944 ein SS-Mann namens Müller sie aus der südfranzösischen Stadt Toulouse ins Konzentrationslager Drancy abtransportieren ließ. Als Grund notierte er: »Reichsfeindliche Betätigung.« Ob Kinder, ob Greise – für den Abtransport von Juden gab Müller immer denselben Grund an: »Reichsfeindliche Betätigung.« Routinemäßig. Zuverlässig.

Für 80.000 französische Juden war Drancy Zwischenstation auf dem Weg ins Vernichtungslager Auschwitz. Aus allen Teilen Frankreichs wurden sie in dem Auffanglager bei Paris zusammengetrieben. Wöchentlich dreimal gingen von hier die Züge nach Auschwitz ab.

Auch Arno Klarsfeld war einer von den 80 000, die auf diesem qualvollen Weg in den Tod geschickt wurden. Sein Sohn Serge aber, etwa gleichaltrig wie Ines Friedmann, überlebte die »Endlösung der Judenfrage«. Heute ist Serge Klarsfeld Rechtsanwalt in Paris und bemüht sich herauszufinden, was damals geschah. Gemeinsam mit einer Deutschen und Nichtjüdin, seiner Frau Beate Klarsfeld, sammelt, sichtet und publiziert er Dokumente des Nazi-Terrors in Frankreich: Schriftstücke über Schriftstücke mit Angaben nicht nur über die Opfer, sondern auch über die Täter.

Er will nicht Rache. Was er sucht, ist Gerechtigkeit. Was ihn treibt, ist vor allem Angst. Ihn peinigt die Sorge, das Vergangene sei nicht endgültig vergangen, solange viele schwerbelastete ehemalige SS-Führer noch nicht im Namen des Volkes bestraft sind, in dessen mißbrauchtem Namen sie einst ihre Verbrechen an den Völkern ganz Europas begangen haben. Da sein Zutrauen zur Justiz der Bundesrepublik durch Erfahrung getrübt ist, sieht er es als seine Aufgabe an, selbst zu ermitteln, aufzuklären, aufzurütteln.

Im Jüdischen Historischen Institut in New York stieß Klarsfeld auf die Akten des Judenreferats beim Kommandeur der Sicherheitspolizei und des Sicherheitsdienstes für den Raum Toulouse. Darunter waren viele Schriftstücke, auf denen sich folgender Text immer wiederholte: »Betrifft: Festnahme von Juden und Überführung in das Judenlager Drancy. Vorgang: ohne. Wegen reichsfeindlicher Betätigung werden heute die nachstehend aufgeführten Juden zur Einweisung in das Judenlager Drancy nach dort überstellt...« Es folgte jeweils eine Liste mit Namen und Geburtsdaten. Unterzeichner der Schriftstücke war ein SS-Obersturmführer Müller.

Die Liste vom 26. Januar 1944 umfaßte 27 Namen. Das älteste Opfer an diesem Tage war eine 77jährige Frau, das jüngste die zwei Jahre alte Ines Friedmann. Todesopfer.

Was aber wurde aus dem Täter? Belangte ihn nach 1945 die französische Justiz? Oder wurde er vor ein deutsches Gericht gestellt? Wo und wann mußte er auf die Frage antworten, worin die »reichsfeindliche Betätigung« eines zweijährigen Mädchens bestanden hatte?

Aus Unterlagen der Militärjustizbehörden in Bordeaux entnahm Klarsfeld, daß dort ein Karl-Heinz Müller, geboren 1911, im Juni 1953 wegen Zugehörigkeit zu einer kriminellen Vereinigung, Beteiligung an illegalen Verhaftungen, an Folterungen, Beraubungen und weiteren Verbrechen in Abwesenheit zum Tode verurteilt worden war. Dieser Müller war vor seinem Einsatz in Frankreich Kriminalpolizeiinspektor gewesen und 1942 zum Kriminalkommissar befördert worden.

Serge und Beate Klarsfeld trugen Daten über Daten zusammen, darunter Müllers Mitgliedsnummern bei NSDAP und SS. Dann begaben sie sich auf die Suche nach dem Mann. In der Nähe seines Geburtsortes fanden sie im Telefonbuch von Celle einen Kriminalhauptkommisar i. R. Karl-Heinz Müller verzeichnet. Beate Klarsfeld rief ihn an. Er sagte, er sei nie in Frankreich gewesen. Als Frau Klarsfeld ihn nach seinem Geburtsdatum fragte, legte er den Hörer auf.

Ein mit den Klarsfelds befreundeter Journalist unternahm einen zweiten telefonischen Identifizierungsversuch, nannte Geburtsort und Geburtsdatum des in Frankreich zum Tode verurteilten SS-Mannes und fragte, ob dies Geburtsort und -datum des angerufenen Herrn Müller seien. Der pensionierte Kriminalhauptkommisar verneinte – wahrheitswidrig, wie eine Nachfrage beim Einwohnermeldeamt ergab.

Als die Übereinstimmung der Personalien geklärt war, reiste Rechtsanwalt Klarsfeld im Januar 1978 nach Niedersachsen und übergab die gesammelten Akten dem Landeskriminalpolizeiamt in Hannover, das damit in doppelter Weise angesprochen war: erstens weil dort ein eigenes Dezernat für die Aufklärung von Nazi-Verbrechen besteht und zweitens, weil der seit Jahrzehnten auf den Fahndungslisten der französischen Polizei stehende Müller in Niedersachsen selbst wieder als Polizist tätig geworden und zum Chef der Landeskriminalpolizeistelle Celle aufgestiegen war.

Kriminaldirektor Kurt Häusler, der zuständige Dezernent im Landeskriminalpolizeiamt, behandelte den Gast aus Frankreich sehr höflich, bedankte sich für die Dokumente und beantwortete die Frage, was denn nun geschehen werde, mit dem Hinweis auf den für politische Strafsachen zuständigen Oberstaatsanwalt Gerhard Reifenberg in Lüneburg, den er sofort verständigen werde und der ihn dann sicher beauftragen werde, gegen Müller zu ermitteln. Ohne einen solchen Auftrag könne die Kripo nicht tätig werden. Der Auftrag aus Lüneburg kam nicht. Denn wie sich nach Klarsfelds Rückreise nach Paris herausstellte, ist auch die Staatsanwaltschaft Lüneburg nicht zuständig.

Das niedersächsische Innenministerium, dem das Landeskriminalpolizeiamt unterstellt ist, beantwortete die Frage, wann die zuständigen Stellen des Landes Niedersachsen zum erstenmal von den Anschuldigungen gegen Müller erfahren hätten, mit der knappen Auskunft, die Leitung des Ministeriums habe davon erstmals durch Anruf eines Journalisten im Januar 1978 erfahren. Gleichzeitig versicherte der Sprecher des Ministeriums: »Über die Dienstausübung des Kriminalhauptkommisars Müller ist Nachteiliges nicht bekannt geworden.«

Das Landeskriminalpolizeiamt wußte zu berichten, gegen Müller habe es schon vor zehn Jahren Ermittlungen gegeben, also lange bevor er, wie bei der Polizei üblich, wegen Erreichung des 60. Lebensjahres pensioniert wurde. Die Staatsanwaltschaft in Köln, die sich schwerpunktmäßig mit Nazi-Verbrechen in Frankreich zu beschäftigen hat, verfüge längst über alle Unterlagen, darunter auch die, die Klarsfeld jetzt in Hannover vorgelegt habe. Nachfragen in Köln lieferten die Bestätigung, daß dort seit langem über die Vergangenheit des nunmehr seine vollen Ruhestandsgelder beziehenden langjährigen Celler Kripochefs Müller Klarheit besteht: Müller sei auch schon einmal vernommen worden, und zwar im Jahre 1976.

Irgendwo gibt es also eine Behörde, die Bescheid weiß. Aber die Zeit vergeht. Und Müller selbst stellt sich inzwischen so dar, als gebe es nur ein Opfer: ihn. Was Klarsfeld ihm vorwerfe, sei alles »üble Nachrede«, »Rufmord«, »Sauerei«, »Skandal«, sagt er. Er habe in Toulouse wie überhaupt in seiner 40jährigen Dienstzeit immer nur ordentliche Arbeit geleistet. Er habe dort die Grenzsicherung an der französisch-spanischen Grenze aufgebaut und sei bei der Gestapo »nur als Verbindungsbeamter zur französischen Polizei und zu allen anderen deutschen Dienststellen« tätig gewesen. Er habe »nichts unterschrieben, was irgendjemandem zum Schaden gereicht«. Er habe sich überhaupt »von allem ferngehalten und mit nichts etwas zu tun gehabt«. Außerdem: »Als ich nach Toulouse kam, war mit den Juden schon alles vorbei.«

Im Celler Milieu muß sich ein Mann wie Müller unschuldig fühlen. So unschuldig wie der damalige SS-Hauptsturmführer Heinrich Illers, Chef der Gestapo in Paris, der es später in Celle zum Senatspräsidenten des niedersächsischen Landessozialgerichts brachte und gegen den bis heute ebenfalls kein Prozeß in Sicht ist. Haben Illers und Müller bei ihrer Einstellung falsche Angaben über ihre Vergangenheit gemacht? Oder wer war es, der in Kenntnis ihrer Vergangenheit gerade sie zu Hütern von Recht und Ordnung ernannte? Offene Fragen. Beide erhalten nach wie vor ihre vollen Ruhestandsgehälter. Unschuldige Menschen. So unschuldig wie Otto Wöhrmann, der 1943 zwei Soldaten zum Tode verurteilte, weil sie in der Kasernenstube unter Alkoholeinfluß das Hitler-Bild zerstört hatten, und der nach 1945 Senatspräsident am Oberlandesgericht Celle werden konnte. So unschuldig wie manche anderen Honoratioren in der schönen Stadt Celle.

Ines Friedmann redet nicht mehr. Sie hat sich nie dazu äußern können. Ob Müller sie überhaupt je gesehen hat? Wahrscheinlich nicht. Er hat einfach unterschrieben: »Wegen reichsfeindlicher Betätigung ... nach dort überstellt ...« Routinemäßig. Zuverlässig.

4. Kapitel

Rechtswahrer

»Zwar haben Sie Ihren Prozeß verloren ... aber es sollte Ihnen Freude gemacht haben, mein Plädoyer zu hören.«

Werner Holtfort

Die Advocaten

Es versteht sich, daß auch die Mehrheit der in Celle ansässigen Rechtsanwälte mit ganzem Herzen an dem lieben Alten hängt, und die Neuzeit ihnen Unbehagen verursacht. Nach altem Brauch gibt es in Celle zwei Klassen. Diejenigen, die vor dem Oberlandesgericht auftreten dürfen, schlossen sich zu dem »Advocatenverein« zusammen, die der zweiten Klasse, die auf Tätigkeiten vor den niederen Gerichten beschränkt sind, zum »Anwaltsverein«. Der Standesunterschied zwischen beiden ist so groß, daß noch vor kurzem jeder »Advocat«, der sich zur gemeinsamen Berufsausübung mit einem bloßen »Rechtsanwalt« zusammenschloß, satzungsgemäß aus dem Advocatenverein ausgeschlossen wurde.

Die Advocaten geben, wenn auch im Range nach und unter den Richtern des Obergerichts, den Ton in Celles Gesellschaft an. Zunächst welfisch und deshalb antipreußisch gesonnen, vertraten sie, als sie nach 1918 als neuen inneren Feind die Republik ausmachten, gemeinsam mit den früher befeindeten Hohenzollern-Anhängern das monarchische Prinzip, so daß – wie der ehemalige Rechtsanwaltskammerpräsident Herbert Behrens sich erinnert – zum Besuche des Reichspräsidenten von Hindenburg ganz Celle schwarzweißrote Fähnchen schwenkte. Zu den Abbildern der Welfenfürsten im Großen Sitzungssaal des Oberlandesgerichtes traten seitdem in seltsamer Eintracht die der Hohenzollernkönige.

In ihrer schwerfälligen Unfähigkeit, neue Ideen zu begreifen (oder auch in ihrer Abneigung, die Führungsrolle in der Celler Gesellschaft aufzugeben) übertrugen die Advocaten ihre Neigung zu dem Althergebrachten 1933 auf das »Dritte Reich«. In ihrer Verständnislosigkeit für Ideologien (ausgenommen für die, daß die »gute« böse alte Zeit stets die beste sei) erschien ihnen wohl das Nazitum als eine Art Wiederherstellung der Monarchie. In sonderbarer Verkennung und sogar freiwilliger Blindheit gegenüber jeder Realität hingen sie der absurden Vorstellung eines honorigen Nationalsozialismus an. So war es ihnen kein Problem, die neuen Funktionen einer subalternen Machtausübung zu übernehmen, etwa als SA-Sturmführer, Ortsgruppenleiter, Kreisamtsleiter der NSV und dergleichen. Zwar waren es nur wenige, die bei ihren Auftritten vor Gericht die schwarze Anwaltsrobe mit der braunen Uniform und langen Stiefeln vertauschten, um auf die Senate Druck zu Gunsten ihrer Mandate auszuüben; das widersprach der überkommenen Auffassung von Rangordnung und Honorigkeit.

»Auswüchse« machte man eben nicht mit, sah sie freilich auch als Randerscheinung an und ließ sich dadurch in der Grundhaltung nicht beeindrucken. So teilte der Vorstand der Rechtsanwaltskammer am 3. April 1933 dem Reichsjustizminister telegrafisch mit, seine sämtlichen Mitglieder stünden auf »nationalem Boden«, zugleich aber auch, dem Wunsche des einzig jüdischen Mitgliedes, aus dem Vorstand ausscheiden zu dürfen, habe dieser »seine Zustimmung versagt mit Rücksicht auf die langjährige verdienstvolle Mitarbeit dieses Mitgliedes.«

Freilich gab es auch keinen Widerstand, als Rechtsanwalt N., »Obmann der NSDAP Celle«, darauf eine Kammerversammlung einberief, die innerhalb weniger Minuten ohne Aussprache durch Zuruf einen von der NSDAP nominierten neuen Vorstand wählte – vermutlich auch unter dem Eindruck der aufmarschierenden SA. In dieses Bild der Celler Auffassung von einem honorigen Nationalsozialismus paßt auch Rechtsanwalt C., damals Kreisamtsleiter der NSV. Als ihm nach dem Kriege endlich aufging, welchem Unrechtssystem er gedient hatte, lehnte er mit dieser Begründung das Angebot des Vorstandes der Rechtsanwaltskammer, ihn zum Bundesverdienstkreuz einzugeben, ab.

Allerdings wurden die Kenntnisse vom Bösen von den meisten alsbald wieder verdrängt. So kann man denn noch in unseren Tagen schon einmal von Celler Juristen in vorgeschrittener weinseliger Stunde das alte SA-Lied singen hören »Als die goldne Abendsonne ...« Zwar übertrug der von der britischen Militärregierung eingesetzte Oberlandesgerichtspräsident die Geschäfte des Rechtsanwaltskammerpräsidenten im August 1945 dem Celler Rechtsanwalt M., der sich nicht dem Nationalsozialismus angeschlossen hatte. Nach dessen Ausscheiden 1968 wurde aber zum Nachfolger ein zwar allseits beliebter und angesehener Anwalt gewählt, der indessen in nationalsozialistischer Zeit Rechtsanwaltskammerpräsident und SS-Sturmbannführer in Breslau gewesen war. Ihm folgte im Amt 1973 der frühere Ortsgruppenleiter der NSDAP in Celle. Allerdings hatte der größere, nicht aus Celle stammende Teil seiner Wähler von dieser Vergangenheit nichts gewußt, hatte er sie ihnen vor der Wahl auch verschwiegen. Doch schadete er ihm auch nichts, als ein Fernsehjournalist dies 1975 aufdeckte. Denn der Vorstand der Rechtsanwaltskammer hatte 1974 entschieden, daß jedem Rechtsanwalt in eigenen Angelegenheiten »ein Recht zum Lügen« zustehe.

Dieser Kammervorstand wurde bis mindestens 1977 stets von den »Advocaten« beherrscht. Obwohl sie der Zahl nach nur etwa 1 Prozent der Kammermitglieder ausmachten, beanspruchten sie doch mit ungetrübter Selbstverständlichkeit ein Fünftel der Vorstandssitze für sich, vier Fünftel in dem maßgebenden Präsidium und die alleinige Vertretung der Rechtsanwaltskammer Celle in der Bundesrechtsanwaltskammer.

Wiederum entspricht es dem »Celler Geist«, in Prozessen mit politischem Hintergrund kein Mandat von einem Nonkonformisten zu übernehmen. So fanden der hannoversche Professor Peter Brückner und zehn seiner Kollegen keinen Celler Obergerichtsanwalt, der bereit gewesen wäre, sie in einem Rufmordprozeß gegen den CDU-Landesvorsitzenden in zweiter Instanz zu vertreten. Angesichts dessen gab Hannovers SPD-Vorsitzender Peter von Oertzen es freiwillig auf, in Celle nach einem Anwalt in einem Ehrenschutzprozeß gegen den CDU-Abgeordneten Blanke zu suchen.

Freilich entspricht es auch Celler Honorigkeit, daß, nachdem dieser Zustand durch einen Artikel und durch Leserbriefe in der Hannoverschen Allgemeinen Zeitung zur Sprache gekommen war, einer der Celler Rechtsanwälte demonstrativ, couragiert und erfolgreich, obschon er mit den politischen Ansichten seines Auftraggebers nicht übereinstimmte, ein Mandat des Schriftstellers Günter Wallraff gegen die CDU führte.

Skuril gerät es, wenn der Vorstand der Rechtsanwaltskammer Celle einmal versucht, sich der Modernität anzupassen. So beschloß er 1974, ein »Referat Öffentlichkeitsarbeit« einzurichten, das »durch Zeitungsartikel, Leserbriefe, Kontakte zu Journalisten ... auf die Meinungsbildung positiv einzuwirken«, aber auch »Möglichkeiten der Selbstdarstellung zu finden (habe), wie beispielsweise durch Teilnahme an Fernsehsendungen und durch Vorträge in Schulen«, einschließlich »moderner Werbemethoden, natürlich ... in angemessener Form« (Öffentlichkeitsreferent Rechtsanwalt W.).

Von den 5 000 DM, die die Kammerversammlung dem Vorstand pro Jahr zu diesem Zweck förmlich aufgedrängt hatte, wurden im ersten Jahr 39,10 DM ausgegeben - wie sich herausstellte, für ein gemeinsames Mittagessen zweier Rechtsanwälte in Hannover.

Im nächsten Jahr sah es hingegen anders aus. Der Kammer kam der geniale Einfall, noch im letzten Moment des Etatjahres ein richtig kultiviertes Öffentlichkeitsessen zu veranstalten, natürlich nur unter sich, den Gutgesinnten, wie der Industrie- und Handelskammer und dem Unternehmerpressedienst RB-Rundblick. Der oppositionellen Anwaltszeitung »einspruch« gelang es jedoch, sich einzuschleichen: »Die Schlacht am kalten Büffet wurde in der Gaststätte »Leineschloß« in Hannover geschlagen. Bereits der Anblick der appetitlich angerichteten kulinarischen Köstlichkeiten und der gepflegten Getränke ließ den Pulsschlag vibrieren. Hei, wie die Messer blitzten! Man aß und trank nach Herzenslust - es mußte dreimal nachbestellt werden - und mit dem zufriedenen Pflichtgefühl, die Position »Öffentlichkeitsarbeit« mit Leben zu füllen und den ebenso benannten Etatposten zugleich zu leeren.«

Seitdem hat man von Öffentlichkeitsarbeit der Rechtsanwaltschaftskammer Celle nie wieder etwas gehört.

Eckart Spoo

Fronten in der Anwaltskammer

Er stellte sich mit dem Namen Karl Schmidt-Rux vor, schilderte seinen beruflichen Werdegang als Jurist, gab für die Jahre 1940 bis 1945 ein unverdächtig wirkendes Beschäftigungsverhältnis bei der Finanzverwaltung in Danzig an und beantragte seine Zulassung als Rechtsanwalt im Oberlandesgericht Celle. Dem Antrag wurde stattgegeben. Doch dann kam heraus, daß Schmidt-Rux nicht immer Schmidt-Rux geheißen hatte, sondern Schmidt-Römer, und daß er seinen Namen nicht ohne Grund gewechselt hatte. In Wahrheit war er nämlich von 1940 bis 1945 in der Zentrale der NSDAP tätig gewesen und hatte dort ab 1942 als Reichsamtsleiter fungiert. Dem Tagebuch Martin Bormanns, des nach Hitler mächtigsten Mannes im NS-Staat, ist zu entnehmen, welch einflußreiche Position Schmidt-Römer in den letzten, schlimmsten Wochen innehatte, als das untergehende Regime das ganze Volk mit untergehen lassen wollte. Man nannte ihn Bormanns »graue Eminenz«.

Ein klarer Fall: Die Zulassung war unter falschen Voraussetzungen erteilt worden, mußte also widerrufen werden. So dachte jedenfalls der hannoversche Rechtsanwalt und Notar Werner Holtfort, Vorstandsmitglied der Rechtsanwaltskammer und Präsident der Notarkammer im Oberlandesgerichtsbezirk Celle. Holtfort tat, was ihm selbstverständlich schien: Er teilte seinen Vorstandskollegen in der Anwaltskammer den Sachverhalt mit und verwies auf Paragraph 14 der Bundesrechtsanwaltsordnung, wo es heißt, daß die Zulassung zurückgenommen werden muß, wenn zur Zeit ihrer Erteilung unbekannt war, daß Umstände vorlagen, aus denen sie hätte versagt werden müssen. Holtfort tat ein übriges und erwähnte, daß es sich nicht um den ersten derartigen Fall handelte: »Unehrlichkeiten bei der Berufssicherung«, so hatte einmal ein Ehrengerichtshof über einen Juristen geurteilt, der bei der Zulassungsbewerbung verschwiegen hatte, daß er SS-Untersturmbannführer gewesen war, »sind eines Rechtsanwalts unwürdig und rechtfertigen die Versagung der Zulassung.«

In der damaligen Entscheidung war auch von dem Interesse der Allgemeinheit die Rede gewesen, daß »im öffentlichen Leben nicht wieder diejenigen bestimmend werden, die zum Nachteil des deutschen Volkes der unheilvollen Innen- und Außenpolitik des Nationalsozialismus des Gepräge gegeben oder sie wesentlich gefördert haben«. Was für den Untersturmführer gegolten hatte, mußte für den Reichsamtsleiter allemal gelten – meinte Holtfort. Aber er mußte bald erkennen, daß er sich geirrt hatte. Im Vorstand der Anwaltskammer kam es zu heftigen Auseinandersetzungen. Holtfort unterlag.

Demonstrativ legte er sein Vorstandsamt nieder und erklärte zur Begründung, er könne es nicht decken, wenn gegen den Gleichheitsgrundsatz der Verfassung verstoßen werde, wenn sich das Prinzip durchsetze, die Kleinen zu hängen, die Großen aber laufen zu lassen, und wenn man dem strikten Gesetzesbefehl der Bundesrechtsanwaltsordnung zuwiderhandele. Im selben Schreiben äußerte er aber auch die Hoffnung, daß sein Schritt die Vorstandsmehrheit aufrütteln werde, die Entscheidung zu korrigieren.

Damit irrte sich Holtfort zum zweiten Male. Zwar befaßte sich der Kammervorstand erneut mit dem Fall Schmidt-Rux, zwar änderten sich die Mehrheitsverhältnisse so, daß es bei der Abstimmung zu einem Patt von acht zu acht Stimmen kam, aber die Stimme des Vorsitzenden Herbert Behrens, Rechtsanwalt und Notar in Celle, gab den Ausschlag, und Behrens entschied sich für Schmidt-Rux.

Nun hätte das Oberlandesgericht Celle trotzdem die Zulassung für nichtig erklären können. Doch es machte sich die Entscheidung schwer. Entscheidungshilfe erbat es sich beim niedersächsischen Justizministerium, das die Angelegenheit einer gründlichen Prüfung unterzog. Dazu sah sich das Ministerium auch durch parlamentarische Anfragen im Bundestag und im niedersächsischen Landtag veranlaßt. Zuständig war die Abteilung I (Personalwesen), das die Rechtsaufsicht nicht nur über das Oberlandesgericht, sondern auch über die Rechtsanwaltskammer ausübt. An der Spitze der Abteilung stand Heinz Schulz, ein Mann mit langer, sehr langer Erfahrung auf dem Gebiet staatlicher Personalpolitik: Im Jahre 1938 war seine Doktorarbeit über die »Rechtsstellung der jüdischen Mischlinge« erschienen. In ihr hat er den wissenschaftlichen Nachweis geliefert, daß »nur der Deutsche, deutschblütige Volksgenosse« das Recht habe, wichtige öffentliche Ämter zu bekleiden.

Es versteht sich von selbst, wie die gründliche Prüfung ausging: Ein Ministerium, das sich nichts daraus machte, einen Mann wie Schulz die Abteilung I leiten zu lassen, hatte auch keine Bedenken, einem Mann wie Schmidt-Rux die Anwaltszulassung zu belassen. War doch inzwischen ein Mann wie Hans Puvogel sogar Minister in eben diesem Ministerium geworden. Er allerdings mußte sich nach relativ kurzer Amtszeit pensionieren lassen, nachdem das Bekanntwerden seiner Doktorarbeit (mit Erkenntnissen wie der, daß »nur ein rassisch wertvoller Mensch innerhalb der Volksgemeinschaft eine Daseinsberechtigung« habe und daß »der rassischen Aufartung das gesamte Recht dienen« müsse) bundesweite Diskussionen ausgelöst hatte.

Die Celler Rechtsanwalts- und Notarkammer:

»Zur Amtstracht ist ein weißes Hemd mit einem weißen Langbinder zu tragen. Frauen tragen zur Amtstracht eine weiße Bluse, zu der eine weiße Schleife getragen werden kann. Rechtsanwälte und Urkundsbeamte der Geschäftsstelle können auch ein Hemd von auffälliger Farbe tragen.«

Was aber wurde aus den anderen genannten Personen? Holtfort mußte noch viele Enttäuschungen hinnehmen. Da wurde ihm aus dem Kollegenkreis vorgeworfen, er habe mit seiner Rücktrittsbegründung die Vorstandsmehrheit der Anwaltskammer »beleidigt«, indem er ihre Entscheidung als gesetzwidrig bezeichnet habe. Da attakierte ihn der »Rundblick«, der vertrauliche Hintergrunddienst der niedersächsischen Unternehmer, er führe »Krieg gegen andere Anwälte«. Da wurde unter Hinweis auf die Auseinandersetzungen in der Anwaltskammer plötzlich sein Präsidentenamt in der Notarkammer in Frage gestellt. Da waren es noch fast die freundlichsten Stimmen, die sagten, er habe es »ehrlich gemeint«, seine Motive seien gewiß »ehrenwert«, aber er habe »emotional« gehandelt, habe sich »zu sehr engagiert«. Da sprach man gehässig oder mitleidig über Holtfort, aber gar nicht mehr über Schmidt-Rux, dem man einfach zubilligte, er habe »doch nach 30 Jahren das Recht, in Ruhe gelassen zu werden« (Zitate aus der niedersächsischen Rechtsanwälte-Zeitschrift »Einspruch«).

Und da fühlte sich dann Schmidt-Rux selbst stark genug, den Spieß umzudrehen und die Anwaltskammer um Prüfung zu bitten, ob nicht ein Ehrengerichtsverfahren gegen Holtfort eingeleitet werden sollte. Konkrete Anschuldigungen gegen Holtfort blieben aus. Gleichwohl nahm die Kammer sofort die erbetene Prüfung auf.

Danach erhielt Holtfort wiederholt gedruckte Schmähschriften, die gleichzeitig zahlreichen Adressaten in Justiz und Politik zugingen. Eines dieser unter Pseudonym verschickten Papiere trug die Überschrift: »Dr. Holtfort droht Hinrichtung.« Auf dem letzten hieß es: »Wir machen Werner Holtfort nieder und seine jungen Kader.« Und eines Nachts wurden Holtfort und seine Frau vom einem Knall aus der Garage im Keller ihres Hauses geweckt. Unbekannte hatten dort unter sein Auto Papierpakete gelegt, sie vermutlich mit einer brennbaren Flüssigkeit übergossen und angezündet. Das Feuer konnte gelöscht werden, bevor es von der Garage auf andere Teile des Hauses übergriff. Die Polizei stellte die Ermittlungen nach wenigen Tagen ergebnislos ein. In der Notarkammer fand Holtfort bei der nächsten Präsidentenwahl keine Mehrheit mehr. Um so stärkeren Rückhalt gaben ihm andere, überregionale Organisationen: Er wurde Bundesvorstandsmitglied der Humanistischen Union, stellvertretender Vorsitzender der Arbeitsgemeinschaft sozialdemokratischer Juristen und Bundesvorsitzender des Republikanischen Anwaltsvereins.

Abteilungsleiter Schulz im Justizministerium wurde nach Ablauf seiner Dienstzeit in allen Ehren pensioniert.

Schmidt-Rux lebt nicht mehr. Er fand sich aber im Laufe der Auseinandersetzungen noch bereit, eine Erklärung dafür geben, warum er bei der Bewerbung um Zulassung als Rechtsanwalt seine frühere leitende Tätigkeit bei der NSDAP nicht erwähnt hatte – eine atemberaubende Erklärung: Bei dieser Tätigkeit habe es sich nur um eine Tätigkeit, nicht aber um eine Beschäftigung gehandelt. Bei der Schilderung seines beruflichen Werdeganges sei es darauf angekommen, wo er beschäftigt gewesen sei, und er habe zutreffend angegeben, daß er bis 1945 bei der Finanzverwaltung in Danzig beschäftigt gewesen sei. Tätig gewesen sei er freilich in der NSDAP-Kanzlei, wohin man ihn 1940 »abkommandiert« habe.

An seinem Tod nahm die Öffentlichkeit bewegt Anteil. Immerhin war dieser Mann, der sich einst bei Bormann speziell um das Nachrichtenwesen gekümmert hatte, inzwischen ein führender Mann in der niedersächsischen Presse geworden. Er galt als »graue Eminenz« der Verlegerin Luise Madsack (»Hannoversche Allgemeine Zeitung«). Ob es wohl daran lag, daß die Leser der HAZ, der tonangebenden Zeitung Niedersachsens, mit keiner Zeile über den Streit in der Rechtsanwaltskammer Celle informiert wurden?

Kammervorsitzender Herbert Behrens schließlich, der in der zweiten Beratung mit seiner Stimme den Ausschlag für Schmidt-Rux gegeben hatte, blieb im Kollegenkreis hochgeachtet. Ein verdienter Mann. Vor 1945 hatte er bereits als Ortsgruppenleiter der NSDAP in Celle gewirkt - »als einer von fünf Ortsgruppenleitern in Celle«, wie er in vornehmer Bescheidenheit erläutert.

Psychisch krank

Über einen »außerordentlich bedeutungsvollen Eingriff in das Rechtsberatungs-Monopol der Anwaltschaft«, nämlich den in der Diskussion befindlichen Wegfall des Anwaltzwanges für Vergleiche bei Ehescheidungen, äußert sich die Rechtsanwaltskammer und Notarkammer für den Oberlandesgerichtsbezirk Celle in ihrem Mitteilungsblatt »Informationen« vom 14. Dezember 1981:

»Man darf nicht übersehen, daß scheidungswillige Ehegatten sich mindestens in dem Augenblick, in welchem sie sich in einer Gerichtsverhandlung – und dazu noch ohne Anwalt! – befinden, psychisch krank sind. Alle Parteien wollen diesen für sie ungewohnten und schicksalsträchtigen Gerichtstermin möglichst schnell hinter sich bringen. Wir erleben es sehr häufig, daß auch geschäftsgewandte Parteien trotz aller Belehrungen und Besprechungen vor und im Termin den Ablauf und die Bedeutung der abgegebenen Erklärungen in einer Verhandlung kaum begriffen haben. Sie fragen hinterher immer noch einmal genau nach, was nun eigentlich geschehen ist.«

Werner Holtfort

Tschechoslowakisch

Der Fall Wassermann

Ende November 1970 wurde Rudolf Wassermann, bis dahin Landgerichtspräsident in Frankfurt, von dem sozialdemokratischen Kabinett Kubel zum Präsidenten des Oberlandesgerichtes Braunschweig berufen. Dem ging eine Auseinandersetzung voraus, »die in Form und Heftigkeit kaum eine Parallele in der Niedersächsischen Justizgeschichte hat« (Die Zeit vom 4. Dezember 1970).

Anführer im Streit waren die Senatspräsidenten des Celler Oberlandesgerichtes, »einer - im Positiven wie im Negativen - Oase des Beharrenden« (Die Zeit), der Celler CDU-Landtagsabgeordnete und Rechtsanwalt Edzard Blanke und der Präsidialrat für die ordentliche Gerichtsbarkeit. Diesem siebenköpfigen Gremium unter Oberlandesgerichtspräsidenten-Vorsitz gehören drei von den Präsidien der Oberlandesgerichte bestimmte und drei weitere vom Hauptrichterrat des Landes delegierte Richter an. Jüngere Richter wie überhaupt die der Amtsgerichte und Landgerichte sind damit von seinen Entscheidungen ausgeschlossen.

Der Präsidialrat hatte zwar ein gesetzliches Mitberatungsrecht, aber kein Mitbestimmungsrecht. Indessen ergab es sich (und nicht zum letzten Mal), daß diejenigen, welche die Mitbestimmung sonst entschieden verwerfen, auch dieses Mal, da es um ihre politischen Wünsche ging, den Rat zu einem Mitbestimmungsorgan der Richterschaft umfunktionieren wollten.

Wassermann, ein stets vorzüglich beurteilter Richter und von der Wissenschaft anerkannter Autor, ist nun wahrlich kein Linker. Seine Veröffentlichungen waren jedoch stets ein Plädoyer für eine liberale, freiheitsbewußte Justiz. Ihm schwebte das Bild eines modernen Richters vor, der Konflikte in einem sozialen Rechtsstaat unter Berücksichtigung der politischen und sozialen Folgen lösen und die Freiheit des Bürgers im Rahmen der verfassungsmäßigen Ordnung verteidigen kann. Demgemäß redete er einer Verwissenschaftlichung der Juristenausbildung unter Einbeziehung der Praxis und sozialwissenschaftlicher Erkenntnisse das Wort. Das mußte freilich in Celle als ungeheuerliche Neuerungssucht erscheinen.

Die Senatspräsidenten Celles protestierten scharf, ebenso die als Behördenleiter an die Weisungen des OLG-Präsidenten gebundenen Landgerichtspräsidenten, und zwar nicht nur ohne jede gesetzliche Kompetenz und ohne Rücksicht auf den Dienstweg, sondern schon, bevor der Präsidialrat sich geäußert hatte und als das Kabinett noch unschlüssig war, ob es Wassermann auch gegen ein etwaiges Votum des Präsidialrates durchsetzen wollte. Sie sandten aber ihren Protestbrief nicht etwa nur an Ministerpräsident und Justizminister, sondern auch an die CDU als damalige Oppositionspartei.

Nun widersprach auch der Präsidialrat einstimmig dem Vorschlag der Landesregierung, obschon sein Votum durch das Vorprellen der Gerichts- und Senatspräsidenten zur Farce geworden war. Die CDU erklärte, das Kabinett betreibe eine »von oben bis unten parteipolitisch gefärbte Personalpolitik« - ganz als sei es nicht legitim und nicht von jedem CDU-Justizminister stets so gehandhabt worden, die eigenen rechtspolitischen Auffassungen möglichst mit Hilfe gleichgesinnter Personen durchzusetzen. Dabei tat die CDU so, als stünde dem Präsidialrat ein gesetzliches Recht zur Mitbestimmung in der Sache zu, das von der Landesregierung mißachtet werde.

Der darüber verärgerte Ministerpräsident Alfred Kubel erklärte daraufhin der Presse, die Argumente des Präsidialrates seien »so wenig wert, daß wir faktisch nicht vor einer Abwägung standen.«

Hierauf entgegnete der justizpolitische CDU-Fraktionssprecher Edzard Blanke vor dem Landtage mit einer Rede voll sorgfältig geschliffener Kränkungen, hervorragend dazu geeignet und wohl auch dazu bestimmt, es der Regierung unmöglich zu machen, nun noch nachzugeben. Die Rede gipfelte in der bewußt boshaften Wendung, die Berufung Wassermanns auf die Präsidentenstelle sei »Politik nach tschechoslowakischem Modell.«

Der offiziellen Amtsübergabe an den Braunschweiger Oberlandesgerichtspräsidenten blieb Celles Oberlandesgerichtspräsident Dr. Kregel demonstrativ fern.

Rainer Butenschön

Wir schreiten voran

Der Gerichtspräsident

Den klassizistischen »Altbau« hatte 1840 der König von Hannover seinem damaligen Oberappellationsgericht gewidmet. Heute residiert in ihm Dr. Harald Franzki, Präsident des Oberlandesgerichts (OLG) Celle. Er ist umgeben von monarchistischer Aura. Im Treppenhaus des OLG erscheint Wilhelm II. in Glasmalerei. Von den Wänden des großen Sitzungssaals neben Franzkis Dienstzimmer schauen gekrönte Häupter.

Franzki, ein Preuße aus Breslau, der, bevor er zur Juristerei kam, als Berufsoffizier in der Wehrmacht diente, ist Tradition und Geschichte verpflichtet. Das wissen auch die Bürger Celles. Spätestens seit dem Juli 1981, als Franzki ihnen beim traditionellen Festessen der fünf vereinigten Celler Schützengesellschaften ins Gewissen redete: Sie sollten sich schämen, daß selbst von den Älteren nur so wenige den Text der dritten Strophe des Deutschlandliedes kennen, sorgte er sich um die Pflege des kulturellen Erbes. Am Ende seiner »Rede auf Heimat und Vaterland« war der Mangel behoben: Stehend schmetterte die Festgesellschaft die deutsche Hymne.

Der 58jährige Gerichtspräsident, 1976 vom vergangenheitsbelasteten Justizminister Dr. Puvogel dem Kabinett vorgeschlagen und in sein Amt eingeführt, kann sich in Celle heimisch fühlen: er war schon vorher acht Jahre lang einer von 21 Vorsitzenden Richtern am OLG gewesen und übersprang dann, ganz diskret, auch das Amt des Vizepräsidenten.

Franzkis Orientierung an den vermeintlichen Werten einer von ihm verklärten Vergangenheit zeigt sich auch in seiner Einstellung zur Strafrechtspflege, einem der Hauptgebiete, auf dem die von ihm betreuten Gerichte zu urteilen haben. Strafrechtspflege ist für ihn die Rache am Bösen, in der das Recht sich schwertglänzend bewährt. Er selbst ist nämlich Ziviljurist und die Ziviljustiz ist im traditionsgebundenen Celle mit Abstand der edelste Zweig der Rechtsprechung. Hier sieht Franzki sich als Sachverwalter einer zu höchstem Raffinement entwickelten intellektuellen Kunst – es selbst hat sich nie in die Niederungen des Strafrechts begeben.

Der Unmut des OLG-Präsidenten über die Wissenschaften, die die sozialen und psychischen Hintergründe und Bedingungen des Verhaltens zu erforschen suchen, das die Juristen nachher beurteilen, tritt gelegentlich recht deutlich zutage. So hat Franzki sich im Jahre 1979 gegen ein Forschungsvorhaben des Instituts für Kriminologie der Universität Heidelberg (Prof. Dr. Dr. Leferenz) gewehrt, das durch eine Umfrage bei Strafrichtern Erkenntnisse sammeln wollte. Furcht vor Kritik an der Rechtspflege?

Wenn es gilt, alte Traditionen zu pflegen, stößt Franzki bei den Celler Schützenbrüdern jedoch auf mehr Übereinstimmung als unter den rund 850 Richtern seines Bezirks. Auch in der Justiz wirken inzwischen geschichtliche Entwicklungen, die konträr zueinander stehen.

Da gibt es zum Beispiel am Amtsgericht Hildesheim (wie 47 andere auch dem OLG-Celle zugeordnet) den Richter Ulrich Vultejus. Im Dritten Reich aufgewachsen, das Elternhaus schräg gegenüber dem Celler Zuchthaus und einen Rechtsanwalt zum Vater, erhielt Vultejus schon früh Einblicke in das Elend der Justiz unter dem Nationalsozialismus.

Das hat ihn geprägt und läßt ihn seine richterliche Unabhängigkeit als Instrument begreifen, »um der Menschlichkeit auch gegen den Staat und die ihn beherrschenden Gruppen zum Siege zu verhelfen.« Couragiert und ohne Rücksicht auf die Folgen für die eigene Person vertritt er das für gerecht Erkannte. 1981 wurde er deshalb mit dem von der Humanistischen Union zum Angedenken an einen der ganz wenigen großen deutschen Juristen gestifteten Fritz-Bauer-Preis ausgezeichnet.

Wo andere sich ducken, scheut Vultejus den Konflikt nicht. Das hat der Präsident des OLG-Celle inzwischen mehrfach erfahren müssen. Als Franzki den Strafrichtern seines Bezirks »Empfehlungen« gab, wie sie in Prozessen gegen politisch motivierte Täter zu agieren haben, brachte Vultejus die Sache vor den Bundesgerichtshof.

Auch die niedersächsische Landesregierung mußte lernen, daß Vultejus sich von Disziplinarverfahren und öffentlich erteilten Rügen nicht einschüchtern läßt. So setzte sich Vultejus gemeinsam mit 700 anderen Bürgern Niedersachsens in einer Zeitungsanzeige gegen das Berufsverbot und für die Einstellung eines der DKP angehörenden Lehrers in den Landesdienst ein. Justizminister Hans-Dieter Schwind sah rot und durch die Anzeige die Unabhängigkeit derjenigen Richter bedroht, die sich in einem Berufungsverfahren mit dem Fall befassen sollten. Vultejus' Dienstvorgesetzter wurde aufgefordert, »dieser Angelegenheit nachzugehen.«

Die daraufhin gegen den Richter eingeleiteten disziplinarrechtlichen Vorermittlungen lösten aber einen solchen politischen Wirbel aus, daß Schwind als Minister fast gestürzt wäre. Auch der OLG-Präsident wurde nicht glücklich, als er mit einem disziplinarischen Verweis die Ermittlungen schließlich zu Ende führte, ohne mit einem Wort die Entscheidung des Hildesheimer Landgerichtspräsidenten Werner Lehmann zu würdigen. Der hatte die Ermittlungen weisungsgemäß eingeleitet, aber schon bald wieder eingestellt, da er in Vultejus' Verhalten keine Dienstpflichtverletzung erkennen konnte.

Vor dem Richterdienstgericht des Landgerichts Hannover obsiegte Vultejus mit seinem Widerspruch auf ganzer Linie. Franzkis Verweis wurde wieder aufgehoben. Weder habe Vultejus durch sein Engagement für ein DKP-Mitglied seine Unabhängigkeit gefährdet, noch habe er unzulässigen Druck auf ein Gericht ausgeübt. So hatten es Landesregierung und OLG-Präsident unisono behauptet. So wurde es unanfechtbar und auf Kosten der Staatskasse zurückgewiesen.

Da hatte auch nicht geholfen, daß »König« Ernst Albrecht, Niedersachsens traditionsbewußter Ministerpräsident, ganz im Stil der alten Welfen Vultejus öffentlich eine Rüge – »meine volle politische Mißbilligung« – erteilt hatte. »Schlechten politischen Stil«, weil er den Schutz, den die Förmlichkeit eines Disziplinarverfahrens bietet, umgangen hatte, mußte sich Albrecht dafür von Vultejus vorwerfen lassen.

Eine Aufmüpfigkeit, mit der der König von Hannover zu Zeiten des Oberappellationsgerichts noch schneller fertig zu werden wußte. Selbst im Revolutionsjahr 1848 bekundeten seine Majestät nicht nur »Befremden und Mißfallen« über den politisch unliebsamen Richter Gottlieb Planck. Den königlichen Worten folgten Strafversetzungen und schließlich die Kaltstellung des Richters bei herabgesetztem Gehalt im Wartestand auf dem Fuß. Fazit: Wir schreiten voran, wenn auch nur langsam im OLG-Bezirk Celle.

Hela Rischmüller-Pörtner

Ausgeliefert
Besuch im Hochsicherheitstrakt

Zu Beginn des 18. Jahrhunderts vor nahezu 300 Jahren wurden die Celler Bürger vom König und Kurfürsten von Lüneburg und Braunschweig vor die Wahl gestellt, in ihrer Heimatstadt entweder eine Universität oder aber ein Zucht- und Tollhaus zu beherbergen. Die Celler entschieden sich für die Errichtung des ersten deutschen Zuchthauses. In der Mitte der 70er Jahre des 20. Jahrhunderts unter der Amtszeit des Ministerpräsidenten Albrecht sah sich die Niedersächsische Landesregierung vor die Standortwahl eines Hochsicherheitstraktes gestellt. Die Landesregierung entschied sich für Celle.

Zwar hatte es bereits 1974 in der Justizvollzugsanstalt Hannover einen Versuchstrakt gegeben; dieser Ort aber hatte sich nach vielen Protesten wegen seiner Struktur als Landeshauptstadt als zu öffentlich erwiesen. Die Errichtung des Hochsicherheitstraktes in Celle dagegen wurde zur Lösung schlechthin. Hier gab es allenfalls architektonische Probleme.

Seit 1978 hat die Stadt nun ihr eigenes Stammheim in die Celler Strafanstalt integriert. Der Trakt wurde im Westflügel der Strafanstalt Celle I untergebracht; dort sind die Fassaden den Fachwerkhäusern angepaßt. Das Ganze entspricht vom Äußeren her einer Idylle: sauber gelb gestrichen, mit rot herausstehenden Fensterfassungen, verschachtelt gebaut und mit einem für den Öffentlichkeitsverkehr gedachten großen Blumenhof. Die Gefangenen können den Hof weder benutzen noch sehen.

Das Innere des Traktes hat mit dem äußeren Bild nichts mehr gemein: überall Fernsehkameras, Deckenmikrofone, Panzerglasfenster, Kühlschrankzellentüren mit speziellen Sicherheitsschließmechanismen, Alarmleuchten und Sirenen, elektronische Sicherheitssysteme, Spezialbetonfußböden und Spezialwandputz. Die Flurwände sind gekachelt, die Zellenwände pastellgelb gestrichen. Sie werden von grellen Neonleuchten angestrahlt. Jede Zelle ist als eigenständiger Isolationsblock von den anderen Zellen unabhängig zu benutzen. Ein vollautomatisches Kühlhaus. Die Gefangenen frieren dort, selbst im Sommer.

Der scheinbare Widerspruch zwischen Fassade und Inhalt ist jedoch keiner, der Strafvollzug als Teil der staatlichen Strafsanktion wird hier wie eh und je verborgen. Er wird nicht bemerkt, weil er nicht bemerkt werden soll. Widerspruch erregt dagegen die über nahezu 300 Jahre feststellbare Kontinuität der Verwahrungsbedingungen. Am 23. Dezember 1732 erhielt das Zuchthaus eine Hausordnung, von der gesagt wird, sie sei später für den Strafvollzug in ganz Europa vorbildlich geworden, ihre Kernpunkte seien noch heute in den Hausordnungen aller bundesrepublikanischen Justizvollzugsanstalten verankert.

Gert Hensel zitiert aus ihr in seiner »Geschichte des Grauens«, Deutscher Strafvollzug in 7 Jahrhunderten: »Im Irrenhaus werden die wüthenden und gefährlichen Wahnsinnigen aufbewahret. Sie bewohnen sehr feste Cojen, in denen sich eine auf dem Fußboden eingerichtete Schlafstelle, wie auch eine in den unteren Canal führende Comodität befindet. Die Gänge selbst sind mit mehreren Öfen versehen, wodurch die Behälter erwärmet werden, und auf den Klappen der mit eisernen Gitter verwahreten Thüren sind kupferne, innwändig verzinnte Kellen befestigt, worin die Speise und nachher des Getränk gereicht wird.«

Dieses Cojensystem findet sich im Hochsicherheitstrakt noch heute wieder. Allerdings ist es auf den höchsten Stand der Technik gebracht und sicherlich weitaus kostpieliger als das frühere Verwahrsystem.

Am 8. Dezember 1978 wurde der Celler Hochsicherheitstrakt durch die Verlegung der vorher in Berlin untergebrachten Gefangenen Karl-Heinz Dellwo aus Köln, Heinz Herlitz und Harry Stürmer »eingeweiht«. Für sie gelten besondere Vorschriften, die denen der 250 Jahre alten Hausordnung ähneln: die mündliche und schriftliche Kommunikation wird streng überwacht und häufig sogar vollkommen eingeschränkt. Die Gefangenen sind von den anderen Gefangenen der Celler Strafanstalt abgesondert. Bis zum April 1981, am Ende eines im Februar begonnenen Hungerstreiks, waren die Gefangenen – seit November 1980 nach der Entlassung des Gefangenen Stürmer nur noch zu zweit – weder aus dem Trakt herausgekommen, noch hatten sie bei dem 23stündigen täglichen Aufenthalt im Trakt bei ständig geschlossenen Panzerglasfenstern eine natürliche Geräuschkulisse. Die Zellen gelten auch als schalldicht.

Hofgang hatten die Gefangenen in einem 4,70 Meter breiten und 25 Meter langen hoch umbauten Betonhof, der zur einen Hälfte durch eine Drahtgitterkonstruktion, zur anderen Hälfte durch ein Tarnnetz überdacht wird. Erst mit Abschluß des Hungerstreiks wurden seit Bestehen des Hochsicherheitstraktes erstmals die Fenster der Zellen geöffnet.

Der Versuch, die Wirkung eines solchen Vollzugs auf den Betroffenen zu vermitteln, mißlingt fast zwangsläufig. Was Isolation ist, können die Gefangenen nur selbst berichten. Während meiner Besuche im Celler Hochsicherheitstrakt kann ich nur ansatzweise erahnen, was es bedeutet, total erfaßt zu werden.

Das ehemalige Zuchthaus mit seiner schloßähnlichen Fassade liegt in unmittelbarer Nähe des Bahnhofs. Bereits auf meinem Weg zur Torpforte des Zuchthauses werde ich durch die in der Trift (der Allee vor der Anstalt) installierten Fernsehaugen aufgenommen. Über Mikrofon melde ich bei dem von mir durch Panzerglas getrennten Justizvollzugsbeamten, dem ich durch ein Fach meine Personalpapiere zustelle. Danach muß ich durch einen künstlichen Türrahmen, in dem ich durch technisches Gerät erstmals durchleuchtet werde. Es folgt - wiederum über Mikrofon und durch ein Schubfach im Panzerglas - die Schlüsselübergabe für mein Schließfach. Dort finde ich eine anstaltseigene Aktentasche vor, in die der Inhalt meiner Aktentasche unter den Augen der Beamten umgepackt wird.

Die Tür zur eigentlichen Sicherheitsüberwachung öffnet sich nach vorheriger Ankündigung über ein Mikrofon elektronisch. Die Aktentasche und meine Schuhe werden von einem Röntgenapparat durchleuchtet. Nach dem Abtasten der Kleidung gehe ich durch einen weiteren, ebenfalls mit elektrischen Suchgeräten ausgestatteten Türrahmen, der wohl auf Metall unterhalb der Kleidung ansprechen soll. Danach das von Flughäfen her bekannte Bestreichen der Kleider mit einem fiependen Abtaster.

Nachdem mir von den Beamten der Extradienst - das Besorgen anstaltseigener Zigaretten - gestattet wird, geleiten mich eine weibliche und zwei männliche Justizvollzugsbeamte über eine gepflegte Rasenfläche durch Blumenbeete hindurch zum Hochsicherheitstrakt. Zwei weitere Türen öffnen sich auf Summton. Wir kommen zu der mit elektronischem Türschließer versehenen Sprechzelle. Der Mandant sitzt hinter einer Trennscheibe.

Ich fühle mich ausgeliefert und werde bei dem Gespräch das Gefühl nicht los, nicht mehr mit ihm allein zu sein.

5. Kapitel

Parteien

Wilfried Köppen/Ulrich Vultejus

Einsichten

Parteienentwicklung in Celle

Legt man an das Parteienspektrum ein grobes Raster an und teilt es auf in sozialistische und in bürgerliche Blöcke, so zeigt sich in Celle für beide eine erstaunliche Beständigkeit: die bürgerlichen Parteien kamen in den Jahren 1919, 1947 und 1980 auf 51,4, 50,4 und 57,8 Prozent, die sozialistischen in den gleichen Jahren auf 48,6, 49,6 und 40,4 Prozent der Wählerstimmen.* Natürlich gab es innerhalb der Blöcke zum Teil erhebliche Verschiebungen.

Bei der letzten Reichstagswahl am 5. März 1933, zwei Monate nach der Ernennung Hitlers zum Reichskanzler, erhielt die NSDAP in Celle 45,5 Prozent der Wählerstimmen und lag damit nur geringfügig über dem hannoverschen Landesdurchschnitt (44 Prozent). Celle war also keine ausgesprochene Hochburg des Nationalsozialismus.

Bei den Wahlen zur Nationalversammlung im Januar 1919 hatte die SPD noch 45,3 Prozent (USPD 3,3 Prozent) der Wählerstimmen: die Hoffnungen auf Erneuerung richteten sich nach dem verlorenen Weltkrieg auf die Sozialdemokraten. Doch weil die SPD mit den alten Mächten auch gegen die Arbeiter paktierte, erhielt sie bei den Reichstagswahlen im Juni 1920 die Quittung: nur noch 26,9 Prozent wählten SPD; die USPD kam auf 16,6 Prozent. Das linke Wählerpotential blieb damit erhalten.

Daran änderte sich auch nichts, als sich im Herbst 1920 die USPD auflöste und Teile in die SPD zurückkehrten, während der Rest zur KPD wechselte. Von 1928 bis Ende 1932 hielten SPD und KPD konstant über 40 Prozent der Stimmen (1928: 46,5 Prozent, November 1932: 43,4 Prozent). Im März 1933, als die Führungsspitze der KPD schon verhaftet war, verloren die beiden Parteien trotz aller Verfolgungen nur geringfügig an Stimmen und bekamen zusammen 35,4 Pro-

* Angegeben sind jeweils die Ergebnisse der Stadt, nicht des Landkreises

zent (SPD: 25 Prozent, KPD: 11,4 Prozent). Damit haben über ein Drittel der Celler Wähler auch unter dem Druck des Jahres 1933 die Parteien ihrer bisherigen Wahl nicht aufgegeben.

Die DNVP erhielt in den Wahlen von 1920 bis 1933 zwischen 5 und 12 Prozent der Stimmen. 1933 erreichte sie 8 Prozent. Damit erwies sich die DNVP als vergleichsweise konstant. Sie hat an den Verschiebungen im bürgerlichen Block nur in geringem Maße teilgenommen. Die Deutschnationalen waren dem Kaiser auch treu, verstanden sich als eine »überparteiliche Bewegung«, traten für »christlich-deutsche Zucht und Ordnung« ein und wollten den »Judaismus« durch eine betont »nationale Erziehung« überwinden. Doch im Gegensatz zur NSDAP war die DNVP von Anfang an eine Honoratiorenpartei von Geheim-, Justiz- und Oberlandesgerichtsräten gewesen, die die Nationalsozialisten mehr als Emporkömmlinge betrachteten.

Den übrigen Block der Bürgerlichen repräsentierten - abgesehen vom Zentrum, das mit durchschnittlich 2 Prozent unbedeutend blieb - die welfische Deutsch-Hannoversche Partei (DHP), (die von 1920 bis 1928 zwischen 21,5 und 13,8 Prozent erreichte), die Deutsche Volkspartei (DVP), (die im gleichen Zeitraum zwischen 23 und 15,2 Prozent erhielt) und die Deutsche Demokratische Partei (DDP) (zwischen 3,6 bis 4,9 Prozent).

Der Wahlerfolg der Nationalsozialisten war in Celle weitgehend auf das Verhalten der Wähler dieser drei Parteien zurückzuführen. Während die NSDAP bei der Reichstagswahl 1928 nur 2,2 Prozent der Stimmen gewinnen konnte, steigerte sie sich 1930 auf 15 Prozent und im Juli 1932 auf 40,4 Prozent. Der Anteil von DHP, DVP und DDP verhielt sich dazu fast spiegelbildlich und betrug 1928: 32,6 Prozent, 1930: 24,5 Prozent und im Juli 1932 nur noch 6,8 Prozent. Im November 1932 verbesserten sie sich zwar noch einmal auf 10,2 Prozent, während die NSDAP auf 31,9 Prozent abrutschte. Doch im März 1933 konnten DHP, DVP und DDP, die 1920 immerhin 48,4 Prozent der Wähler repräsentiert hatten, nur noch 6,2 Prozent für sich gewinnen.

DHP und DVP standen diesem Wählerschwund hilflos gegenüber. In Parteiversammlungen, kurz nach Hitlers Machtübernahme, »sehnten« sie sich nicht zum Parlamentarismus der 20er Jahre zurück, sondern begrüßten das »Nationale« der neuen Regierung. Es dauerte nicht lange, bis sie ihre Mitglieder aufforderten, die »Regierung der nationalen Erhebung« zu unterstützen, weil sie wegen der vielen

Gemeinsamkeiten den Wahlkampf für »außerordentlich schwierig« hielten.

Und so paßte sich auch der welfisch gesinnte Landrat Wilhelm Heinichen, in den 50er Jahren Oberbürgermeister, schnell an und eröffnete den neugewählten Kreistag am 5.4.1933 mit den Worten:

»Unter der zielbewußten Führung des Herrn Reichskanzlers Hitler hat sich eine in der Geschichte unseres Volkes bisher nicht dagewesene Einmütigkeit in der politischen Auffassung gebildet, die kraftvolle Staatsführung gewährleistet. Heißen Herzens hoffen wir, daß dieser nach so viel Leid und so viel Kämpfen endlich zusammengefaßte Wille einer großen Mehrheit unseres Volkes nach außen hin die Weltgeltung, die Freiheit und Ehre einer stolzen und großen Nation fordern, wieder erobern und immerdar gewährleisten möge.«

Nach dem Kriege begann die CDU 1949 mit bescheidenen 12,2 Prozent. Wenn sie inzwischen bei den letzten Landtagswahlen 1974 und 1978 gar auf jeweils 54,3 Prozent der Stimmen kam (Bundestagswahl 1976: 50,3 Prozent), so signalisiert dies, daß sie mittlerweile alle rechts von ihr stehenden Parteien aufgesogen hat.

Anfangs gab es noch zwei neonazistische Parteien: die Deutsche Reichspartei (DRP) und die Sozialistische Reichspartei (SRP). Die DRP erhielt 1949 10,0 Prozent (Landesdurchschnitt 8,1 Prozent). Die als Abspaltung von der DRP entstandene SRP stellte sich zum ersten Mal 1951 zur Wahl und konnte 21,5 Prozent (Landesdurchschnitt 11,0 Prozent) der Wähler für sich gewinnen. Als sie am 23. Oktober 1952 als verfassungswidrig verboten wurde, konnte die DRP bei der Landtagswahl 1955 einen Teil der SRP-Wähler zurückgewinnen und erzielte 11,1 Prozent. Auch CDU und DP profitierten: sie steigerten ihren Stimmenanteil zusammen um 13,2 Prozent.

Man kann davon ausgehen, daß ein Großteil der DRP-Wähler (sie schrumpfte bis 1963 auf 2,1 Prozent) später von der NPD gewonnen wurde. Bei der Bundestagswahl 1965 erhielt die NPD 4,97 Prozent (Landesdurchschnitt 2,5 Prozent). Zwei Jahre später, bei der Landtagswahl 1967, steigerte sie sich, wie in ganz Niedersachsen, auf 7,0 Prozent. Auf kommunaler Ebene erreichte sie 1968 im Stadt- und Kreisparlament 2 bzw. 4 Sitze.

Die CDU stellte sich darauf ein und stärkte mit der Wahl des Cellers Wilfried Hasselmann zum Landesvorsitzenden ihren »national-konservativen« Flügel. Bei der Bundestagswahl 1969 sackte die NPD schon wieder auf 4,3 Prozent ab (Landesdurchschnitt 4,6 Prozent), bis sie 1980 nur noch 0,23 Prozent der Wähler ansprechen konnte. 1976 trat die NPD auf kommunaler Ebene nicht mehr zur Wahl an und empfahl 1981 ihren »Freunden und Wählern« die Listen einer Wählergemeinschaft. Darauf waren mehrere ehemalige NPD-Kandidaten zu finden. Die Wählergemeinschaft kam auf 5,3 Prozent.

Größte bürgerliche Konkurrenzpartei zur CDU war in den 50er Jahren die welfische Deutsche Partei (DP), die 1949 25 Prozent der Stimmen auf sich vereinigen konnte (Landesdurchschnitt 17,8 Prozent). Bei der Landtagswahl 1951 schloß sich die CDU mit der DP unter dem Namen »Niederdeutsche Union« zu einem Wahlbündnis zusammen. Beide verloren dabei aber fast 16 Prozent, konnten nur noch 21,8 Prozent der Wähler (Landesdurchschnitt 23,8 Prozent) für sich gewinnen und kandidierten nach diesem mißglückten Experiment wieder getrennt.

Doch kennzeichnet dieses Bündnis auch den ersten Wendepunkt zum Erfolg der CDU. Bei den Landtagswahlen 1955 drehten sich die Celler Größenordnungen der beiden Parteien um: die CDU erhielt 25,0 Prozent, die DP 10,0 Prozent.

Aufgrund der gegenseitigen Konkurrenz der bürgerlichen Parteien gelang es der Celler SPD als zahlenmäßig größter Partei bei Bundes- und Landtagswahlen immer wieder, ihren Direktkandidaten durchzubringen. Dies änderte sich erst bei der Bundestagswahl 1957, als sich CDU und DP auf eine gemeinsame DP-Kandidatin einigen konnten.

Die DP war für Konrad Adenauer lange ein wichtiger Bündnispartner gewesen, und so sorgte die CDU nicht nur mit gemeinsamen Kandidaten dafür, daß die DP im Bundestag bleiben konnte. Als die CDU 1957 die absolute Mehrheit im Bund erreicht hatte, glaubte sie auf die DP nicht mehr angewiesen zu sein und lehnte jede weitere Wahlhilfe für die Welfen ab. Es dauerte nicht lange, bis die DP zugrunde ging: im Juli 1960 zerfiel ihre Fraktion im Bundestag durch den Übertritt von neun Abgeordneten zur CDU.

Dies hatte seine Auswirkungen auch in Celle. Bei der Bundestagswahl 1961 erhielt die CDU zum ersten Mal über 40 Prozent (42,3 Prozent) und erreichte seitdem auch jedesmal die Mehrheit bei der Wahl der Direktkandidaten. Erleichtert schrieb die »Cellesche Zeitung« 1965, man müsse die »Einsicht vieler bürgerlicher Wähler bewundern«, die sich den »Sinn für die Realität bewahrt« hätten.

Zwar wechselten einige DP-Wähler auch zur FDP, doch nur solange, bis die CDU die frühere Führungsspitze der DP für sich gewinnen konnte. Prominentester Wechsler war dabei der spätere Oberbürgermeister Dr. Kurt Blanke. Die Freien Demokraten hielten in den Jahren 1949 bis 1980 konstant um die 8 Prozent.

Auch die SPD profitierte von der Auflösung der DP und des »Bundes der Heimattreuen und Entrechteten« (BHE). Der BHE war die Partei der Flüchtlinge, die auf Landesebene zuerst mit der SPD, dann aber auch mit der CDU und der DP koalierte. 1961 hatte sich das Wählerreservoir des BHE, das in Celle bis zu 13,7 Prozent der Stimmen umfaßte, erschöpft. Ein Wahlbündnis mit der DP erhielt bei der Bundestagswahl 1961 nur noch 3,6 Prozent (Bundesdurchschnitt 2,8 Prozent).

Der Stimmenanteil der SPD stieg bei Bundestagswahlen kontinuierlich und liegt seit 1969 konstant bei 40 Prozent. Nur bei Regionalwahlen sackten die Sozialdemokraten immer wieder ab: bei den letzten Landtagswahlen 1974 und 1978 auf 36 Prozent, bei der letzten Kommunalwahl 1981 gar auf 30,4 Prozent.

Heiner Thies

Bitte fragen Sie nicht weiter

Celle, den 1. Februar 1982

Cher Msr. S...

Ich muß mich bei Ihnen entschuldigen, daß es mit der Beantwortung Ihres Briefes doch länger gedauert hat. Sie fragten mich nach Dr. Kurt Blanke, der einige Zeit CDU-Oberbürgermeister dieser Stadt Celle war. Offen gestanden, ich habe lange Zeit gezweifelt, ob ich Ihnen die Fragen nach der Vergangenheit des Dr. Kurt Blanke beantworten will und kann, vor allem, ob ich auf Ihre Frage eingehen soll, was Dr. Blanke, der noch heute Rechtsanwalt und Notar und Rotarier ist – was dieser Dr. Blanke während des Nationalsozialismus getan habe.

Ich war geneigt, nichts von jenen Zeiten zu schreiben, denn, wissen Sie: sind wir nicht doch nur einige wenige, die unaufhörlich gleichsam wühlen in den Greueln der Jahre 1933–45, die wir bohren in der Vergangenheit; sind wir nicht umgeben von lauter angesehenen Leuten, die stets heftiger auf ihrem Recht pochen, endlich in Ruhe gelassen zu werden?

In meine Beklommenheit, von der Hitlerzeit und vom Dr. Blanke in dieser Zeit zu sprechen, mischt sich Langmut, die Überzeugung von der Ausweglosigkeit unseres Stocherns in der Vergangenheit. Kein Unrecht, das damals begangen wurde, wird ausgemerzt, keiner der Toten wieder lebendig.

Cher Msr. S...

So hatte ich Ihnen denn berichten wollen von dem Dr. Kurt Blanke, der 1953 den Rotary-Club in Celle mitbegründet hat.

Rotary-Club Celle

Gegründet: 11. 6. 1953 vom R. C. Hannover

»Blanke, Dr. jur. Kurt, engl. ital. fran., Wensestraße 9, Tel.: ..., Sozius der Rechtsanwälte ..., Dr. Blanke jun., ...

Ich hätte Ihnen nicht verschwiegen, daß Schatten über der lichten Karriere des angesehenen Juristen Dr. Kurt Blanke liegen. Daß Vorwürfe erhoben werden gegen ihn, er habe, um des wirtschaftlichen Vorteils willen, die Glaubwürdigkeit bei der Vertretung von Rechtspositionen hintenangestellt. Ich habe Ihnen berichten wollen, daß Dr. Blanke 1970 Vorsitzender und Rechtsberater des Vereins der Aktionäre der Ilseder Hütte war. Als die Ilseder Hütte von den Peine-Salzgitter-Stahlwerken übernommen wurde, kam es zu einem Rechtsstreit, in dessen Verlauf die erste Instanz die Barabfindung von angebotenen 265 Prozent auf 450 Prozent des Nennwertes der Aktien heraufsetzte. Im Berufungsverfahren wurde die Peine-Salzgitter im Streit gegen die Aktionäre – deren Vorsitzender Dr. Kurt Blanke gewesen war – vom Anwaltsbüro Blanke vertreten. Der Anwurf des Parteienverrats ging um, ein Verfahren wurde eingeleitet und von der Celler Staatsanwaltschaft wegen Befangenheit nach Oldenburg abgegeben. Dort verlieren sich die Spuren der Angelegenheit.

Cher Msr. S...

Ich hatte Ihnen schreiben wollen von der angesehenen Politiker-Familie der Blankes. Von Kurt Blankes Sohn Edzard, der während des namentlichen Aktien-Prozesses schon in Vaters Kanzlei arbeitete, und der späterhin gar einmal im Gespräch für das Amt des Justizministers bei der CDU-Landesregierung war.

Rotary-Club Celle-Schloß

Gegründet: 15.1.1974 vom R.C. Celle

»Blanke, Dr. jur. Edzard engl. franz. ital., Wensestraße 14, Tel.: ..., Anwaltspraxis Dr. Blanke u.a.

Cher Msr. S...

Gern wollte ich Ihnen auf Ihre Frage nach der Deutschen Partei (DP) antworten, der Dr. Kurt Blanke angehörte. Dr. Kurt Blanke glaubte lange an die Sache dieser Partei. Noch zwei Jahre nachdem ihre Bundestagsfraktion zerfallen, ein Bündnis mit dem »Bund der Heimatvertriebenen und Entrechteten« gescheitert war und 16 von 18 niedersächsischen DP-Landtagsabgeordneten zur CDU übergetreten waren, erstand in Niedersachsen ein »Aktionsausschuß« des DP-Landesverbandes. Damals, 1962, versammelten sich 300 Heidjer, mit Niedersachsenroß und Welfenkrone am Schlips, im hannoverschen Städtchen Rotenburg, um einen Vorsitzenden zu wählen. Sie wählten einen Mann des niedersächsischen Adels und sollen hinterher gerufen haben: »Holt fast - man to!« und »man drup«. »Landespartei sind wir jetzt und wollen es für immer bleiben.«, sagte der Vorsitzende des Aktionsausschusses seinerzeit, eben Dr. Kurt Blanke. Erst vergleichsweise spät ist Dr. Blanke zur CDU gewechselt, die ihm den Übertritt mit dem Oberbürgermeisteramt in Celle lohnte - wie es sich für den Umgang mit einem angesehenen Mann geziemt.

Cher Msr. S...

Ich brauche Ihnen nichts über diese »Deutsche Partei«, die DP, zu verschweigen. Sie können bei Ihrem Landsmann, Alfred Grosser, nachlesen: »Die DP war im Juni 1945 als Niedersächsische Landespartei gegründet worden. Von Hannover aus hatte sie die Nachfolge des Welfenpartikularismus beansprucht, der sich in der Vergangenheit auf die Aristokratie, die Pastoren und die hannoverschen Bauern gestützt hatte. (...) Die DP hatte erklärtermaßen eine konservative Rechtspartei sein wollen. Von ihrer Gründung an hatte sie eine ausgesprochene Vorliebe für die schwarz-weiß-rote Flagge. Auch hatte sie schon bald öffentliche Kundgebungen mit Vorbeimärschen und Militärmusik organisiert.« (S. 242)

Aber, cher Msr. S..., ich wollte Sie bitten, mir die Frage zu ersparen, wie ernst diese DP den Bruch mit dem Nationalsozialismus genommen hat. Ich hielt es für angebracht, mit dem Blick in die Vergangenheit bei der DP innezuhalten, nicht noch weiter zurückzuschauen.

Bitte fragen Sie mich nicht weiter, habe ich Sie in Gedanken einums andere Mal gebeten.

Vielleicht war es ein Ausspruch des ehemaligen DP-Vorsitzenden Seebohm, an den ich mich erinnerte, und der es mir letztlich leichter machte, Ihrem Drängen nach Auskünften über die Zeit des NS-Regimes nun doch nachzugeben. Jener Hans-Christoph Seebohm, unter Adenauer immerhin Bundesminister, hatte nämlich 1951 auf dem Parteitag der DP gesagt: »Wir neigen uns in Ehrfurcht vor jedem Symbol unseres Volkes« - ich sage ausdrücklich vor jedem - »unter dem deutsche Menschen ihr Leben für ihr Vaterland geopfert haben.«

Cher Msr. S...

Ich glaube wohl, beim erneuten Lesen dieses Zitates einer Verpflichtung gewahr geworden zu sein, einer Verpflichtung gegenüber Geschichte und Gegenwart. Wenn auch diese Verpflichtung keinen meiner Zweifel ausräumt, so will ich nun doch von der Zeit des Nationalsozialismus sprechen, von zumindest einigen Dingen, die Dr. Kurt Blanke in jener Zeit angingen.

Ja, OKVR (Oberkriegsverwaltungsrat) Dr. Blanke war damals in Paris, von 1941–44. Genauer gesagt, er war im Hotel »Majestic«, dort, wo der Sicherheitsdienst, Dienststelle Paris, arbeitete. 125 000 »Nichtarier« haben unter der Besetzung des Hotel »Majestic« gelitten.

IV J SA 221 b
Dan/Bir

Paris, den 5. 5. 1942

Betr.: Kennzeichnung der Juden.

1.) Vermerk:

Am 5. 5. 1942 wurde die Frage der Kennzeichnung der Juden durch folgende Dienststellenvertreter besprochen:

a) Militärbefehlshaber: Ministrialrat Gelbhar
OKVR Dr. Blancke
KVA Dr. Bruns
KVA Dr. Nährich
b) Deutsche Botschaft:
Leg. RAt Dr. Zeitschel
c) Hiesige Dienststelle:
SS-Hauptsturmführer Dannecker.

Es wurde vereinbart, daß nachstehende Fragen SS-Obergruppenführer Heydrich vorgetragen werden, damit eine baldige Entscheidung zusammen mit dem Militärbefehlshaber erzielt wird:

a) Mischehen.
Dazu wird bemerkt, daß der Militärbefehlshaber vor einiger Zeit erklärte, er wünsche keine weitergehende Behandlung als im Reich, was also die Nichtkennzeichnung in Mischehen lebender Juden, aus denen Kinder hervorgegangen sind, bedeutet.
b) Ausnahmebehandlung fremdstaatiger Juden.

2.) Zur Besprechung mit SS-Obergruppenführer Heydrich.

Es ist wahr, Dr. Kurt Blanke war nicht irgeneiner in diesem Hotel. Seiner Zuständigkeit unterlagen »Judenfragen«.

Dr. Carltheo Zeitschel
Deutsche Botschaft
Paris

Paris, den 21. April 1941.

Bei der Militärverwaltung Abteilung Wirtschaft, Kriegsverwaltungschef Dr. Hichel, ist

Dr. BLANCKE

für Judenfragen zuständig und bittet in der Zukunft bei Besprechungen über dieses Thema zugezogen zu werden.

Heil Hitler!

Legationsrat.

an den
Sicherheitsdienst
Dienststelle Paris
z.Hdn. von Herrn Obersturmführer Danecker.

Cher Msr. S...

Ich weiß nicht, wieviele Menschen heute noch wissen, was »Arisierung« jüdischen-französischen Vermögens bedeutet hat. Mehr noch bin ich im Zweifel darüber, ob es heute noch von Bedeutung ist, daß diese »Arisierung« nach Auffassung des Sachbearbeiters für »Judenfragen« - des Dr. Kurt Blanke also - zu 1/5 des Preises vollzogen werden konnte.

Und, Msr. S..., liegt es nicht bei uns, selbstkritisch zu fragen, ob jenes Schreiben des »OFFICE OF CHIEF OF COUNSEL FOR WAR CRIMES, APO 696 - US Army« erneut ans Licht der Öffentlichkeit gebracht werden sollte? Diesem Dokument zufolge basierte - so zitiert aus einem Brief an den Reichsleiter Rosenberg - »diese gesamte Judengesetzgebung (in Frankreich) auf Ordonnanzen des Militärbefehlshabers, dessen Sachbearbeiter ein Militärverwaltungsrat Dr. Blanke ist.«

Cher Msr. S...

Noch immer bin ich mir so sicher nicht, ob es nicht doch besser gewesen wäre, Ihnen auf Ihre Frage nach Dr. Kurt Blanke lediglich mit einer Anekdote zu antworten - vom wahrhaft köstlichen Welfen-Streit

DER MILITÄRBEFEHLSHABER IN FRANKREICH
Verwaltungsstab, Abt. Wi I Az 6358/41 Paris, den 15. März 1941

Betrifft: Angelegenheit Côte-d'Or
– Ihr Schreiben vom 7. März 1941 Nr. 3449

Grundsätzlich bin ich der Ansicht, daß bei Veräußerungen jüdischer Unternehmen durch den Kommissarischen Verwalter nicht ohne weiteres an den Höchstbietenden zu verkaufen ist. Sowohl der Kommissar wie die für die Genehmigung zuständige Feldkommandantur werden vielmehr den auszuwählen haben, welcher hinsichtlich der Arisierung die beste Gewähr bietet, wobei auch besondere Rücksicht auf Familie oder andere Umstände genommen werden kann. Voraussetzung ist nur, daß ein angemessener Preis zu zahlen ist. Dabei ist aber zu berücksichtigen, daß der fonds de commerce heute schwer zu schätzen ist und teilweise viel zu hoch geschätzt wird. Es wird nicht immer genügend in Betracht gezogen, daß bei dem verringerten Umsatz der Wert des Kundenkreises sehr oft stark vermindert sein kann. Wenn im Gegensatz zu einer anderen Schätzung die Feldkommandantur einmal nur 1/5 des geschätzten Preises annimmt, kann das noch im Rahmen eines angemessenen Preises liegen. Die Feldkommandantur in Dijon hat gelegentlich ihre Pläne zur Durchführung der Arisierung mit mir besprochen. Ich habe dabei nichts von einer geplanten Verlosung unter den Bewerbern gehört.

Der Militärbefehlshaber
Im Auftrag
Dr. Blanke

Traduction:
Sujet: Affaire de la Côte d'Or
– Votre lettre du 7 Mars 1941 Nr 3449.

En principe, je suis d'avis que lors de la vente d'entreprises juives par les soins de l'Administrateur Provisoire il ne faut pas vendre de toutes façons au plus offrant. Aussi bien l'Administrateur Provisoire que la Feldkommandantur compétente auront à choisir celui qui offre le maximum de garanties au sujet de l'aryanisation, de même qu'ils auront à tenir compte des circonstances familiales etc.. La principale condition sera l'offre d'un prix convenable. Il faudra, à cet égard, tenir compte du fait qu-à l'époque actuelle il est diffcile d'évaleur un fonds de commerce. On ne considére pas toujours assez que vu le rendement du chiffre d'affaires, la valeur de la clientèle peut-être réduite de beaucoup. Si, contrairement à d'autres évaluations, La Feldkommandantur pour un certain cas le prix à 1/5 de la valeur d'estimation, ceci ne peut se faire que dans le cadre d'un prix approprié. La Feldkommandantur à Dijon a eu l'occasion de m'exposer ses projets en vue de l'aryanisation. Il n'a pas été question de tirage au sort parmi les candidats acquéreurs.

zwischen Dr. Blanke und einem Präsidenten einer Notarkammer. Besagter Präsident parlierte in einer honorigen Rede über die Schwächen der Welfen; das Publikum war angetan, nur Dr. Blanke sen. stritt für die Ehre der Welfen: »Geisteskrankheiten«, sagte er, »können auch einfache Bürger und auch Präsidenten von Notarkammern befallen.«

Nach dieser Rede, so las ich in einem Nachrichtenmagazin, »steht im ehemaligen Königreich Hannover Welfen-Treue gegen Republikanisches: Hie die Sache Blankes (CDU), dessen Familie seit dem 30jährigen Krieg im Hannöverschen lebt und 'immer treu zum Herrscherhaus gestanden' hat, da die Sache Holtforts (SPD) der als Vorfahren Bauern aus dem Weserbergland reklamiert.«

Holtforts Beleidigungsklage wurde im übrigen von der Celler Staatsanwaltschaft abgewiesen.

Cher Mrs. S...

Habe ich Ihnen und uns tatsächlich einen guten Dienst erwiesen, wenn ich von der Vergangenheit des Dr. Kurt Blanke schrieb? Welches Recht haben Sie und ich, dem Dr. Kurt Blanke sein Nachkriegs-Gesicht herunterzureißen? Stünde es nicht Ihnen und mir an, diesen Dr. Blanke ausschließlich als den Welfen zu sehen, der mit Sohn Edzard am 30. 8. 1981 auf Schloß Marienburg zugegen war, als Seine Königliche Hoheit, Erbprinz Ernst-August junior von Hannover, Hochzeitsfeierlichkeiten beging? Im Schloßhof konnte man, dank einer Lautsprecherübertragung, die Gesänge aus dem Schloß hören: »Geh aus mein Herz und suche Freud«.

WERNER DAITZ

Timmendorferstrand, 5. 5. 1944
D./R.L.

Herrn
Reichsminister und Reichsleiter
Alfred R o s e n b e r g

B e r l i n W 35
Margaretenstr. 17

Sehr geehrter Reichsleiter!

Bei meinem letzten Aufenthalt in Paris überreichte mir Pg. Ebert 5 Hefte über die französische Judengesetzgebung. Diese 5 Hefte sind ihm von Herrn Pierre Gallien übergeben worden mit der Bitte, diese Judengesetzgebung dem Reichsleiter zur Kenntnis zu bringen und sie eventuell durch einen seiner Sachbearbeiter überprüfen zu lassen.

Diese gesamte Judengesetzgebung basiert auf Ordonnanzen des Militärbefehlshabers in Frankreich, dessen Sachbearbeiter ein Militärverwaltungsrat Dr. Blanke ist. Über Pierre Gallien ist zu sagen, daß er Mitherausgeber und Hauptgeldgeber der Zeitschrift »LaFrance enchainèe« ist die vor dem Kriege im antijüdischen Kampf führend war. Gallien hat auch während des Krieges die Plakate mit unterzeichnet, die in Paris angeschlagen waren und den heutigen Krieg als einen von den Juden angezettelten sinnlosen Kampf bezeichneten.

Die Druckschriften über die gesamte Judengesetzgebung sind nicht mehr im Handel zu haben; dessen ungeachtet ist die gesamte Gesetzgebung noch rechtswirksam.

Heil Hitler!
Ihr
Werner Daitz

Rainer Butenschön

Bauer ohne Scheuklappen

Jetzt ran mit Wilfried Hasselmann

Im Urstromtal der Aller auf halbem Weg Luftlinie zwischen Celle und Gifhorn liegt das alte Heide-Dorf Nienhof. Verdeckt unter mächtigen deutschen Eichen hat hier Landwirt Wilfried Hasselmann seinen Hof. 105 Hektar Acker, Grünland und Wald. Nicht zu vergessen eine auf über 200 Borstenviecher aufgestockte Schweinezucht.

»Das ist meine eigentliche Kraftquelle«, preist Hasselmann körperliche Betätigung auf eigener Scholle als erholsamen Wochenend-Ausgleich zur politischen Hektik des Alltags. Hasselmann ist Politiker. Stellvertretender Regierungschef in Hannover, Bundesratsminister und Vorsitzender der CDU-Niedersachsen. Seit zwei Jahrzehnten für die Sache der Christdemokraten immer unter Dampf.

Inzwischen ergraut, gilt Hasselmann für viele noch immer als der »Jung Siegfried« der niedersächsischen Politik, als der er in den sechziger Jahren Furore machte. Ein Ruf, so erzählt sein Duzfreund Hermann Höcherl, der sich mit Hasselmanns »treuen blauen niedersächsischen Augen« und seiner »junggermanischen Erscheinung« verbinde. Wohl aber auch mit »Jung Siegfrieds« schon früh kräftig entwickelter politischen Rechtsauslage beziehungsweise seinen »ungeordneten Neigungen zur schärferen Gangart der CSU und ihrem großen Vorsitzenden FJS« (Höcherl).

Hasselmann gehört zu den bodenständigen Politikern im Lande. Wer auf seinem dreihundert Jahre alten Hof übernachten darf, muß damit rechnen, daß der »Chef« ihn um sieben Uhr aus den Federn holt um ihm den Acker zu zeigen, den er seit fünf Uhr gepflügt hat. Selbst in den Sommerwochen, da Ministerpräsident Ernst Albrecht auf Urlaub außer Lande weilt und Hasselmann das Zepter schwingt, findet man ihn noch manchmal persönlich in den Rüben. In Nienhof geht Hasselmann auch häufig auf frohe Pirsch, weil »das die beste Entspannung« ist. Nach Nienhof lädt er regelmäßig zu vergnügten Runden. Im

Haupttor stehend begrüßt er seine Gäste mit kräftigem Händedruck (immer) und scharfem Schluck (manchmal). Bei literweise Bier und Korn streut er politische Informationen und sorgt unermüdlich mit Anekdoten für Erheiterung. Zum Beispiel mit dem Schwank von Vater Otto. Der griff schon mal zu Büchse und Warnschuß, wenn Nachbarn nächtens still und unter Umgehung der Decktaxe ihre Sauen dem Hasselmannschen Zuchteber zuzutreiben versuchten.

Als Vorsitzender der niedersächsischen CDU nimmt Hasselmann Ministerpräsident Ernst Albrecht einen guten Teil der politischen Auseinandersetzung ab, die feinfühlende Gemüter die Dreckarbeit der Politik nennen. Lächelt Albrecht liberal, dann deckt Hasselmann mit markigen Sprüchen die rechte Flanke.

So machte er 1977 wortstark die 13 niedersächsischen Hochschullehrer, Mitherausgeber der »Mescalero«-Dokumentation, als »Parteigänger der Gewalt, Lobredner des Terrors und Beschöniger terroristischer Ergüsse« nieder. Oder schickte 1978 dem Bundestreffen der Ritterkreuzträger der Hitler-Wehrmacht ein Grußschreiben: »... Mut gezeigt und anderen ein Vorbild gegeben zu haben, sind ... Eigenschaften, auf die kein Staat verzichten kann ... Sie haben in vorbildlicher Weise als Soldaten Ihre Pflicht erfüllt. Das bleibt gültig für die nachwachsende Generation.«

Als Bundesratsminister wenig ausgelastet, hält Hasselmann für Albrecht die CDU auf richtigem Kurs und gegen alle Versuchungen einer Vierten Partei bisher auch zusammen. Er ist an der Basis immer präsent. Zu fast jeder Schirmherrschaft, Festrede oder Jubilar-Ehrung bereit und selbst nach einer langen Kette von »Kurzen und Langen« noch leidlich an Deck. Hasselmann: »Die Partei und ich sind in vielem identisch. Ich spreche gern von 'meiner' CDU.« – etwas, was der kühle Albrecht wohl nur mit Einschränkung sagen könnte.

Albrecht fand dann auch lobende Worte auf seinen treuen Recken, ohne den »König Ernst« wohl nie auf den Schild im hannoverschen Leineschloß gehoben worden wäre. Als Hasselmann 1978 mit 3 000 Gratulanten bei Blasmusik in Nienhof sein zehnjähriges Jubiläum als Vorsitzender der Landes-CDU begoß, da würdigte ihn der Ministerpräsident als einen Sproß »aus jenen Geschlechtern freier niedersächsischer Bauern, die seit jeher wußten, daß ein freies Gemeinwesen den persönlichen Einsatz verlangt.«

Wilfried Hasselmann über die absolute Mehrheit der CDU in seinem Heimatgebiet Celle:

»Ich habe daran die geringsten Verdienste. Die Leute sind so.«

Den hat Wilfried Wilhelm Edmund Hasselmann, Jahrgang 1924, früh erbracht und nie gescheut. Erst als Führer der Landjugend. Lange galt er als potentieller Nachfolger seines Onkels, des legendären Bauernpräsidenten Edmund Rehwinkel aus Celle. Aber das hätte womöglich nach »Familienklüngelei« ausgesehen. Und außerdem: »Man hat mich nicht gefragt.«

Dann als Politiker. 1965 schaffte er den Durchbruch mit einer kühnen Zukunftsskizze der Landwirtschaft: Buchführung, ganzjährige Beratung. Diese beiden Programmpunkte ließen Springers »Welt« in dem damals gerade frisch gebackenen niedersächsischen Landwirtschaftsminister den »Bauern ohne Scheuklappen« erkennen und fragen, warum man Hasselmann eigentlich nicht schneller avancieren lasse.

In der niedersächsischen CDU stand einer schnelleren Karriere des Bauern aus Nienhof jedoch nicht nur »Kaiser« Otto Fricke (»der Maßgebliche«) - ein Honoratior alten Stils und CDU-Landesvorsitzender mit Beharrungsvermögen - entgegen. Den Christdemokraten gefiel wohl Hasselmanns Dynamik, seine schulterklopfende Kontaktfreudigkeit und sein unverkennbarer Hang zur Harmonisierung der politischen Konfrontation. Doch er hatte Widerstände zu überwinden. Denn für sein Rezept, mit dem Hasselmann die CDU - Juniorpartner im Kabinett der Großen Koalition des Ministerpräsidenten Georg (»Schorse«) Diederichs (SPD) - zur Mehrheit führen wollte, mußten die Christdemokraten erst noch reif gemacht werden.

Die Partei müsse »bewußt national-konservativ werden, damit rechts der CDU kein Raum bleibt«, propagierte Hasselmann 1967 öffentlich die Öffnung nach rechts - dort wo Deutsche Partei (DP), der Bund der Heimatvertriebenen und Entrechteten (BHE) und die Nationaldemokratische Partei Deutschlands (NPD) in Niedersachsen immer reichlich Wähler fanden. Hasselmann privat: »In manchem hat der Thadden (NPD-Vorsitzender) recht.«

Die Junge Union protestierte: Zur »DPBHENPD« solle die Christlich Demokratische Union nicht verkommen. Mehr Wirbel als Hasselmann lieb sein konnte gab's auch, als er der CDU einen alten Kavalleristen als Bundestagskandidaten andiente. Der mit Schwertern und Eichenlaub dekorierte Panzergeneral und Pferdefreund Horst Niemack sollte nach Hasselmanns Vorstellungen den Einbruch abriegeln, den die NPD bei der Landtagswahl 1967 mit 10,7 Prozent der Stimmen in seinem Heimatwahlkreis Celle-Land erzielt hatte. Da wetterte selbst die katholisch »Kirchenzeitung für das Bistum Hildesheim« gegen die Bestrebungen der Christdemokraten, »sich mit Herrenreiter-Typen« zu garnieren.

Ein Jahr später, am 14. September 1968, aber war es dann geschafft. Alle ernsthaften Konkurrenten um das Amt des CDU-Landeschefs hatten sich rechtzeitig selbst diskreditiert.

Bruno (althochdeutsch: »der Braune«) Brandes, Rechtsanwalt aus Holzminden und wie Hasselmann 1963 erstmals in den Landtag gekommen, hielt nach einer Zechtour vor dem Landtagsplenum eine »Büttenrede« (Fricke). Das Protokoll verzeichnete 28mal »Heiterkeit« und »erneute Heiterkeit« und einmal: »Der Redner macht eine Pause«. Und Justizminister Gustav Bosselmann stolperte über »gewisse Dinge« (Fricke) in seiner Vergangenheit. Er hatte nicht nur in Hitlers Sturmabteilung (SA) als Obertruppführer gedient. »Aus Gewissensgründen« war er im Dritten Reich auch aus der evangelischen Kirche ausgetreten, in die er 1949 zurückkehrte.

Unter Hallo wurde Hasselmann an die CDU-Spitze gewählt. Zwölf Jahre lang hatte er bis dahin den Chor des »Männergesangvereins Nienhof von 1906« dirigiert. Tatkräftig machte er sich daran, nun den zerstrittenen Christdemokraten zwischen Ems und Elbe zu Harmonie und Stimmgewalt zu verhelfen. Die Partei wurde in der gewünschten Richtung auf Vordermann gebracht. Das eher müde Parteiorgan »Niedersachsen-Zeitung« wurde »Kampfblatt«. Lange Zeit in Stil und Inhalt vom »Bayernkurier« kaum zu unterscheiden.

»Jetzt ran mit Hasselmann« – unter diesem Slogan zog die CDU dann 1970 mit »Jung Siegfried« an der Spitze in den Landtagswahlkampf. Der war vorzeitig notwendig geworden. Die Große Koalition unter Diederichs (SPD) war in eine tödliche Krise geraten. CDU-Fraktionschef Brandes hatte Hasselmanns Parole – »Sammlung aller nichtsozialdemokratischen Kräfte« – handfest angepackt. Unter seiner

Regie (»Ich habe gelernt, auf Menschen zuzugehen.«) waren mehrere FDP-, SPD- und NPD-Abgeordnete unter die Fittiche von »Greifvogel« Brandes gehuscht. Plötzlich war die CDU stärkste Fraktion. Schon wurde alles für die Wahl eines CDU-Ministerpräsidenten mit Hilfe der NPD (neun Sitze) arrangiert.

Da sorgte sich Hasselmann, der unter dieser Konstellation dem alten CDU-Kultusminister Richard Langeheine oder gar Brandes den Vortritt hätte lassen müssen, um die »moralische und politische Glaubwürdigkeit« der CDU. Er entschied sich für Neuwahlen. Unermüdlich tourte er mit seinem Wahlkampfbus (»Hasselmann diskutiert«) durchs Land, um auf Straßen, Plätzen und selbst Beatveranstaltungen zu versichern, daß er »nicht Opas alte CDU, sondern eine neue« repräsentiere. Für den Kampf um die Jungwähler-Stimmen (das Wahlalter war gerade gesenkt worden) ließ er sich gut sechshundertmal für ein Poster (»Nobody is perfect«) fotografieren. Dann fanden seine Berater, daß er gemalt doch besser aussehe - »ein bißchen Lex (Barker), ein bißchen Rex (Harrison)«, urteilte der »Spiegel«.

Aber es reichte nicht zur Mehrheit. 1970 nicht und 1974 wieder nicht. Statt dessen bestätigte sich immer wieder Hasselmanns große Schwäche. Ungerührt von allem witzigen Charme des Nienhofer vermerkte selbst die CDU-treue »Hannoversche Allgemeine Zeitung«: »Es mangelt seiner Rede sowohl am systematischen Aufbau, wie an der Beweiskraft seiner Aussage. Er leistet sich Gedankensprünge und verrät, daß es ihm zuweilen auch an Informationen fehlt.«

Als Hasselmann aus dieser Not bei seiner Antrittsrede als Oppositionsführer im Landtag eine Tugend zu machen versuchte (»Die Regierung ist gehalten, ihr Programm zu nennen. Die Opposition hat die Freiheit, eine Überraschung auch wirklich Überraschung bleiben zu lassen.«), da höhnte der SPD-Abgeordnete Helmut Kasimier: »Herr Hasselmann, ich hatte immer den Eindruck, Sie nehmen einen tollen Anlauf - und in dem Moment wo Sie springen sollten, sind Sie wieder zum Platz zurückgegangen.«

Im Herst 1975 räumte Hasselmann den Platz des CDU-Spitzenkandidaten. Eine Entscheidung »von zeitgeschichtlicher Bedeutung für die CDU und die Entwicklung Niedersachsen«, würdigte CDU-Ehrenvorsitzender Langeheine, daß Hasselmann den noch weithin unbekannten Ernst Albrecht mit »an die Deichsel« ließ. Mit dem gelang 1976 endlich die versprochene Überraschung: Mit den Stimmen unerkannt gebliebener Überläufer wurde Albrecht zum Ministerpräsidenten gewählt. Brandes und seine Mannen feierten den Sieg im hannoverschen Central-Hotel gemeinsam mit dem langjährigen NPD-Vorsitzenden Adolf von Thadden.

Seit diesem Tag, so befand Hasselmann, »lohnt es sich wieder, sich als Niedersachse zu fühlen«. Als Bundesratsminister und Statthalter Albrechts in Bonn versucht er nun dieses Gefühl der ganzen Republik zu vermitteln. Eine seiner ersten Taten: In Bonn wurde das Bosseln eingeführt – eine Art Ostfriesen-Boccia. Mit Schmorwurstessen, Einbecker Bier und Hardenberger Korn brachte er in die niedersächsische Landesvertretung fröhliche Stimmung. Die »Oberharzer« und »Brokkenhexen« spielten auf und auch Hasselmann legte sich selbst mächtig ins Zeug, wenn es galt, die Hymne von den erdverwachsenen Niedersachsen in den Bonner Himmel zu schmettern. Wegweisend griff er mit »Nordlichter-Reisen« für Bonner Journalisten der Image-Kampagne voraus, mit der die Regierung Albrecht das Ansehen Niedersachsen heben will. Oben im Ammerland – den »Aal an der Hand und die Hände im Schnaps« – ließ er manchen Niedersachsen-Neuling aus dem Süden spüren, daß hier das Land eben doch »tausend Jahre später christlich geworden« ist (Frankfurter Allgemeine«.

Hasselmann liebt Uniformen und schätzt Uniformierte. Unter Soldaten, Feuerwehrmännern, Polizisten und Jägern fühlt er sich wohl. Das Glück, Chef aller Uniformträger in Niedersachsen sein zu dürfen, blieb ihm allerdings nur kurz vergönnt. Nach einer gewissen Schamfrist rückte die FDP in die Albrecht-Regierung ein und übernahm den Posten des Inneministers. Ausgleich findet Hasselmann in zahlreichen Wehrübungen, in denen er sich eifrig inzwischen zum Oberstleutnant d. R. hochgedient hat. Lebensziel: Noch vor Erreichen der Altersgrenze die Beförderung zum Oberst zu schaffen. Und damit Hasselmann auch ja keine Beförderungsübung verpaßt, rückt ihm die Bundeswehr auch schon mal vor sein Hoftor im Landkreis Celle. Vier Tage lang, vom 31. Oktober bis zum 3. November 1980, dauerte die Übung der 1. Panzergrenadierdivision. Zum Glück lag die Verschnaufpause eines Wochenendes dazwischen. Auch wurde die knappe Übungszeit weiter dadurch verkürzt, daß zu Beginn eine ärztliche Einstellungsuntersuchung und zum Schluß eine Entlassungsuntersuchung breiten Raum einnahmen. Hasselmann – inzwischen schon Sparsamkeitssympathisant – schlug zwar vor, beide Untersuchungen »in einem

Abwasch« vorzunehmen – vergebens. Immerhin ersparte er sich Reisekosten und das harte Feldbett.

In der Politik fühlt Hasselmann sich mehr und mehr zum Generalisten berufen. Sei es, daß er sich 1978 von einem kleinen Vietnamesen küssen ließ, um telewirksam zum Weihnachtsfest die Luftbrücke mit den Vietnam-Flüchtlingen nach Niedersachsen einzuleiten. Sei es, daß er 1981 eine Änderung des Grundgesetzes forderte, um das Asylrecht einzuschränken. Oder sei es auch nur, um der Aussteiger-Jugend zuzurufen, »sich öffentlich wieder zu Idealismus, praktischer Solidarität, Mitverantwortung und Liebe zu unserem Land zu bekennen.«

Hasselmann weiß zu allem etwas und er gehört zu den Frühaufstehern unter den Politikern, die selbstbewußt (»Die besten Ideen kommen immer von mir.«) ihre neuesten Erkenntnisse in morgendlichen Rundfunk-Interviews zu verbreiten pflegen. Selbst die nüchtern-realistische Einschätzung seiner Frau Marianne (»Hättest Du nichts gesagt, wäre es auch halb acht geworden.«) hat Hasselmann bisher nicht davon abhalten können, mit immer wieder neuen Denkanstößen zu glänzen.

Und ist er mal wieder gar zu laut über einen seiner ungeschützt herausgeplauderten Geistesblitze gestolpert – wie im August 1980 mit seiner Forderung nach einer weder NATO noch Bundeswehr unterstellten unabhängigen Miliztruppe zur Heimatverteidigung, die nicht nur der hannoverschen »Neuen Presse« verdächtig nach »Volkssturm« klang – dann findet er Ruhe, Trost und Erholung in Nienhof unter den Eichen. Hier in seinem Garten hat er eine alte Weiche aufgestellt – ein Geschenk der »Osthannoverschen Eisenbahnen« aus Celle, die zeigt Hasselmann die Richtung: »Geradeaus oder nur nach rechts.«

Reinhard Hesse/Wilfried Köppen

Keine Experimente
Schläfriges aus der Sozialdemokratie

Es war schon immer etwas besonderes, in Celle Sozialdemokrat zu sein. Manch besorgter Celler Vater verbietet seinem Sohne die Mitgliedschaft bei den Jusos - die Schule, und »wenn das die Lehrer wüßten«. Auch der gute SPD-Wähler marschiert hier mit auf CDU-Wanderungen, damit sein Chef ihn dort sieht. Wer in Celle »die SPD verteidigt«, sagt ein Genosse, »der ist schon mal anders.«

Teuer hatte die maßgeblich von Handwerksgesellen organisierte Celler Arbeiterbewegung ihre besonderen Interessen schon am 19. Juli 1866 bezahlen müssen. Nach Entlassungen in Celler Fabriken kam es zu Schlägereien zwischen Arbeitern und der polizeilich eingesetzten Feuerwehr. 20 von 114 angeklagten Arbeitern wurden zu Zuchthausstrafen von einem bis sechs Jahren verurteilt.

Dann kam alles wie anderswo auch. Die Novemberrevolution machte vor Celle nicht halt, auch hier formierten sich »Unabhängige Sozialdemokraten« (USPD) als linke Abspaltung der SPD. Letztere, in der Mehrheit, entdeckte früh ihr Herz für »Ruhe, Ordnung und Arbeitsleistung«. Bar jeden umstürzlerischen Elans propagierte einer ihrer Redner, daß man »nicht das zu erreichen suchen muß, was man haben will, sondern was man haben kann.«

Haben konnte die Sozialdemokratie zunächst eine parlamentarische Mehrheit. 1919, als alle Celler Bürger zum ersten Mal wählen durften, erhielten USPD und MSPD zusammen die meisten Stimmen. Ernst Schädlich, führender Vertreter der Mehrheitssozialdemokraten, wurde zum Senator gewählt und durfte sich höchste Befugnisse mit Fabrikanten wie Trüller, Hebbeler, Schmidt und Wehl teilen, für die »Sozialdemokrat« bis dahin allenfalls ein Schimpfwort gewesen war. Schädlich hatte vorher - ganz Harmonie - gesagt, er wolle die Interessen von Arbeitern und kleinen Leuten mit den »Gesamtinteressen der Stadt« in Einklang bringen. Das verhalf ihm in den Senatorensessel, aber nicht zur erhofften Anerkennung. »Selten kam man zu einem Bier zusammen.«, bedauert er in seinen Erinnerungen an die

Senatorenzeit. »Es wurde von den Herren der Rechten auch nicht der geringste Versuch unternommen, mit den Vertretern der Arbeiterschaft in nähere Beziehungen zu treten.«

1924 schon waren die Zeiten sozialdemokratischer Mehrheit vorbei. Schädlich hielt nichts von »randalierender Opposition«. Der »Ernst, mit welchem diese kleine Fraktion (8 Sitze) gegenüber 22 Gegnern ihre kommunale Tätigkeit auffaßte«, war für ihn der Schlüssel zum Erfolg. Seine Devise: »Keine sozialistischen Experimente«. Das hätte die »traditionsgebundenen Kreise bei einem Mißlingen gegen jeden Fortschritt mobil gemacht.« Nicht die Arbeiterbewegung, sondern Beamte und Handwerker prägten das Bild der Stadt. »Größte Umsicht« (Schädlich) war geboten. Und was man nicht versuchte, das konnte auch nicht mißlingen.

Nach Auflösung der USPD – ein Teil der Abtrünnigen kehrte in die Mutter-SPD zurück – stieg auch die KPD in Celle auf. Anfang der 30er Jahre war sie drittstärkste Partei in der Stadt und kämpfte erbittert gegen die Sozialdemokratie. Grund genug für die SPD, auch nach dem 30. 1. 33, dem Tag der Ernennung Hitlers zum Reichskanzler, die Mitglieder aufzufordern, »sich weder links noch rechts provozieren zu lassen.« Provoziert wurde am 2. März 1933: Eine Versammlung der »Eisernen Front«, der »Kampforganisation« der SPD, wurde in der »Union« verboten und auch im »Neustädter Schützenhaus« von der Polizei aufgelöst. »Eine beängstigende Stille trat ein«, erinnert sich Schädlich, »als plötzlich aus hunderten Kehlen die Worte 'Freiheit! Freiheit!' der Polizei ins Gesicht geschleudert wurden.«

Die Partei jedoch ließ sich nicht provozieren. Wenige Tage später, am 8. März, veröffentlichte sie in der »Celleschen Zeitung« (CZ) ihren vorerst letzten Aufruf zu den Kommunalwahlen. Ganz so, als sei nichts gewesen, enthielt der Aufruf einen ganz normalen Rechenschaftsbericht der Rathausfraktion. Ganz normaler Parlamentarismus schien geboten. Auch als Ernst Schädlich seinen Senatorenposten für den NSDAP-Kreisleiter Packebusch räumen mußte; auch als gewählte KPD-Abgeordnete verhaftet wurden; auch als im Mai die Gewerkschaftshäuser besetzt und führende Gewerkschafter »abgeholt« wurden; auch als das Vermögen der SPD und ihrer Organisationen beschlagnahmt wurde. Nicht provozieren lassen, den parlamentarischen Schein wahren – bis der SPD am 23. Juni 1933 auch das verboten wurde.

In Celle leben einige Relikte des Nationalsozialismus länger als anderswo. Da ist zum Beispiel der Kommentator der Lokalzeitung CZ, Walther Zuzan, über den Niedersachsens SPD-Sprecher Rudolf Henning 1977 sagte, er verbreite »nationalsozialistische Propaganda im Stil des 'Stürmers' und des 'Völkischen Beobachters'«. In der Celler SPD erinnerte man sich – traditionsbewußt – des Mottos »Nicht provozieren lassen!«. Auch nicht von Zuzan, für den »die Neger nur im Bett fleißig« sind. Fraktionschef Meier und Geschäftsführer Budelmann machten statt dessen ihrem Genossen Henning massive Vorwürfe. Er hätte das »Vertrauensverhältnis zur CZ gestört«.

CZ-Verleger Pfingsten hatte der SPD schon vorher ihre Grenzen gezeigt. Für nicht genehme politische Stellungnahmen stand der SPD selbstverständlich der Anzeigenteil zur Verfügung. Aber die Partei ist nicht nachtragend. Als 1978 ein Treffen des Parteichefs Willy Brandt mit niedersächsischen Chefredakteuren anberaumt war, befürchteten die Celler Genossen nichts so sehr wie ein Zusammentreffen Pfingstens mit Rudolf Henning, dem Organisator der Runde. Ein womöglich offener Streit zwischen Pfingsten und Henning hätte der Reputation der Celler Partei nur abträglich sein können, dachten die Celler. Henning ließ »Gnade vor Recht ergehen« und fuhr nicht. Die SPD vermittelte Pfingsten Interviews mit Brandt und Peter von Oertzen.

Noch einmal legte sich einer mit Pfingsten an. 1979 versuchte der Celler SPD-Landtagskandidat Fritz Riege, mit einem Leserbrief gegen Zuzans Kommentare über die Fernsehsendung »Holocaust« zu protestieren. Pfingsten erklärte ihm, er hätte »die Funktion der Presse in unserer demokratischen Grundgesetzordnung immer noch nicht« erkannt. In »Ihrem Interesse handelnd« veröffentlichte Pfingsten den Leserbrief nicht.

Riege, ein »weit über die enngere Heimat geachteter« Politiker, »dem auch seine Gegner politische Integrität bescheinigen« – wie ausgerechnet CZ-Kommentator Zuzan ihm ins Stammbuch schrieb – bedankte sich nach der Bundestagswahl für die »objektive Wahlkampfberichterstattung« der CZ.

Er ist der Celler SPD Paradepferd, dieser Dr. Fritz Riege. Im Landtagswahlkreis gegen eine erdrückende CDU-Mehrheit auf verlorenem Posten, im Landtag sozialpolitischer Sprecher der SPD-Fraktion, in der Partei stellvertretender Vorsitzender des Bezirks Hannover, von einigen Genossen fast gegen seinen Willen gedrängt, 1983 Bezirksvorsitzender zu werden. Wer ihn beschreiben will, sagen Parteilinke, müßte im Grunde ein weißes Blatt abgeben. Engagiert in der evangelischen Kirche, in der Partei von rechts in die Mitte gewandert, in Celle König, wie der Einäugige unter den Blinden König sein könnte, aber auch nur, weil er die anderen Genossen nicht aus ihrer Harmlosigkeit aufschreckt. Vor Ort gilt er als links, aber so, daß die Genossen es nicht merken, denen er an fachlicher Kompetenz weit überlegen ist. Friedensbewegt und integer - immerhin sagt niemand schlechtes über ihn.

Nur einmal machte Riege in einer Parteikontroverse von sich reden. Als die SPD-Landtagsfraktion sich eine Meinung über das zur Beratung anstehende Polizeigesetz mit Todesschußregelung bilden mußte, war die Parlamentariergruppe fast gespalten. Fritz Riege stand gemeinsam mit dem zur Parteirechten zählenden Gerhard Glogowski an der Spitze einer Gruppe, die den Todesschuß gänzlich ablehnen wollte. Mit 21 zu 23 Stimmen unterlag diese Koalition aus Humanisten und solchen, die der Gedanke an die kommenden Wahlen zum klaren Nein trieb. Mehrheitsmeinung wurde ein Ja zum Todesschuß, aber ohne ausdrückliche Einschränkung des Grundrechtes auf Leben. Später wurde dieser Beschluß fallengelassen, weil eine solche Regelung rein rechtlich völlig unmöglich gewesen wäre. Den Triumpf konnte Fritz Riege nicht auskosten - die Fraktion, von manchem Genossen zu »kraftvoller Opposition« gegen das Polizeigesetz gedrängt, mußte die Abstimmung im Landtag freigeben, weil einige Genossen für den Todesschuß stimmen wollten. Riege, der sich in der Fraktion weit nach vorn gewagt hatte, trat nicht mehr an die Öffentlichkeit. Er sei eben der personifizierte Kompromiß, sagt man ihm nach - die gedachte Mitte der Partei.

Damit paßt Fritz Riege ausgezeichnet zu Celle und seiner SPD. »Wenn man in der Minderheit ist, ist es nicht damit getan, immer auf den großen Putz zu hauen«, sagt der Vorsitzende der Ratsfraktion Klaus Meier. Ihm liegt - ganz im Sinne Ernst Schädlichs - mehr an »zäher Kleinarbeit«. Noch vor den letzten Kommunalwahlen 1981 hat er damit einen Volltreffer nach hinten gezündet. Als beim Bau eines Heimes der Johanniter Schwierigkeiten mit der Stadtverwaltung auftraten, machte Meier in einem Leserbrief an die CZ Front gegen die Verwaltung. Schimpf und Schande goß er über die Bürokratie aus, die ein gemeinnütziges Projekt behindere. Genüßlich wies der Verwaltungsausschuß Meier nach, daß er selbst den kritisierten Beschluß mit abgesegnet hatte. Meier saß in der Falle und wehrte sich mit dem Eingeständnis seiner Harmlosigkeit. »Man weiß gar nicht mehr, was da alles beschlossen wird.«

Welchen Grund sollte es in der an Arbeitern armen Stadt Celle geben, diese SPD zu wählen? Mit 14 Abgeordneten sitzt sie im Rat der Stadt mit seinen 43 Sitzen und wird von der Macht so recht vorgeführt. Bei der Vereidigung der Ratsmitglieder beglückt CDU-Oberbürgermeister Hörstmann die Damen der Schöpfung noch mit Handkuß. Nur eine Abgeordnete der SPD kommt nicht in den Genuß der Grazie – sie ist Hausfrau, mit einem Arbeiter verheiratet. Das ist auch in der SPD-Fraktion nicht eben die Regel. Zwei Gastwirte, ein mittlerer Unternehmer, Beamte und leitende Angestellte, eine Richterin, ein Oberstaatsanwalt bestimmen neben zwei Gewerkschaftssekretären das Bild. Wenn »Modell Deutschland« für die SPD das Bündnis zwischen Facharbeitern und aufgeklärten Unternehmertum bedeutet, dann ist »Modell Celle« zahnlose Sozialdemokratie ohne Klassenbasis, Anpassung an den ewigen Schlaf des ruhigen CDU-Städtchens.

Einen Dezernenten stellt die SPD in der Stadtverwaltung. Und dieser Sozialdezernent Otmar Grüner ist auch nur noch nominell Genosse. SPD-Vorschläge nimmt er zur Kenntnis, um sie – säuberlich mit der CDU abgekungelt und deren Vorstellungen entsprechend verändert – als Verwaltungsvorlagen wieder einzubringen. Seine Mitgliedschaft in der ötv endete, weil er den Beitrag nicht mehr bezahlt hatte. Cui bono? Von der Macht ausgeschlossen, schimpft die SPD nach Manier des Rohrspatzen. Aber sie fällt stets über ihre eigenen Beine.

Dann und wann regt sich in der Parteibasis etwas Entschlossenheit. Dann macht sich – auf Druck des Ortsvereins – auch die Fraktion die Forderung nach einem Frauenhaus zu eigen, die sie vorher noch mit einem »Sowas brauchen wir hier nicht« für ausgeschlossen erklärt hatte. Selbst im Celler Unterbezirk werden Positionen, etwa in Fragen der Abrüstung, beschlossen, die sich deutlich von denen der CDU unterscheiden. Aber wenn ein Funktionär auf einer Friedensdemonstration mitmarschiert, drohen Parteimitglieder mit Austritt. Und für die Rathausfraktion geht die Politik exakt bis zur Stadtgrenze.

Eines steht fest: Sozialistengesetze sind in Celle überflüssig.

Reinhard Hesse

Ausgeliehen

Celle und die Landesherren zu Niedersachsen

»Seit die CDU in Niedersachsen regiert, gilt Celle wieder etwas.« (Information der Celler CDU zur Kommunalwahl)

»Natürlich in Celle« empfängt Niedersachsens Ministerpräsident Ernst Albrecht seine Ministerpräsidenten-Kollegen zu einer Konferenz. »Natürlich in Celle« wird 1979 vom Ministerpräsidenten der erste »Niedersachsenpreis« vergeben, »natürlich in Celle« empfängt das Land Niedersachsen ausländische Staatsgäste.

Daß Celle »eine für das Leben in Niedersachsen typische Stadt« ist, wie die Celler Stadtväter behaupten, daß Celle also wie jede andere sei, das hatte der unkundige Besucher schon nach dem ersten Stadtrundgang bezweifelt. Zunächst hatte er ganz unbefangen angesichts der geradezu unbewohnbar aufpolierten Fachwerkhäuser noch gedacht, die Landesväter hätten Celle en bloc konserviert und zur Museumsstadt erklärt: »Bitte die Exponate nicht berühren!«.

Dann aber war unser Besucher unverhofft in die Irrgänge der Celler Jurisprudenz geraten, in die Burgen der Dritten Gewalt - in das alte Residenzgebäude, das von innen doch nur dämmrig beleuchtetes Oberlandesgericht ist und nach Bohnerwachs mieft. Er hatte sich daraufhin die besondere Bedeutung der Stadt damit erklärt, daß das Recht in Niedersachsen und seine Durchsetzung zugleich hier beheimatet seien: die Stadt ein Beiwerk ihrer Rechtsprechung.

Und ob als Sitz des Obersten Landesgerichts oder des Justizvollzugsamtes - an Celle führt in der niedersächsischen Rechtsprechung und Justizpolitik kein Weg vorbei - seit 271 Jahren. So recht zu Ehren kam die Stadt darüber hinaus, als 1976 im Leineschloß zu Hannover ein Mann Regierungschef wurde, dem das Repräsentieren teuer ist. Ernst Albrecht, nicht gerade der Urtyp des heimatverbundenen Niedersachsen, entdeckte sein Herz für Celle – dem Manne dürfen naheliegende Motive unterstellt werden.

Denn in Celle herrschen solide Mehrheiten. Im Rat der Stadt stellt die CDU 24 von 43 Ratsherrn, Oberbürgermeister Hörstmann entstammt derselben Union wie Verwaltungschef von Witten. Die absolute Mehrheit im Kreistag des Landkreises Celle hat die CDU, die Landrat und Oberkreisdirektor stellt. Das ist schon lange so – selbst bei den für die Union ungünstigen Bundestagswahlen 1980 fielen für die CDU in Celle noch fast 7 Prozent mehr ab als im Landesdurchschnitt. »Die nächsten Landtagswahlen gewinnen wir völlig sicher.«, sagt die resolute Mittfünfzigerin in der Celler CDU-Geschäftsstelle und fährt fort, die Einladungen zur Weihnachtsfeier der Christdemokraten einzutüten: »In Celle sowieso und auch im ganzen Land.«

Die CDU-Bewerber um die beiden Celler Wahlkreise brauchen um ihre Direktmandate nicht zu fürchten. Im Wahlkreis Celle-Stadt Dr. Edzard Blanke, einer der Notabeln der Union und stellvertretender Fraktionschef. Den Wahlkreis Celle-Land hält ein Mann, von dem die Rede sein muß, wenn es um Celle und die Landespolitik geht – Wilfried Hasselmann. Wie kein zweiter verkörpert der gebürtige Celler (Groß-)Bauernsohn die eingesessene niedersächsische CDU. Ohne Celle, Hochburg der Partei und Heimatarena des Parteichefs, geht auch für Ernst Albrecht nichts.

Die Celler wissen das zu nutzen. Im März 1981 behagte den Stadtoberen der vom Innenministerium ausgearbeitete Entwurf eines Landes-Raumordnungsprogrammes nicht, in dem die Gemeinden und Landkreise katalogisiert wurden. Die Celler fackelten nicht lange mit Bittbriefen und Stellungnahmen herum, Oberbürgermeister und Oberstadtdirektor machten sich kurzerhand auf den Weg nach Hannover und suchten Albrecht auf, der gerade mit den Vertretern des Volkes turnusgemäß zu Rate saß. Die Celler ließen ihren Landesherrn wissen, sie wollten bitteschön mindestens genausoviel sein wie Lüneburg, nämlich »Mittelzentrum mit oberzentralen Einrichtungen«. So geschah es, auch wenn heute nur die wenigsten Celler wissen, was genau das denn ist.

Mit der Katalogisierung des Celle'schen hatten sich schon andere Landespolitiker schwergetan. Den Wandel von der »Kreisfreien Stadt« zur »Großen selbständigen Stadt« hatten sie ja noch hingenommen. Nun hat Celle statt eines Bürgermeisters und eines Stadtdirektors zwei

Amtsträger mit dem »Ober-« davor, und das wahrt immerhin eine bedeutsame Kontinuität. Der Oberstadtdirektor nämlich muß die Befähigung zum Richteramt besitzen, und was wäre Celle ohne seine Volljuristen?

Als aber 1970 der Gesetzgeber eine »Katalogfestschreibung« über Wurstsorten vorlegte und dabei die »Celler Gekochte« (Mettwurst) nicht erwähnt hatte, da erlebte das an Demonstrationsgeschehen arme Städtchen fast einen Auflauf. Dem Aufruf der Celler Fleischerinnung folgten eine 100 Meter lange »Gekochte« und viele Bürger. Nach der Manifestation vor dem Schloß hatte der Wurst-Gesetzgeber ein Einsehen.

Allein, die Eigenheiten der Zweier-Beziehung zwischen dem hannoverschen CDU-Kabinett und der CDU-Stadt liegen beileibe nicht nur in den Niederungen des Provinziellen. Als die Landesregierung Anfang 1981 ein Geniestück vor den Kommunalwahlen ausheckte und im Husarenritt durchsetzte, als also die Idee geboren wurde, kurz vor den Wahlen einen »Tag der Niedersachsen« zu veranstalten – welche Stadt wäre da als Austragungsort eher in Frage gekommen als Celle; welchen Minister hätte man mit der Durchführung des Spektakels in seiner Heimat eher betrauen können als Wilfried Hasselmann, dessen Ressort die Kulturpolitik sonst nicht eben ist?

Gar so neu war die Idee eines Niedersachsen-Festes nun nicht. Seit 62 Jahren begeht der Niedersächsische Heimatbund alljährlich den »Niedersachsen-Tag«, der in diesem Jahr »vorsichtig ausgeweitet« werden sollte in Richtung auf stärkere Bürgerbeteiligung. Die Heimatbündler hatten darob bereits Gespräche aufgenommen mit dem zuständigen Ministerium für Wissenschaft und Kunst, der Termin war für den 10. Oktober festgelegt – zwei Wochen nach der Kommunalwahl und damit zu spät für die CDU.

»Wir waren völlig überrascht«, sagt Heimatbund-Geschäftsführer Hartung, »daß Hasselmann plötzlich die Veranstaltung machen sollte.« Verschnupft war man auch über die Namensgebung »Tag der Niedersachsen«, die die Landesregierung ersonnen hatte – Ähnlichkeiten mit bestehenden Heimatfesten selbstverständlich unbeabsichtigt und rein zufällig.

Zur Kritik Anregendes gab es darüber hinaus. Der kulturpolitische Sprecher der SPD, Rainer Silkenbeumer, sah unter den Mitgliedern des Fest-Kuratoriums »die breite, nicht gebundene Bürgerschicht, das

Handwerk und die Arbeitswelt überhaupt nicht vertreten.« Ob es darauf ankam, ist eine andere Frage – »das Zusammengehörigkeitsgefühl aller Niedersachsen« wollte Ernst Albrecht fördern und »insbesondere die leiseren Töne des vielfältigen geistig-kulturellen Erbes zum Klingen bringen«.

So boten sie denn leise und andächtig dar, am 22. und 23. August in Celle: die Schützen-, Sport- und Trachtenverbände, die Heimatchöre und plattdeutschen Theater. Die Polizei, die gekommen war, »Bürgernähe« zu suchen und zu einer »Waffenschau« und zu einem »Radarwettlauf« einlud, an dem auch Hasselmann mit Begeisterung teilnahm. Die Zeitungsverleger – in Hommage an ihren ehemaligen Celler Präsidenten Georg Pfingsten, der durch in seiner Zeitung erscheinende rechtsradikale Kolumnen ins Zwielicht geraten ist. Auch der Landesjugendring durfte werben für sein Motto »Jugend für den Frieden« – auf den Celler Straßen hatte man die Jugendlichen noch als »Kommunisten« tituliert, als sie vor dem Fest Flugschriften für den Frieden verteilt hatten. »Nicht nur die materiellen, sondern auch die menschlichen Bedürfnisse« sollten nach dem Willen der Landesregierung in Celle befriedigt werden. Das Bier floß an 16 Theken.

60 000 Besucher seien nach Celle gekommen, meldeten anderntags offizielle Zähler, »auch aus dem In- und Ausland«. Es waren weniger als die Hälfte, schätzten Cellenser, die sich wohl größtenteils kannten; die freigeschaffenen Parkraumplätze vor den Toren der Stadt blieben leer. Der Empfang war auch ungewöhnlich für Celler Verhältnisse: man wurde naß. Am ersten Tag durch Regen, am zweiten Tag durch eine beherzte Bürgerin, die die Besonderheit ihrer Wohnlage im 2. Stock einer an diesem Sonntag sehr belebten Celler Straße ausnutzte und töpfeweise Wasser auf die vorbeidefilierenden Passanten schüttete.

Das Festival wurde ein Erfolg. »Kultur als Feigenblatt für ein zünftiges Remmidemmi mit Bratwurst und niedersächsischem Korn«, bemerkten scharfzüngige Kritiker. »Brot und Spiele sichern den nächsten Wahlerfolg«, stand auf den Transparenten der AKW-Gegner, die zu diesem Tag auch ihren Beitrag hatten leisten wollen. Am Ende fand es auch der SPD-Landesvorsitzende Karl Ravens »gut, daß aus dem Tag der Niedersachsen kein Fest der Landesregierung geworden ist«. Aber das mag auch daran liegen, daß er in Celle »dirigieren« durfte, nur probeweise, wie die Cellesche Zeitung genüßlich anmerkte, und auch nicht das Orchester Ernst Albrecht, sondern nur die Kapelle von Ernst Müller.

Die Celler jedenfalls hatten sich des Festes würdig erwiesen und Flagge gezeigt. Niemand brauchte sie wegen mangelnder Fahnentreue ermahnen, wie noch im Frühsommer anläßlich des Celler Schützenfestes (»Schade! Vielleicht klappt's beim nächsten Mal.« schrieb damals die Cellesche Zeitung). Diesmal flatterte das Tuch nur so im Winde. Nicht nur das Niedersachsenpferdchen, nein, »im Hinblick auf die große Zahl deutscher Menschen aus den Ostgebieten, die nach Celle und Niedersachsen gekommen« seien, habe man, so Oberbürgermeister Hörstmann, auch die Flaggen der »Vertreibungsgebiete und der mitteldeutschen Länder« gehißt.

Celle blieb der »Tag der Niedersachsen « über den Tag hinaus. Eine Farbbroschüre hatte die Landesregierung zu diesem Anlaß erstellen lassen und gegen eine »Schutzgebühr« von 1 Mark verkauft. Der Erlös von der 20 000er Auflage wurde »ungekürzt« dem Behinderten-Sportverband überwiesen: 6 835 DM. Die restlichen Broschüren wanderten in Celler Schulen aller Klassen, an die Bundeswehr in Celle (»Damit die Rekruten aus anderen Bundesländern mal mitbekommen, in was für einem Land sie hier stationiert sind.«) und an die Landesfeuerwehrschule Celle.

Lehrreich an dem Heftchen, so erläuterte man im Ministerium Hasselmann, seien nicht so sehr die Selbstdarstellungen der beteiligten Gruppen oder die Farbanzeigen niedersächsischer Industriebetriebe, sondern vor allem der Aufsatz des Göttinger Historikers Schnath über die Geschichte Niedersachsens. Und wer wollte mokieren, daß dieser Aufsatz dieselbe Eigentümlichkeit aufweist wie die Abhandlung über die Geschichte der Stadt Celle im gleichen Heft: die Geschichte macht mitten im 20. Jahrhundert einen merkwürdigen Knacks. Als hätte die Autoren beim Schreiben eine heimtückische Amnesie befallen, fehlen exakt die Jahre 1933–45. Halt, nicht ganz: »Zum Glück verschonte der Zweite Weltkrieg die Altstadt.« Die Celler Schulkinder werden's danken.

Kulturpolitik in Niedersachsen. »Das ist der Bereich, in dem sich die Übernahme der Regierung durch die CDU am spürbarsten gezeigt hat« hatte die Dame in der Celler CDU-Geschäftsstelle gesagt. Und was mag Ministerpräsident Albrecht wohl gemeint haben, als er zum Abschluß des Tags der Niedersachsen sagte: »Nicht jede Stadt kann so viel Schönheit aufweisen wie Celle, aber Celle nacheifern können alle Städte.« Ob er die vier Wochen später stattfindenden Kommunalwahlen gemeint hat, die zu einem erdrutschartigen Sieg der CDU führten? Oder die Gastfreundschaft, mit der man hier Flagge gezeigt hatte für Niedersachsen, für die Landesregierung und für die »Ostgebiete«? Oder hat er auf die Stadt Aurich angespielt, eine der letzten noch sozialdemokratisch regierten Städte Niedersachsens, die 1982 den »Tag der Niedersachsen« ausrichten soll?

Kulturpolitik im weitesten Sinne ist wohl auch das, was in der niedersächsischen Landeshauptstadt bösartig das »Schloßfieber« der Regierung Albrecht genannt wird. Schon 1978, zu Zeiten des legendären Staatssekretärs Axel Freiherr von Camphausen, sehnte sich das Landes-Gouvernement nach einem richtigen Schloß. Wo sonst sollte man die zahlreichen Staatsgäste aus dem In- und Ausland denn beherbergen und beköstigen, wo sich selbst bei den erhabensten Stunden der Landesgeschichte anmutig in die Augen schauen und einen Toast auf die Zukunft anbringen – wenn nicht in einem Schloß? Andere Repräsentationsräume sind zu klein, zu kalt, zu häßlich oder zu weit weg.

Herrenhausen zu Hannover, dort, wo der Große Garten zur allgemeinen Erbauung tunlich ist, wo sommers das Theater im Freien dem Volk und den Gebildeten Kurzweil, zuweilen gar Genuß bietet, wo die Große Fontäne in die Höhe schießt und das Große Feuerwerk gezündet wird, das dann weithin sichtbar über den Himmel der ganzen Stadt sich wölbt, auf daß ein jedermann sich auch Händels Feuerwerksmusik auf dem häuslichen Plattenspieler abspielen und dennoch die Augen schweifen lassen könne.

Hier hatte einmal – bis 1943 – ein Schloß gestanden. Kühn brachte die Landesregierung nun den Vorschlag auf, eben dieses Schloß komplett neu zu errichten. Man bemühte Gutachten und erdachte allerlei umstrittene Gedankengebäude aus der Theorie der Denkmalpflege. Als die Stadt Hannover sich hartnäckig gegen die Neubau-Pläne stellte, bekam die neue Version der Landesregierung geradezu populistische Züge: Ein »Schloß für den Bürger« wollte man nun, mit einem öffentlichen Café und Nutzungsrechten für Stadt, Kirchen und Verbände. Überdies sei von Vorteil, ein Schloß zu haben, wenn man Arbeitsplätze ansiedeln wolle – der »Ausstrahlung« der Hauptstadt wegen.

Es half nichts, der Stadt Hannover erschienen die Schloß-Pläne gar zu hochfliegend, zumal in einer Zeit, in der die Öffentliche Hand die benötigten 30 bis 40 Millionen DM nicht eben beim Wochenendeinkauf auf den Kopf haut. Vielleicht fürchtete man auch, daß sofort irgendwelche Gruppen, Projekte und Halb-Institutionen daherkommen und verlangen würden, aus dem Schloß ein Jugendzentrum oder ein linksgestricktes Freizeitheim zu machen. In der Stadt Hannover wäre jedenfalls ein Objekt entstanden, das einer Zielscheibe gleich staatsbürgerliches Erstaunen bis protestierende Entrüstung anziehen würde.

Anders in Celle. Celle hat die nötige Ruhe, Loyalität und Ehrfurcht im Umgang mit staatsmännischer Repräsentation. Und Celle hat ein Schloß.

Flugs sagte die Landesregierung die Restauration des Celler Schlosses zu. Es wurde damit begaonnen, das Schloß von seinem abstoßenden Vorkriegsocker zu befreien, und im »Original«-rot braun-weißen Anstrich wieder erstrahlen zu lassen. Die Celler Reiseprospekte und Werbeplakate zeigten schon die neue Farbe, als die Malerarbeiten abgebrochen wurden. Das Oberlandesgericht als Hauptpächter braucht die Räume, solange der Entlastungsneubau nicht fertiggestellt ist. Zur Zeit ruhen die Renovierungsarbeiten am Schloß angeblich – inzwischen seit zwei Jahren –, weil die Innenarbeiten zunächst beendet werden müßten.

Aber immerhin können auch ins gemischtfarbige Celler Schloß die Herrschaften von Rang und Namen empfangen werden. Zu wichtigem Anlaß zieht es die Regierung nach Celle, dann wird in »ausgeliehenem musealen Glanz« (SPD-Kulturexperte Silkenbeumer) so recht getafelt und in Weltpolitik gemacht. So dachte auch der Minister der Justiz, Professor Hans-Dieter Schwind. Justizpolitik in Niedersachsen kann schlechterdings nur in Celle richtig gemacht werden; Schwind lud seine Amtskollegen aus den anderen Bundesländern folgerichtig an die Aller. Er hatte sich einiges vorgenommen für die viertägige Konferenz in der »Perle Norddeutschlands«. Mehrere Arbeitsessen waren geplant, die Minister sollten mit ihren Gattinnen das Theater und dann getrennt, die Herren die »Hengstparade«, die Damen das »Bieneninstitut« geboten bekommen. 69 000 DM veranschlagte der Minister, und hatte seine Rechnung ohne die Niedersachsen-CDU gemacht. Seine Kabinettskollegen strichen ihm das Programm auf 40 000 DM zusammen, Schwind erklärte daraufhin, er stehe für eine weitere Legislaturperiode nicht zur Verfügung. Man muß dazu sagen, daß für seine bisherige Amtsführung das Prädikat »glücklos« vermutlich geschmeichelt wäre. Doch hinter der Ohrfeige an den aus Bochum »zugereisten« Schwind steckte auch der Wunsch der eingesessenen CDUler nach Genugtuung für die Vielzahl der Minister, die Albrecht sich, ohne die Partei zu fragen, von außen herangeholt hatte. Schließlich hatte die niedersächsischen Partei sich unter Hasselmann lange genug um die Macht gerackert. Ob nach dem Coup gegen Schwind nicht auch mancher Celler geschmunzelt hat?

Klammheimlich selbstverständlich, denn die Celler verstehen sich auf den Umgang mit der Öffentlichkeit im Lande. Vor einer kritischen Öffentlichkeit sind sie sicher, solange sie selbst das Bild ihrer Stadt zeichnen. Manfred Endler, der Pressesprecher des Professor Schwind, war vordem stellvertretender CDU-Landrat im Kreis Celle. Etwas bizarrer die Karriere von Lothar H. Blum, der vom Pressesprecher der Stadt Celle in die Pressestelle der Bezirksregierung wechselte. Anfang 1981 diente er dem Regionalprogramm des NDR die ersten kulturpolitischen Beiträge über Celle an und wirkte dann ein dreiviertel Jahr lang als freier NDR-Mitarbeiter: »Aus Celle berichtet unser Kollege Lothar H. Blum«. Dann erst wurde der Doppelverdienst des fleißigen Pressesprechers ruchbar. Keiner will es vorher gewußt haben.

Wie das in den Medien aussieht, mag ein Beispiel aus dem November 1981 veranschaulichen: Da war in der Hannoverschen Allgemeinen ein Bericht zu lesen, gezeichnet von »uw.« aus Celle, über den Verkauf der ehemaligen Hengstprüfungsanstalt an die Stadt Celle. Für 1,24 Millionen Mark bekam die Stadt das 5,9 ha große Areal mit acht Gebäuden darauf. uw. schreibt: »Der gutachtliche ermittelte Wert der Anlage beträgt 1,8 Millionen DM. Die Gebäude sind jedoch baufällig und kaum noch nutzbar, so daß ein Verkehrswert für sie letztlich nicht besteht.« Erst wenn man weiß, daß »uw.« seinen Artikel zum großen Teil – und gerade in der zitierten Schlußfolgerung – wortwörtlich ohne Quellenangabe aus dem Antrag des Finanzministeriums an den Landtag abgeschrieben hat; erst dann wird mancher sich vielleicht fragen, wieso die Stadt Celle die Gebäude der Hengstprüfungsanstalt vom Land für runde 100 000 DM bekommt – 1,1 Million ist der Schätzwert für das Grundstück. Auf 700 000 DM hatte der Gutachter die Gebäude taxiert, die damals auch schon baufällig gewesen sein werden und heute zum großen Teil - eine große Reithalle, drei Stallgebäude und zwei Wohnhäuser - vom »Reit- und Fahrverein Westercelle-Altencelle« genutzt werden.

Man war sich entgegengekommen. Eine der ausgehandelten Bedingungen zwischen Stadt und Land: »Das Gelände wird auch künftig für den Reitsport genutzt.« Daran besteht im Lande Niedersachsen zweifellos Bedarf. »Konservative Herrenpolitik, nach Rittmeisterart« nannte Willy Brandt auf dem letzten hannoverschen SPD-Bezirksparteitag die Politik der Regierung Albrecht, wohl auch angesichts der de facto nicht bestehenden Wahlchancen seiner eigenen Partei.

Wilfried Hasselmann ließ sich nicht lumpen und lud Brandt nach Niedersachsen »zum Reiten« ein. Sehen wir die beiden bald in Celle...?

6. Kapitel

Meinungsbildung

Ulrike Millhahn

Verlorene Pressefreiheit

Als 1972 die »Hannoversche Presse« als letzte Konkurrenzzeitung ihr Erscheinen am Orte eingestellt hatte, war die »Cellesche Zeitung« (CZ) wieder einzig im Revier. »Es zeigt sich eben auch immer wieder«, mochte Georg Pfingsten seine Freude nicht verhehlen, »daß der Platz Celle-Stadt und -Land für mehrere Zeitungen keine Existenz bietet.« Damit verkannte der »CZ«-Verleger, Chefredakteur und spätere Vorsitzende der Nordwestdeutschen Zeitungsverleger jedoch Ursache und Wirkung. Die Monopolsituation ist weder der Verdienst des Heimatblattes, das heute mit 17 396 Exemplaren die Stadt und mit 16 425 den Landkreis beherrscht, noch das Ergebnis der Leserwahl: Kungeleien und Marktabsprachen, zunehmende Pressekonzentration und der seit Mitte der 50er Jahre andauernde Niedergang der SPD-Zeitungen begleiteten den Verlust der Pressefreiheit in Celle.

Die »CZ« hat es in ihrer bewegten Geschichte nicht nur immer verstanden, durch opportunes Taktieren so unterschiedliche Staatsformen wie Kaiserreich, Weimarer Republik, Nazi-Diktatur und bundesdeutsche Demokratie zu überstehen, sondern auch im Besitz der Familie Pfingsten zu bleiben. Deren Celle-Ära begann mit dem 23. Juni 1868. Damals übernahm Georg Heinrich Pfingsten die 1817 von Ignaz Schweiger und Konrad Pieck gegründeten »Celleschen Anzeigen«, baute dem Anzeigenblatt einen redaktionellen Teil an und nannte es fortan »Cellesche Zeitung«. Pfingsten hatten sich eingeheiratet, seine Frau war die Enkelin Ignaz Schweigers.

Bis zu den 20er Jahren blieb die »CZ« in Celle ohne bedeutsame Konkurrenz. Nur der inzwischen gegründete »Cellesche Kurier«, ein ebenfalls bürgerliches Blatt, wuchs langsam zu einer Gefahr heran. Doch Harry Trüller, Fabrikant und Senator, wußte mit seinen Beziehungen zu spielen und verhalf dem jungen Ernst Pfingsten, Enkel von Georg-Heinrich, den Kurier zu »schlucken« und zugleich für die »CZ« den Status einer Kreiszeitung zu erwerben.

Erst ab Juni 1933 erschien dann wieder eine zweite Tageszeitung: der »Celler Beobachter«, eine Nebenausgabe der »Niedersächsischen Tageszeitung«, dem nationalsozialistischen Hetz-Blatt aus Hannover. Zwar notierte die »CZ« damals: »Die Cellesche Zeitung ist die nationale Tageszeitung und das Familienblatt der engeren Heimat«, aber der »Celler Beobachter« konnte seine Auflage zum November 1938 auf 6 400 Exemplare (»CZ« 9 900) erhöhen.

Im April 1943 schlossen sich die beiden Zeitungen, die sich ideologisch nicht sonderlich unterschieden, zusammen. Dieses Ereignis beschrieb Ernst Pfingsten 1967 rückblickend so: »Daß wir schließlich eine 'Ehe' mit dem 'Beobachter' eingehen mußten, war nicht zu verhindern.« Am 3./4. 4. 1943 war in der »Celleschen Zeitung« allerdings anderes zu lesen: »Wir wollen stolz auf das Vertrauen sein, das uns die Staatsführung und die Partei schenkte. Wir werden die 127jährige Tradition der Heimatzeitung mit der jungen, aber starken Parteizeitung, um so leichter vereinigen, da jedes Blatt im neuen Deutschland längst seine Bewährungsprobe bestanden hat.«

Die »CZ« wurde gedruckt bis zum Verbot durch die britische Militärregierung im April 1945. Da nach Ansicht der Alliierten die alten Heimatblätter für den Faschismus eingetreten waren, wollten sie ihr Wiedererscheinen auch über die Besatzungszeit hinaus verhindern. So war für die Führung und Leitung eines Presseunternehmens eine Lizenz erforderlich, die an den Träger folgende Bedingung stellte: Politisch unbelastet sowie fachlich und als »Treuhänder« und Interpret der Politik der Besatzungmächte geeignet. Die erste britische Lizenz für Niedersachsen erhielt die »Braunschweiger Zeitung«, ein der SPD nahestehendes Organ, das seit dem 8. 1. 1946 erschien.

Das Vermögen der Altverleger wurde zunächst unter Kontrolle der Militärregierung gestellt. Sie setzte zur Verwaltung Treuhänder ein – ehemalige Angestellte der Betriebe, oft ebenso mit der NS-Bürokratie verflochten wie die eigentlichen Besitzer. Die Eigentumsverhältnisse blieben unangetastet, die Altverleger brauchten nicht zu darben: in ihren Druckerein montierte man im Lohndruckverfahren die neu lizenzierten Zeitungen.

Auch die später folgende Währungsreform diente vor allem dazu, bestehende ökonomische Verhältnisse zu manifestieren. Zwar erhielt jeder vierzig Deutsche Mark, doch einige besaßen vierzig Mark und eine zerbombte Wohnung, andere vierzig Mark und einen Zeitungsverlag.

Mit dem Gesetz Nr. 5 vom 21. September 1949 wurde auch für die Altverleger der Markt wieder eröffnet. Diese Generallizenz löste 1949/50 einen harten Konkurrenzkampf zwischen Lizenzpresse und Heimatblättern aus, den die ersteren oft nur unter großen finanziellen Opfern überlebten. Die Leser-Blatt-Bindung an das »Vertraute, Bewährte« ging irrationale Wege.

Bei der »Celleschen Zeitung« verlief die Entwicklung ähnlich: auch ihr Vermögen wurde 1945 sichergestellt. Als Treuhänder setzten die Briten Ernst Pfingstens Prokuristen Sommerfeldt ein. Pfingsten selbst wurde für neun Monate interniert. Doch erlitt er keine Einbußen, die Druckerei wurde schnell wieder freigegeben und Aufträge, wie die »Bekanntmachungen im Auftrage der Militärregierung« gab es reichlich. Als die »CZ«, die »von der Bevölkerung lang erwartete bodenstämmige Zeitung, die allein in der Lage ist, unmittelbar zu den Lesern zu sprechen« (CZ), dann am 24. September 1949 wieder erscheinen durfte, hatte sich auf dem lokalen Zeitungsmarkt jedoch einiges verändert.

Als erste Zeitung nach dem Krieg in Hannover erhielten im Juli 1946 die »Hannoverschen Neuesten Nachrichten« (HNN), mit einer 3/4 Seite Lokalem aus Celle, eine Lizenz. Sie schloß sich im August 1949 mit der »Deutschen Volkszeitung« (DVZ) aus Celle zur »Hannoverschen Allgemeinen Zeitung« (HAZ) zusammen.

Die »Deutsche Volkszeitung« erschien seit März 1947. Einer der Lizenträger war Wilhelm Reinecke, bis 1945 Vertriebs- und Werbeleiter bei der »CZ«. Zwischen der »DVZ« und dem Verlag der »CZ« wurde noch im gleichen Jahr ein zehnjähriger Lohndruckvertrag abgeschlossen. Doch konnte er nach dem Zusammenschluß von »DVZ« und »HNN« nicht eingehalten werden: die »Hannoversche Allgemeine Zeitung« wurde in Hannover gedruckt.

Die Celler erhielten die »HAZ« erstmals im August 1949 unter dem Titel »Hannoversche Allgemeine Zeitung – Celler Anzeiger«. Mit nur zwei Lokalredakteuren war sie jedoch von Anfang an unterbesetzt. Einen Tag vor Wiedererscheinen der »CZ« änderte sie ihren Titel noch schnell in »Cellesche Allgemeine Zeitung«. Zwischen beiden Blättern begann dann sogleich im September 1949 ein Zeitungskrieg. Die »CZ« schrieb damals: »Wir waren zuerst als Cellesche Zeitung da.« und

»Was da in Celle unter der Bevölkerung (...) verteilt wird, ist nichts weiter als ein in Hannover hergestelltes Druckerzeugnis mit einem Kopf, der nicht auf den Körper paßt.« Die »Cellesche Allgemeine« meinte dagegen: »Wir sind schon lange da und bleiben.«

Die Auseinandersetzungen eskalierten schließlich, beide Zeitungen stritten mit Propagandaplakaten und Lautsprecherwagen. Aber noch im Laufe des Jahres einigten sie sich doch. Am 30. 11. 1950 gab die »HAZ« ihre Celler Ausgabe nach einer Vereinbarung mit der »CZ« schließlich ganz auf. Den ehemaligen Lesern wird nicht nur das Abonnement der »CZ« empfohlen, sie bekommen sie sogar automatisch geliefert. Aus dieser Zeit stammt auch eine Abmachung, nach der die »HAZ« im Verbreitungsgebiet der »CZ« keine Vertriebswerbung betreiben darf.

Die einzig ernsthafte Konkurrenz für die »Cellesche Zeitung« blieb die seit dem 19. Juli 1946 erschienene »Hannoversche Presse« (HP), die mit Kopfblättern und zahlreichen Bezirksausgaben weit nach Niedersachsen hineingegriffen hatte. Sie war eine der ganz wenigen bis 1949 lizenzierten Zeitungen, die über eine eigene Druckerei verfügten. Das Verbreitungsgebiet reichte von Cuxhaven bis Hannoversch-Münden. Im Januar 1949 erreichte die »HP« ihre höchste Auflage mit 350 000 Exemplaren. Die Bezirksausgabe »Celle Stadt und Land« hatte 17 000 Leser.

Doch die »HP«, die von Sozialdemokraten gegründet worden war, machte den typischen Lebensweg einer SPD-eigenen Zeitung durch. Der Startvorteil gegenüber der bürgerlichen Konkurrenz schmolz bald rapide dahin. Das Management war unfähig und wurde von einem sachunkundigen Buchhändler geführt. Bei der Einstellung von Journalisten war das Parteibuch wichtiger als die berufliche Qualifikation. Kleinkarierte SPD-Funktionäre drängten auf Einhaltung der Parteilinie, ihre Befehlsempfänger in der Redaktion führten sie aus: entsprechend war auch der Inhalt. 1971 war die Auflage auf 120 000 zurückgegangen.

Als die SPD endlich erkannte, daß nur ein frischer Wind das Blatt wenden konnte, bestellte sie den auch im SPD-Parteibuch eingeschriebenen Dr. Peter Krohn, der erst bei Springers »Welt«, dann beim Otto-Versand managte und nach dem Zwischenspiel bei der »HP« endgültig ins Showgeschäft einstieg, zum neuen Verlagschef.

Krohn, der sich wenig später eigenmächtig auch zum Chefredakteur erklärte, praktizierte nun das, was bei Axel Springer »Marketing« genannt wird. »Die Schleierauflage am Rand kann wegbrechen«, sagte er, überließ das Feld der zahlreichen Bezirksausgaben kampflos den bürgerlichen Heimatblättern und verhökerte, wie Kritiker ihm vorwarfen, die Abonnenten »wie eine Herde Schafe«.

Am 1. 6. 1972 wurde die Bezirksausgabe Celle eingestellt. Sie hatte zu diesem Zeitpunkt eine Auflage von 4 420 Exemplaren. Mit der »CZ« wurde wiederum vereinbart, die Abonnenten zu übernehmen. Knapp die Hälfte wechselte auch über. Die »CZ« gewann 2 100 neue Leser.

Ulrike Millhahn

Blutgetränkt und heimattreu

164 Jahre Cellesche Zeitung

»Von der Parteien Gunst und Haß verwirrt, schwankt sein Charakterbild in der Geschichte!« Dieses Schiller-Wort ist, so erfährt der Leser der »Celleschen Zeitung« (CZ) am 20. 6. 1953, »im hohen Maße auf Adolf Hitler anzuwenden«. Acht Jahre später, am 19. 6. 1961, trifft dieses Zitat »wie für keinen zweiten« auf Willy Brandt zu. Im März 1964 heißt es: »Wenn je das Dichterwort 'Von der Parteien Gunst und Haß ...' zutrifft, dann hier, bei Charles de Gaulle.« Reichlich wirr ist der Salat, den die »CZ« im Laufe ihrer 164jährigen Geschichte dem Leser immer wieder servierte.

Kontinuität bewies das Heimatblatt nur stets, wenn es um die Wahrung völkisch-nationalen Gedankengutes ging; bei der Machtergreifung Hitlers war sie voll dabei. Doch gehen wir ein wenig zurück:

Bis zum Jahre 1918 gab sich die »CZ« streng monarchistisch. Die Gesundheit des Kaisers stand oft im Mittelpunkt der Berichterstattung. Des Lesers bange Frage, wie es ihm wohl gehen möge, beantwortete sie immer zur vollsten Zufriedenheit: »Der Kaiser erfreut sich fortgesetzt erwünschten Wohlseins ...« ist ein häufig zitierter Satz.

Natürlich sind seine Entscheidungen unfehlbar. 1887 heißt es anläßlich der Auflösung des Reichstages: »... in diesem Punkt legt der schlichte Verstand des Wählers sicherlich höheren Wert auf das Urteil Kaiser Wilhelms als auf die Meinungen herrschsüchtiger Parlamentspolitiker.« Und am 4. 8. 1914 muß das Volk vertrauen, »daß die maßgebenden Stellen (...) völlig zu übersehen in der Lage sind, ob eine teilweise oder allgemeine Mobilmachung im Interesse der Sicherheit des Deutschen Reiches angeordnet werden muß oder nicht.« Und so half die »CZ« kräftig mit, die vaterländischen Gesellen auf die Schlachtfelder zu jagen.

Als am 9. 11. 1918 die Deutsche Republik von Philipp Scheidemann ausgerufen wird, mag sich die »CZ« nicht sogleich wieder zu erkennen geben: »Es galt den Sieg der jungen Republik zu feiern. (...) Mit einem dreifachen Hoch auf die soziale Republik und das deutsche Volk, das einen brausenden Widerhall fand, schloß die eindrucksvolle Feier. (...) Auch vom Rathaus, vom Schloß und den Kasernen wehten rote Flaggen.«

Bald aber schlägt sich das Blatt wieder auf die Seite der Deutsch-Nationalen und aller, die rechts davon einzuordnen sind. Deshalb vollzieht sich der Übergang zum Faschismus von Januar bis März 1933 auch bruchlos. Bereits im Wahlkampf löst, so die »CZ«, »ein jubelnder Empfang für den Führer« den nächsten ab. Selbst der Aufruf zum tota-

Treu bis zum Tode
Überschriften in der Celleschen Zeitung

8.1.45	Des Führers Gebot treu bis zum Tod
21.1.45	Volkssturmkraft wächst täglich
16.1.45	Unsterblicher Reitergeist bewährt sich in Ungarn
17.1.45	Unsere Luftwaffe im Angriff
18.1.45	Wir wanken, weichen nimmermehr!
21.1.45	Vokssturmkraft wächst täglich
25.1.45	Deutschland wird durchhalten
9.2.45	Schwungvolle Gegenstöße an der Ostfront
13.2.45	Wir kämpfen bis zum Letzten
17.2.45	Abwehrerfolge an allen Fronten
20.2.45	Wofür wir kämpfen
26.2.45	Du sollst an Deutschlands Zukunft glauben
1.3.45	Was wir verloren, holen wir zurück Neue Chancen des Sieges Es gibt nur Sieg oder Tod
2.3.45	Würdig der großen Zeit – Hitlerjungen im Kampfeinsatz
3.3.45	Die Westfront unerschüttert im Feuersturm Taper sein ist alles!
6.3.45	Wir glauben an unsere eigene Kraft
12.3.45	Wir werden uns an die deutsche Erde krallen Pflichterfüllung bis zum Äußersten
13.3.45	Deutschland Keimzelle des neuen Europa
7.4.45	Allen Gewalten zum Trotz – Von der moralischen Kraft zum Siege

len Krieg im Jahre 1943 ist für Verleger Ernst Pfingsten, wie er am 2. 7. 1943 mitteilt, »die großartigste Bewegung eines Volkes, die zum Leben erwachte.«

Zwar sah die »CZ« ihren Hauptfeind immer aus der politisch linken Ecke kommen (insbesondere die Sowjetunion, später dann auch die DDR und die Studentenbewegung in den sechziger Jahren), doch, wenn die Zeiten es erforderten, war sie jederzeit in der Lage, ihr Feindbild zu erweitern: wenige Tage nach Ausbruch des 1. Weltkrieges spottet sie unter der Rubrik »Kriegshumor«: »Jeder Schuß, ein Russ'«; »Serbien, Du mußt verderbien«; »John Bull, wir hauen Dir den Buckel vull!«

Zwei Monate nach Ende des Krieges, im Dezember 1918, ist von den »Feinden, namentlich Franzosen und Belgiern« die Rede. Und besorgt fragt sich Verleger Ernst Pfingsten dann im 2. Weltkrieg am 2. 7. 1943 »was aus dem Schicksal Europas würde, wenn Churchill, der sich als ein würdiger Jünger Stalins erweise«, wenn also »diese beiden Menschheitsbeglücker zusammen mit Roosevelt unseren Erdteil beherrschten?« Als dann jedoch die »Frauenschänder und Massenmörder«, die »bolschewistischen Bluthenker« zusammen mit den amerikanischen »Gangstern und Diebesbanden« dem 2. Weltkrieg ein Ende setzten, stellt sich die »CZ« schnell um. Nun zeigt allein das Feindbild Kommunismus den Weg.

Bereits als erster Aufmacher beim Wiedererscheinen am 24. .9. 1949 prangt: »Rußland stellt Atomwaffen her.« 32 Jahre später, im Oktober 1981, erscheint am Tage nach der Friedensdemonstration in Bonn neben dem Bericht auf Seite 1 natürlich das Foto des umstrittenen Flugzeug-Spruchbandes »Wer demonstriert in Moskau?«

Neben diesem – mit vielen Beispielen zu belegenden – Antikommunismus trat und tritt die »CZ« konsequent dafür ein, Wertvorstellungen von Law and Order (Recht und Ordnung) zu erhalten und wieder einzuführen. Auch Elemente faschistischer Sprache aus der Blut- und Boden-Ideologie des 3. Reiches tauchen immer wieder auf.

Nach der Frankreich-Reise eines der Redakteure heißt es 1964: »Die Fahrbahn nach Paris ist ein Weg durch die deutsche Vergangenheit. Es ist eine Straße der Leiden und des Kampfes, blutdurchtränkt und von den Geister der Geschichte umschwebt.« Das Wort »Blut« spielt in diesem Artikel eine wesentliche Rolle. Es ist des weiteren vom »Blutdurchtränkten Boden« die Rede, von einer »der blutigsten Reiterschlachten aller Zeiten«, von Namen, »mit Blut und Tränen geschrieben.

Das Frauenbild der Zeitung läßt Rückschlüsse auf das der deutschen Frau im Faschismus zu. So ist »Der deutschen Mutter« zum Muttertag 1952 folgender Artikel gewidmet:

»Es war jedoch überwiegend das Zerrbild der deutschen 'Veronika', jenes Frauentyps auf dem Ruinenhintergrund unserer ausgebombten Städte, für Camels und Schokolade käuflich und damit auch einen Zusammenbruch verkörpernd, der vielleicht noch furchtbarer war als jener der ehemals ganz Europa beherrschenden siegreichen deutschen Divisionen.« Dann kommt der »CZ«-Schreiber auf die deutsche Mutter: »Millionen Augen leuchten uns aus dieser stummen Armee entgegen. Mutteraugen aus oft verhärmten Gesichtern, in die der harte Griffel des Schicksals seine tiefen, unauslöschbaren Runen grub. Wir drücken dabei ihre nimmermüden Hände und spüren dabei den Herzschlag jener Frauen, die nur eines auf dieser Welt sein wollen: Mütter.« Was ist, wie eh und je, das Schicksal der deutschen Mutter? Es ist »Opfer zu bringen. Vielleicht liegt darin auch ihr tiefstes Glück, das Eigentliche ihres Wesens.«

Bei der Berichterstattung gleitet das Nationale leicht über den Rand der Demokratie hinaus. Stellvertretend ein Bericht zum Volkstrauertag 1952:

»Auch im Westen und auf deutschem Boden, in französischen Gefängnissen und den Zuchthäusern von Werl, Landsberg, Wittlich und Spandau harren deutsche Kriegsgefangene, von einer einseitigen 'Rechtssprechung' der Siegermächte zu 'Kriegsverbrechern' gestempelt, seit langen Jahren auf die Stunde der Befreiung. Untadelige, tapfere Soldaten, die nur ihre Pflicht erfüllten, vom Großadmiral und Generalfeldmarschall bis zum einfachen Grenadier...«

Die Renazifizierung gewinnt für die »CZ« im Laufe der Zeit immer größere Bedeutung. 1964 heißt es schon wieder wagemutig: »Im Übrigen wäre es an der Zeit, daß man sich in Bonn und Ostberlin endlich zugestehen würde, daß ein alter Nazi mit persönlicher Integrität auch das Recht hat, in der Öffentlichkeit tätig zu sein.« Man wolle ja schließlich nicht »in die peinlichen Praktiken der Entnazifizierung zurückfallen«.

Gleich nach Gründung der NPD, im November 1964, erscheinen örtliche Veranstaltungen der Partei im lokalen Veranstaltungskalender, dem »Celler Stadtspiegel«. Die »CZ« gibt den rechtsextremistischen Nationaldemoraten die Möglichkeit, über ihre Aktivitäten gar persönlich zu berichten: am 23.5.1978 erscheint ein Artikel mit der Überschrift »NPD in allen Wahlkreisen vertreten« unterzeichnet von »UG«. UG ist auch der Verfasser eines Berichtes, der kurz danach in dem NPD-Organ »Deutsche Stimme« (II/1978) abgedruckt wird und der dort schreibt: »Der KV (Kreisverband) Celle der JN (Junge Nationaldemokraten) appelliert an alle Verbände, ein gutes Verhältnis zur Lokalpresse herzustellen, wie es bei der Celleschen Zeitung bereits der Fall ist.«

Als Ende Oktober 1981 bei Uelzen neonazistische Waffendepots gefunden werden, die nach Aussage des festgenommenen Forstwirtschaftsmeisters Lembke »wohl mehr für eine Stunde Null als für Attentate gedacht waren«, tut sich die »CZ« schwer mit den sonst von ihr so gern zitierten »heimattreuen alten Heidjern«. Es wird nicht selbst recherchiert. Uelzen ist wohl zu weit entfernt, knapp fünfzig Kilometer.

Als Willy Brandt 1961 zum ersten Mal für das Amt des Bundeskanzlers kandidierte, war dies »für das deutsche Volk ein Armutszeichen ohnegleichen«, es konnte jeden Deutschen bei seiner Kandidatur »nur das kalte Grausen packen.« Derselbe Kommentar wird wortwörtlich vier Jahre später, wieder am Tag vor der Bundestagswahl, abgedruckt. Als Willy Brandt 1971 mit dem Friedensnobelpreis ausgezeichnet wird, ist dieses Ereignis der »CZ« nicht mehr als eine Meldung von 25 Zeilen wert. Auch durch die Gewichtung, Plazierung und Kommentierung kann man manipulieren!

Der Inhalt der lokalen Berichterstattung wird oft durch das Totschweigen unangenehmer Veranstaltungen bestimmt. Besonders zuwider sind den Redakteuren vor allem Leute, die denken können. »Hochnäsige Intellektuelle« etwa wollte das Heilsblatt schon mal aus »ihren Lehrstühlen« kippen, die Künstler der Gruppe 47 wurden 1962 aufgefordert, »ostwärts« auszuwandern, weil dort Landesverräter noch unter »einem Galgen« enden würden.

Als nun im Dezember 1977 ein so illustrer Kreis wie der P.E.N.-Club, eine internationale Vereinigung von Dichtern, Essayisten und Romanschriftstellern, in der »CZ«-Residenz Celle zu einer Tagung zusammenkam, wurde den Redakteuren Angst und Bange. Martin Gregor-Dellin, Generalsekretär des P.E.N.-Clubs und damals noch unwissend über das Gebaren der Provinzler, übersandte der »CZ« bereits vorher Material für eine Vorankündigung. Am Abend vor der Veranstaltung suchte er den »Kulturredakteur« sogar noch persönlich auf. Doch, so Gregor-Dellin: »Eine Berichterstattung fand nicht statt. Erst am letzten Tag unserer Konferenz erschien, unterbrochen von der Reklame eines Auspuffschnelldienstes, eine Zehn-Zeilen-Meldung mit der Überschrift: 'Ist der P.E.N.-Club weltfremd'«

Als sich die Denker bei Mitgliedern des Stadtrates beschwerten, hätten diese nur bedauernd mit den Achseln gezuckt.. Dies sei eben die »CZ«-Realität.

Hubert Seipel

Persönliche Ehre
Die Klagen des Leitartiklers

Die »führende Zeitung der Südheide« pflegt eine unerschrockene Meinung. Es seien nun eben, so ist schon mal in der »Celleschen Zeitung« zu lesen, nur die Menschen »der weißen Rassen«, zugegeben »neuerdings auch Japaner und Chinesen«, die da »für Wachstum gesorgt« hätten.

Und »lutherisch derb«, so belehrt der Leitartikler seine rund 34 000 Leser, dürfe »darauf hingewiesen werden«, daß »Afrikaner« eben »nur im Bett fleißig sind«. Da könne es nicht angehen, daß »wir Europäer« unseren Nachwuchs reduzierten, »auf daß noch mehr fröhliche Negerlein das Licht der Welt erblickten«.

Andererseits, selbst wenn die Deutschen nun verstärkt vollbrächten, was der Redakteur den Afrikanern bescheinigt, wäre es wohl vergebliche Liebesmühe. Denn, so der Kommentator von Celle: »Durch verminderte Fortpflanzung der virilen, aktiven, kreativen und kerngesunden Männer und durch vermehrte Fortpflanzung der weniger Gesunden, weniger Bewegungsfreudigen, weniger Wagenden sowie durch das völlige Ignorieren der Erbkrankheiten ist die biologische Substanz vor allem des deutschen Volkes merklich verdünnt worden.«

Mal propagiert das Heilsblatt aus der Heide einen neuen Arbeitsdienst und huldigt dem früheren Reichsarbeitsdienstleiter Konstantin Hierl, mal beschreibt es die Bundesrepublik als »Pseudodemokratie« und die westliche Kirche als geradezu »widerwärtig dekadent« – völkische Thesen dieses Zuschnitts sind in der Lokalzeitung an der Tagesordnung, allesamt verfaßt von Walther Zuzan, 64, promovierter Völkerkundler, österreichischer Staatsbürger, in Celle verantwortlich für »Politik, Wirtschaft und Weltspiegel«.

Politiker und Kirche protestieren regelmäßig gegen Zuzans Potpourri von braungewirkten Vorurteilen – bislang ohne Wirkung.

Erst als im Frühjahr 1980 der technische Angestellte Herbert Schröder in einem offenen Brief an die Lokalzeitung Spekulationen über eine eventuell braune Vergangenheit des Leitartiklers anstellte, reagierte Zuzan – mit einer Klage und erfolgreich.

Der 13. Zivilsenat des Oberlandesgerichts Celle verbot Schröder im März letzten Jahres, ab sofort weiter zu fragen, ob der Redakteur etwa »ein Freiwilliger der Legion Condor« gewesen, 1938 in Wien »mit Vorliebe in schwarzer SS-Uniform aufgetreten« oder nach dem Krieg wegen nazistischer Delikte »in Haft gewesen« sei.

Die Fragen seien »ehrenrührig«, fand das Gericht; sie erweckten den falschen Eindruck, Zuzan sei »nicht nur vor dem Krieg engagierter Nationalsozialist und Mitglied der SS gewesen, sondern habe diese Einstellung nach dem Kriege nicht geändert.«

Kaum hatte die Wochenzeitung »Die Zeit« einen Monat später Zuzans Kommentare als »gefährliches Geschwafel« und Nazi-Propaganda klassifiziert, kam der Leitartikler wiederum vor Gericht um Recht ein.

Dies sei, so die Anwälte des Ethnologen, auch wieder »eine kränkende und nicht nachweislich wahre Tatsachenbehauptung«, eine Beeinträchtigung der »beruflichen und persönlichen Ehre« – von dem Hamburger Wochenblatt allenfalls mit »40 000 Mark Schmerzensgeld« zu lindern.

Mit der persönlichen Ehre des Redakteurs Zuzan, die bis heute noch nicht wiederhergestellt ist, hat es auch so ihre Bewandtnis. Zuzans Ehre ist ohne Vorgeschichte gar nicht zu begreifen.

»Genannter hat anläßlich der Registrierung im Mai 1946 lediglich angegeben, Mitglied der Hitlerjugend von 1931 bis 1935 gewesen zu sein«, heißt es in einem Protokoll der Bundespolizeidirektion Salzburg vom 11. November 1948, das die Parteiaktivitäten des österreichischen Staatsbürgers in der NSDAP, noch vor dem Anschluß der Alpenrepublik an das Großdeutsche Reich, belegt.

Denn: »Auf Grund einer Anfrage im Bundesministerium des Innern, Abt. 2, konnte im Gauakte festgestellt werden, daß Dr. Zuzan seit 1. 5. 1938 Mitglied der NSDAP mit der Mitgliedsnummer 6 120 889 sowie seit 15. 10. 1936 Mitglied der allgemeinen SS mit der SS-Nr. 304 553 gewesen ist. Er wird als belastet eingestuft.«

Zuzan hat, wie er eidesstattlich vor dem Landgericht im vergangenen Jahr versicherte, »nie der Legion Condor angehört«, der deutschen

Hilfstruppe also, die für Franco kämpfte – vielmehr war es die spanische Fremdenlegion, bei der er diente. Das geht aus einer Veröffentlichung der »Österreichischen Zeitung« aus dem Jahre 1947 hervor, die sich damals mit Zuzans politischen Aktivitäten im rechten Spektrum Österreichs beschäftigte und einen von ihm verfaßten Lebenslauf veröffentlichte: »Als im Jahre 1936 in Spanien der Bürgerkrieg ausbrach, zog es mich mit aller Macht, an diesem Entscheidungskrieg teilzunehmen ... Ich überschritt illegal die spanische Grenze ... und wurde der spanischen Fremdenlegion zugeteilt. Ich diente hierauf in der 13. Bandera und 56. Kompanie vom 2. August bis 9. April 1938.

Als »Hauptschriftleiter« gab Zuzan nach dem Kriege 1947 in Klagenfurt die neonazistische Zeitschrift »Der Aufbruch« heraus, wenngleich nicht lange. Das »Kampfblatt aller Schaffenden der jungen Generation«, in dem »das Volk« nach »einer Führung verlangte«, wurde bereits nach zwei Nummern vom österreichischen Innenministerium verboten. Zuzan kam wegen seiner neonazistischen Kontakte erst mal in Untersuchungshaft – »alles alte Kamellen«, so der Redakteur, und außerdem »war ich völlig unschuldig«.

1956 avancierte der Völkerkundler in Wien zum stellvertretenden Obmann der »Österreichischen Sozialen Bewegung«, einem rechtsradikalen Sprengsel zur »Sammlung und Einigung aller bodenständigen Österreicher«. Später, als er in die Bundesrepublik übergesiedelt war, nominierte ihn der NPD-Kreisverband Hamburg-Altona 1968 als Beisitzer.

Beruflich mußte sich der Journalist Zuzan (»Ich bin kein Larifari-Schreiber«) zunächst mit einer Tätigkeit in der Presseabteilung von Opel und mit Artikeln für die »Welt am Sonntag« bescheiden. Entfalten konnte er sich erst seit 1977, als er bei der »Celleschen Zeitung« angestellt wurde. Und prompt setzte er Zeichen für den richtigen Weg.

Bei der »Kaderpartei« NPD etwa, der Zuzan gleich nach Amtsantritt bescheinigte, sie wolle »den Deutschen wieder nationales Selbstbewußtsein« beibringen, käme es »nicht auf die Anzahl der Beine sondern der Köpfe« an. »Historische Prozesse« brauchten eben »ihre Zeit«; auch Lenin habe »mit kaum 300 000 Gefolgleuten in einer günstigen politischen Konstellation« die Macht an sich gerissen. Also: »Eine Lawine fängt stets mit einer harmlosen Schneewächte an«.

Helmut Kramer

Im Banne des Vorurteils

Sozialdarwinismus in der Celleschen Zeitung

DIE AUSFÜLLUNG

Links ist Platz geblieben
auf den man schreiben kann
Rechts steht ... SIND UNSER UNGLÜCK!
Wie fing die Zeile an

DIE JUDEN ist kaum mehr zu lesen
Das ist ausradiert und verblaßt:
Schreibt CHINESEN schreibt NORD-VIETNAMESEN
schreibt hinein wen ihr haßt

Schreibt einfach DIE KOMMUNISTEN
Das geht dann weiter so:
DIE GAULLISTEN DIE NEUTRALISTEN
DIE VOM AFRO-ASIATISCHEN ZOO

DIE PAZIFISTEN DIE ROTEN
DIE RUSSEN DIE TSCHECHEN dann:
Alle die alten Toten
kommen noch einmal dran

Ich wollte ich müßt es nicht sagen
ich wollte es wäre nicht wahr:
Ihr habt kein neues Blatt aufgeschlagen
nur ein altes als Formular.

Erich Fried

Der Nationalsozialismus war kein bloßer Betriebsunfall der Geschichte. Er war vielmehr eingebettet in eine Fehlentwicklung geistiger Strömungen, die ihn erst ermöglicht und ihn großenteils überlebt haben. Eine der folgenreichsten dieser Theorien war der sogenannte Sozialdarwinismus und der aus ihm hervorgegangene Rassismus.

Die Lehre von der unterschiedlichen Rangordnung der Rassen gehörte schon Jahrzehnte vor Beginn der Naziherrschaft – etwa ab 1890 – zum ideologischen Gepäck großer Teile des Kleinbürger- und Bürgertums. Verfolgt man die Ursprünge noch weiter zurück, so stößt man auf die Namen Gobineau und Darwin.

Just in der Epoche, in der die Europäer sich anschickten, die Welt unter sich zu verteilen, kam ihnen der Graf Arthur Gobineau gerade recht. Er legte in seinem 1853 bis 1856 erschienenen »Versuch über die Ungleichheit der Menschenrassen« die Grundlage moderner Rassenideologien. Danach war der weiße Mann höherwertiger als andere und von Gott geschaffen und berufen, über die unschöpferisch veranlagten Schwarzen und Gelben zu herrschen. Mit großem Aufwand an Scheingelehrsamkeit legte Gobineau dar, daß mit den äußeren Merkmalen geistig-seelische Eigenschaften verbunden seien: die Mongolen seien apathisch, die Neger stünden dem Tierreich am nächsten ... Nur der Weiße, der »Arier«, habe Freiheitssinn und Sinn für Ordnung, er sei mutvoll, kühn, ideal und habe – im Gegensatz zu den semitischen Rassen – einen ausgesprochenen Ehrbegriff.

Diese Rechtfertigungsideologie, mit der Gobineau die Reste der gefährdeten Aristokratie gegenüber revolutionärem Gleichmachertum verteidigen wollte, wurde für seine Anhänger zur Heilslehre und nahm pseudoreligiösen Charakter an. Später verband sie sich mit den Thesen Darwins. Charles Darwin bezog den »Kampf ums Dasein«, in welchem das jeweils stärkere und lebenstüchtigere Element die Oberhand behält, zwar nur auf das Tierreich, aus dem auf diese Weise schließlich der Mensch hervorgegangen sei. Die sogenannten Sozialdarwinisten machten die Lehre von der »natürlichen Auslese« jedoch alsbald zu einer Rassenkunde, nach der es höher- und minderwertige Menschengruppen gab. Sie kamen zu immer radikaleren Schlußfolgerungen, unter anderem zu der verhängnisvollen These, daß die rassisch Auserwählten auch biologisch dazu vorbestimmt seien, die Geschicke der Menschheit zu lenken. So erhielten die neuen Götzen Nationalismus und Antisemitismus ihre pseudowissenschaftliche Begründung. Schon vor 1933 vertrat der Rassenkundler Tille das »Recht« der stärkeren Rasse, »die niedere zu vernichten«.

Die Folgen von der nationalsozialistischen Ideologie weitergesponnenen Gedankenspielerei sind bekannt. Dem geistigen Urheber Gobineau selbst lag es fern, an seine aristokratisch-romantischen Theorien inhumane Forderungen zu knüpfen. Aber schon ein Zeitgenosse, der bedeutende Philosoph Toqueville, hatte ihn vor den Konsequenzen gewarnt. Hundert Jahre später war das Unvorstellbare, aber Vor-Gedachte entsetzliche Wirklichkeit geworden.

Hat die Cellesche Zeitung[1] sich die Katastrophe zur Warnung dienen lassen? Nun, man hat gelernt. Die Cellesche Zeitung lehnt Exzesse ab. Aber schon bei der Frage nach den Ursachen beginnt die Ausblendung. So werden die »fürchterlichen Ereignisse der Kriegsjahre« wie »eine Naturkatastrophe« bewertet[2]. Dabei wird der Massenmord weitgehend vernebelt, mittels eines Seitenhiebes gegen den »Holocaust«-Film sogar weitgehend geleugnet. Der historische Wahrheitsgehalt dieses Streifens sei »so spärlich wie das Fleisch in der Suppe für Arbeitslose in den dreißiger Jahren«.[3] Von dem neofaschistischen Wort von der »Auschwitz-Lüge« ist das nicht weit entfernt.

Allerdings: die antisemitische Position vertritt auch die Cellesche Zeitung nicht mehr. Wenigstens das hat man aus jener Katastrophe gelernt. Dafür sind die »weiße Rasse« und andere höherwertige Rassen jetzt von anderen Feinden bedroht: etwa von den Arabern, die »bis heute keine rechte Einstellung zur Arbeit gefunden«[4] haben. Eine unterschiedliche rassische Wertigkeit wird vor allem zu den Schwarzen in einem Teil der Asiaten hergestellt:

»Wer hat denn bislang für Wachstum gesorgt? Doch die Industrienationen oder anders ausgedrückt: die Menschen der von Gott in eine unerbittliche Natur hineingestellten weißen Rassen und neuerdings auch die Japaner und Chinesen« (immerhin werden nun also auch Japaner und Chinesen in den Kreis der von der Vorsehung Auserwählten aufgenommen). »Afrikaner und Südostasiaten haben so gut wie nichts zur Mehrung der Güterproduktion, Inder verhältnismäßig wenig beigetragen. Woraus leiten die Länder der Dritten Welt die Berechtigung ab, von den Nationen, die in der Tat ‘im Schweiße ihres

1 Im folgenden werden anhand der Leitartikel des Redakteurs Walther Zuzan ausschließlich Stellungnahmen zu Fragen wie Rasse und Volk ausgewertet.
2 »Cellesche Zeitung« vom 16. 2. 1979
3 »Cellesche Zeitung« vom 16. 2. 1979
4 »Cellesche Zeitung« vom 29. 12. 1979

Angesichts' und unter unglaublichen Entbehrungen die Freiheit von Not errungen haben, Opfer zu verlangen, damit sie gleichziehen können? Lutherisch derb darf darauf hingewiesen werden, daß besonders die Afrikaner nur im Bett fleißig sind, wie die Geburtenrate beweist. Wir Europäer und selbstverständlich auch die Amerikaner sollen uns demnach beschränken, sollen unseren Nachwuchs reduzieren, auf daß noch mehr niedliche Negerlein das Licht der Welt erblicken, für deren Ernährung - wie könnte es nach den bisherigen Erfahrungen anders sein - wir Sorge zu tragen hätten?«[5]

In einem Zeitalter weltweiter Verteilungskämpfe weist die Cellesche Zeitung den Gedanken, die bisherige Ausbeutung der früheren Kolonialvölker durch Entwicklungshilfe zu ersetzen, damit weit von sich. Im übrigen ist es eine Art geschichtliches Naturgesetz, daß der Überlegene Nutzen aus dem unterworfenen Volk zieht:

»Als sie (die Araber) seinerzeit über den vorderen Orient und über Nordafrika sowie Spanien herrschten, ließen sie andere für sich arbeiten. Also gilt auch in diesem Fall: 'Vive la petite difference!'«[6]

Die Verbindung von Rassismus mit einem verabsolutierten Leistungsdenken findet sich auch in der Celleschen Zeitung. Ähnlich wie die Europäer ihre Verdienste um das »Wachstum« den nur auf das Geld der Weißen absehenden Afrikanern entgegenhalten können, reicht die »Leistung« der Weißen aus, um die Rechtfertigung für das Apartheidsprinzip in Südafrika abzugeben:

»Wen wundert's weiter, daß die weiße Bevölkerung, durch Fleiß und Sparsamkeit zu bescheidenem Wohlstand gelangt, mit dem scharzen Proletariat nichts zu schaffen haben möchte? ... Der Grundgedanke der Apartheid ist somit durchaus humanitär im Sinne einer Erhaltung gewachsener Kulturtraditionen und familiärer Bindungen.«[7]

Allerdings, wo gehobelt wird, da fallen Späne: »Parallel zu der vom Staat verordneten Apartheid mit ihren Auswüchsen und allzu menschlichen Unzulänglichkeiten existierte allerdings die 'praktizierte Apartheid', die betonte Absonderung der Weißen von den nur von Schwer- und Hilfsarbeiten ihr Leben fristenden Schwarzen. Das war unschön, ja verwerflich, gewiß, doch darf an jene, die sich so sehr darüber entrüsteten und noch immer entrüsten, die Frage gestellt werden, ob sie

5 »Cellesche Zeitung« vom 21. 10. 1978
6 »Cellesche Zeitung« vom 29. 12. 1979
7 »Cellesche Zeitung« vom 22. 10. 1977

gern mit schlechtgekleideten, ungebildeten und oft unter Krankheiten leidenden Menschen verkehren.«[8]

Ähnlich wie im Sozialdarwinismus, und zwar in seinen schon bedenklicheren Entwicklungsstadien, wird mit solchen Formulierungen der als wehleidig oder heuchlerisch hingestellte humanitäre Standpunkt in einen unvereinbaren Gegensatz mit vermeintlich naturgegebenen Bedürfnissen gebracht. Bei einer solchen Äquilibristik genügt schon eine kleine Akzentverschiebung, um das nackte Interesse der Herrenrasse über die Menschenrechte anderer zu stellen.

Bei alledem geht der Unterschied in der Wertigkeit der Rassen nicht etwa auf wirtschaftliche oder sonstige geschichtliche Entwicklungen zurück, sondern ist in naturgegebenen Rassenunterschieden selbst begründet. Nur so läßt sich zum Beispiel der Unterschied zwischen den arbeitsscheuen Arabern und den etwas tüchtigeren Persern erklären, die aber »keine semitischen Araber sind, sondern der indogermanischen Sprachfamilie zugehören«.[9]

Und schon kommt man wieder zu Nutzanwendungen. Da ist vor allem die Verantwortlichkeit gegenüber dem »Bluterbe des Volkes«, wie man es damals nannte. Dieser Verantwortung kommt man in Mitteleuropa heute nicht mehr nach:

»Die Kostenexplosion im Gesundheitswesen hat ihre tiefste und kräftigste Wurzel in der biologischen Dekadenz der in zwei Weltkriegen und durch zwei biologisch ebenso 'mörderische' Nachkriegsepochen geschwächten Völker Mitteleuropas, die einen hohen Prozentsatz ihrer potentesten Männer verloren hatten. Durch die verminderte Fortpflanzung der virilen, aktiven, kreativen und kerngesunden Männer und vermehrte Fortpflanzung der weniger gesunden, weniger bewegungsfreudigen, weniger wagenden sowie durch das völlige Ignorieren der Erbkrankheiten ist die biologische Substanz vor allem des deutschen Volkes merklich verdünnt worden.«[10]

Da ist er also wieder: der Zuchtgedanke, die Vorstellung von der positiven und negativen Auslese, wie er von Houston Stewart Chamberlain (gebürtiger Engländer, Schwiegersohn von Richard Wagner und Lieblingsautor des Kaisers Wilhelm II. und Adolf Hitlers) geschaffen und von den NS-Ideologen dann in den Lebensborn-Projekten der

8 »Cellesche Zeitung« vom 22. 10. 1979
9 »Cellesche Zeitung« vom 29. 12. 1979
10 »Cellesche Zeitung« vom 4. 6. 1977

SS zur Züchtung einer rassischen Elite umgesetzt wurde. Die Cellesche Zeitung geht nicht so weit. Doch sie wiederholt die sozialdarwinistische These, daß die moderne Zivilisation mit ihren (zweischneidig wirkenden) Errungenschaften und zumal ihrem Humanitätsprinzip (wie es in dem »dekadenten Gesundheitswesen« zum Ausdruck kommt) die Funktion der natürlichen Auslese als eines »gesunden« Regulators der sozialen Entwicklung mehr oder weniger aufhebe. Aus solchen Denkspekulationen ergibt sich »logisch« der Schluß, daß die Organisation der Gemeinschaft dem letzten Endes »segensreichen« Walten der Natur den Weg wieder frei machen, ihr geradezu »nachhelfen« müsse. Zwar will auch die Cellesche Zeitung die auf »normale« Weise unproduktiv Gewordenen nicht ganz abschieben, wobei allerdings der positive Effekt einer solchen Maßnahme angedeutet wird:

»Die Sicherung der durch Alter und Siechtum aus dem Arbeitsprozeß Gedrängten vor Verelendung oder gar Not ist ein Charakteristikum aller Hochkulturen. Nur Völker auf niedriger Kulturstufe lassen die Alten und Gebrechlichen verkommen oder erleichtern ihnen das Hinübergleiten in die »ewigen Jagdgründe«.[11]

Insgesamt muß der Staat aber, statt die Behinderten und »Lebensuntüchtigen« zu stützen, das biologisch wertvolle Element zu fördern suchen: »Was ist das doch für eine verkehrte Welt, in der Unsummen für Körperbehinderte oder Sinnesverwirrte aufgebracht werden – selbstverständlich völlig zu Recht – aber andererseits gesunde Frauen dazu animiert werden, 'überflüssige Kinder' erst gar nicht zu gebären«[12]

Die Frau wird hier also vor allem als Instrument der Rassezucht und Arterhaltung gesehen. Auch das übrige einschließlich des Gedankens der Rassenhygiene hätte ebensogut zwischen 1933 und 1945 gesagt werden können. Im »Lehrplan« des SS-Hauptamtes von 1943/44 heißt es: »Es ist ein unhaltbarer Zustand, wenn in einem Staate das Verhältnis zwischen den Schaffenden und den Kranken ungesunde Formen annimmt. Für Schwachsinnige, Sittlichkeitsverbrecher, Gemeinschaftsunfähige (Asoziale) muß das Volk an Kräften und Mitteln viel aufwenden.«[13] Die Cellesche Zeitung läßt es allerdings bei dem

11 »Cellesche Zeitung« vom 12. 5. 1977
12 »Cellesche Zeitung« vom 12. 5. 1977
13 vgl. Hans Buchheim, Martin Broszat u.a., Anatomie des NS-Staates, Bd. 2, S. 304

Bedauern bewenden, daß die unnützen Esser auf Kosten des Steuerzahlers - »selbstverständlich völlig zu Recht« - durchgebracht werden müssen.

Hinter all dem steht ein geschlossenes Weltbild, zu dem auch ein bestimmter Staatsgedanke gehört, der mit unserer Demokratie nicht viel im Sinne haben kann: »Verwirrung und Durcheinander sind immer untrügliche Mahner dafür, daß ein System nicht taugt«.[14] Ja, unser Staatswesen ist unheilbar krank: »Mitleid, gemischt mit Grauen - das sind die Empfindungen, die einen Gesunden beim Anblick eines bedauernswerten Opfers der Tabes oder Rückenmarksdarre befallen. Äußere Kennzeichen dieses Siechtums: die Bewegungen des Opfers sind unsicher, unzweckmäßig, nicht aufeinander abgestimmt, ataktisch, aprupt ... Wer möchte bestreiten, daß unser Staatswesen im übertragenen Sinne derzeit nicht an einer ähnlichen Krankheit leidet? Die Symptome der Ataxie (griechisch für Ordnungslosigkeit), der mangelhaften Koordinierungsfähigkeit, der nervösen Gereiztheit und Überanstrengung, da Gedachtes nicht mehr in Motorik umgesetzt werden kann, sind doch nicht zu übersehen. Verschärft wird diese Krankheit noch durch eine parallel verlaufende Bewußtseinsspaltung.«[15]

Wo aber Gefahr ist, gibt es Rettendes auch. Die Cellesche Zeitung sagt zwar nicht deutlich, durch welche staatliche Ordnung sie die vorhandene »Ordnungslosigkeit« beseitigt sehen möchte. Aber da klingen geheime Sehnsüchte an, die die Richtung erahnen lassen: »Es tut gut, in all dem Wirrwarr unserer Zeit mit den fast schon alltäglichen Hiobsbotschaften dann und wann mit der lebenstüchtigen und gesundgebliebenen 'Basis' unseres Volkes Kontakt aufzunehmen.«[16]

So dunkel hier auch irrationaler völkischer Mythos raunt: mit der »lebenstüchtigen und gesundgebliebenen Basis« können schwerlich etwa die Intellektuellen und ebensowenig die anderen unsere Demokratie tragenden Kräfte gemeint sein. Und die »mangelhafte Koordinierungsfähigkeit« - mit der wohl das »führungslose« demokratische Zeitalter überhaupt angesprochen ist - wie kann sie, bleibt man einmal auf der Schiene solcher Vereinfachungen, anders behoben werden als durch einen »starken Mann« - eben derjenige, der sich im politischen Kampf im Wege der natürlichen Auslese durchsetzt!

14 »Cellesche Zeitung« vom 12.5.1977
15 »Cellesche Zeitung« vom 12.5.1977
16 »Cellesche Zeitung« vom 3.9.1977

Unter der Überschrift »Der Ruf nach dem Vater«, wo der Schiitenführer Khomeini als »charismatische Vaterfigur« glorifiziert wird, die »trotz . . . hohen Alters noch männlich genug ist, den Befehl zum 'heiligen Krieg' zu geben«, heißt es dann auch in einem Ton, der deutlicher kaum sein kann: »Welcher 'Zeichen an der Wand' braucht es noch, damit kapitalistische und kommunistische Manager begreifen, daß ihnen der Teppich unter den Füßen gezogen wird und die Menschen angewidert im Westen vom Glitter und Tand einer angeblich freiheitlichen Konsumgesellschaft und tief enttäuscht im Osten von den hohlen Versprechungen einer 'Befriedigung aller Bedürfnisse' am Sankt-Nimmerleins-Tag, Geborgenheit unter dem schützenden Mantel eines gütigen, weisen, alles verstehenden und vergebenden Vaters suchen?«[17]

Karl Kraus betrachtet Walther Zuzan (ölbild von RWLE Möller).

17 »Cellesche Zeitung« vom 12. 2. 1979

7. Kapitel

Gesellschaft

Gudrun Ecker-Ehrhardt

Ein Viertelchen

Der schreckliche Charme der Celler Bourgeoisie

Mit dem Celler Bourgeois hat es so seine eigene Bewandnis. Nach dem Motto, daß nicht sein kann, was aus seiner Sicht nicht sein darf, läßt er sich ungern von gewissen Zeiterscheinungen irritieren und schon gar nicht umkrempeln.

Also bleibt er gerne unter sich. Diverse Clubs, wie Loge, Rotarier und Lions für den Herrn, der Bridgeclub,bitte sehr, für die Dame, erleichtern ihm das. Eine gewisse Kleiderordnung - dezent, nicht eben modisch und schon gar nicht extravagant, dafür aber teuer - tut ein übriges. Man kennt sich.

Ungebrochenes Traditionsbewußtsein zeichnet ihn aus, den Celler Bürger. Peinliche Ereignisse der jüngeren und älteren Vergangenheit werden schlicht gar nicht oder nur am Rande erwähnt.

Die Nazi-Zeit? Die Celler Geschichtsschreibung klammert sie einfach aus. Nicht ganz, versteht sich! Schließlich haben Celler Persönlichkeiten auch damals zu Nutz und Frommen der Stadt gewirkt, so sagt man.

Und daß einer als Offizier hochdekoriert wurde damals, weil er besonders viele Menschen ins Jenseits befördert hatte, das darf man in Celle noch gerne erwähnen, meint der Präsident des OLG Dr. Franzki unter dem Beifall der andächtig lauschenden Gemeinde.

Ach ja, diese Vortragsabende im OLG. Man erscheint, läßt sich sehen, wird gesehen. - »Auch da heute abend? Wie nett!«

Man gehört eben dazu. Was macht es da schon, wenn einer da oder dort ein bißchen Vergangenheit hat. Verdienstvoller Mann sonst! Trotz alledem oder gerade deswegen?

Vielleicht ist es auch frommer Christen Art, die über vieles, beileibe nicht alles, den Mantel der Nächstenliebe deckt.

So spendet man gerne und tut auch gar manch frommes Werk - auserwählten Bedürftigen - versteht sich! Für Friedland, die Lebenshilfe und die Lobetalarbeit beispielsweise. Und den Vietnamesen gar wurde großzügige Hilfe zuteil. Für Zigeuner und Ausländer hat man da schon weniger, erheblich weniger, eigentlich gar nichts übrig.

Mitunter reißt der Celler Bürger die Augen auf und sieht Dinge an sich herantreten, die er bislang nicht für möglich hielt, zumindestens nicht in dieser Stadt. Da passierte zum Beispiel eines schönen Tages die gottlob einzige Hausbesetzung, an der man, peinlich, peinlich, auch einige Höhere Töchter und Söhne beteiligt fand - und das trotz des ach, so intakten sozialen Umfeldes. Nach dem oben erwähnten Motto beschloß man, einfach so zu tun, als sei das alles nicht geschehen. Auch die Presse schwieg sich - vereinbarungsgemäß - aus.

Unkompliziert versteht man sich auf den Umgang mit König Alkohol.

Alljährlich zum Schützenfest mischt man sich dieserhalb gern unters Volk, um dann, putzig verkleidet, begleitet von nicht immer sauberen Fanfarenklängen umherzuziehen. Vom Offiziersfrühstück an, über das gemeinsame Mittagessen bis in die späten Nachtstunden hinein fröhlich Körnchen, Biere und lüttje Lagen in sich hineinspülend.

Ob es dieser alljährliche Trinkkomment ist, der den einen oder anderen durchaus nicht unbekannten Sohn der Stadt zum regelmäßigen Schluck verführt hat?

Macht nix! Man sieht darüber hinweg, in den eigenen Kreisen zwar nur, aber da tut man's. Schwerer hat es schon der in Lohn und Brot stehende Mitmensch, den kann dergleichen Vorliebe zum Hochprozentigen durchaus den Arbeitsplatz kosten.

Überhaupt, die Lohn- und Gehaltsempfänger dieser Stadt. Wer zählt sie, nennt ihre Namen? Die offizielle Geschichtsschreibung verschweigt sie gänzlich. Die »Kurzinformation« des Landkreises führt zwar säuberlich KFZ-Bestand, Einwohnerzahl, Straßenbaukilometer, das Bruttoinlandsprodukt und die Übernachtungszahlen auf, aber Arbeitnehmer scheint auch sie nicht zu kennen.

Der Celler Bürger, so er Leute beschäftigt, gibt sich gerne patriarchalisch. Von Betriebsräten und Gewerkschaften hält er wenig bis gar nichts. Da kann es denn schon einmal vorkommen, daß sich der Betriebsrat einer weltbekannten Celler Firma, die sich dem Schönen, dem Musischen verbunden fühlt, nur unter strengster Geheimhaltung, am liebsten wär's bei Nacht und Nebel gewesen, ins Gewerkschaftshaus traut. Oder daß ein Celler Unternehmer den Gewerkschaftssekreträr mit dem Hund vom Grundstück jagt.

Aber das ist eher ein Ausnahmefall. Sonst liebt der Celler Bürger eher das unverbindliche Verbindliche. Freundlich, aber zäh auf seinem Standpunkt beharrend.

Gerne kauft er in Huths ehrwürdigem Laden in der Innenstadt ein, wo beflissene Verkäufer (Verkäuferinnen haben den Karrieresprung hinter den erlauchten Tresen noch nicht geschafft) der Frau Doktor mit devotesten Empfehlungen an den Herrn Gemahl ein Viertelchen feinster Kalbsleberwurst, ein Stückchen delikatesten Käses, 100 Gramm ausgesuchtesten indischen Tees und ein Fläschchen edelsten Tröpfchens ins Täschchen packen.

Hier trifft man sie fast alle wieder, die feineren Leute der Stadt, die Herren Präsidenten vom OLG, den Herrn Rechtsanwalt, das Tanzlehrerehepaar, das schon Generationen von Celler Töchtern und Söhnen den bon ton und die wichtigsten Tanzschritte beibrachte (den meisten der gerade Anwesenden natürlich auch!), die Damen und Herren der Gymnasialkollegien, den Fabrikanten und die Gnädige Frau.

Es sind dort allerdings auch schon bedeutende Köpfe der Alternativen Szene gesehen worden, ein Viertelchen vom guten Heringssalat erstehend. Sollten etwa auch sie dem schrecklichen Charme der Celler Bourgeoisie erliegen?

Regina Droge

Oberhäupter

Mitte Februar 1974 wurden der Celler Bevölkerung zwei bedauerliche Fälle menschlicher Herabwürdigung bekannt. Oberbürgermeister Helmuth Hörstmann sprach sogar von »Diskriminierung«. Einer der Betroffenen war zufällig er selbst. Der andere hieß Erich Eichelberg und war zu dieser Zeit Oberstadtdirektor.

Was sie getroffen hatte, war die volle Härte des Gesetzes, die der Lüneburger Regierungspräsident durchzusetzen trachtete. Beide sollten, nachdem die Stadt nun schon ein Jahr lang durch die Gemeindereform in den Landkreis eingemeindet worden war, die Vorsilbe aus ihrem Amtstitel streichen: zweimal je ein »Ober«. Gemäß Gesetz und Status der Stadt hatten sie nun schlicht Bürgermeister und Stadtdirektor zu sein, meinte der Sozialdemokrat aus Lüneburg.

Doch welch ein profanes Ansinnen! Die pralle Mehrheit der Christdemokraten erkannte das sofort: ein Paragraphenreiter sei er, tönte sie, und dem Innenminister flatterte ihre deutliche Eingabe auf den Tisch. Der jedoch war damals auch einer von diesen Gleichmachern. Er stützte den Gesinnungsgenossen aus Lüneburg und redete zu allem Überfluß noch etwas von »allgemein verbreiteter Titelsucht« daher, der Sozi.

Letztlich am 1. März, fügte sich Helmuth Hörstmann schmollend in das herausfordernde Schicksal – nicht ohne zuvor mit staatsmännischer Würde der inzwischen wach gewordenen Presse darzutun, daß Celle durch die Angelegenheit »schwer in seinem Ansehen geschädigt« werde. Eine Stütze fand die so gedemütigte Bevölkerung in jenen Tagen in ihrem anderen Oberhaupt. Das kämpfte weiter.

Zwar konnten sein Rathausbüro von amtswegen nur noch Briefe mit der schnöden Bezeichnung »Der Stadtdirektor« im Kopf verlassen. Doch als Unterzeichner firmierte stets und ungebrochen: Herr Erich »Eichelberg. Oberstadtdirektor«.

Dieser im Lande einzigartige Stadtdirektor Oberstadtdirektor Eichelberg ließ es dabei nicht bewenden. Er rief die Dritte Gewalt an: den Paragraphenreiter zu richten. Und im Prozeß trumpfte er mit erdrückenden Beweisen auf, einer echten Urkunde mit Unterschrift und Stempel, die ihn daselbst und nicht die Polsterstelle vor seinem Schreibtisch zum Oberstadtdirektor ernannte!

Die Richter, schier geblendet vor soviel richtigem Recht, ließen den Vorposten des Regierungspräsidenten geschlagen wie einen winselnden Hund aus dem Gerichtssaal kriechen. Der Celler Titelverteidiger aber zog mit der für immer erkämpften Oberehre vondannen. Und wenn er sie nicht verloren hat, dann ziert sie ihn auch heute noch.

P. S. Inzwischen wurde die Stadt Celle rehabilitiert. Mit der Zuerkennung des Status »große selbständige Stadt« wirken oben nun wieder zwei »Ober«.

Reimar Hollmann

Vorstadttheater
Der Mut des Intendanten

Sechzehn Jahre lang, von 1956 bis 1972 – nicht vorher, nicht hinterher –, wurde außerhalb Celles vom Celler Theater gesprochen, gab es Echo auf Spielplan und Aufführungen, das weit über Presseberichte hinausging: überregional in Deutschland, aus dem Ausland. Es war die Zeit des Intendanten Hannes Razum, inzwischen, ihrer Einzigartigkeit wegen, förmlich als Unikum, im besten Sinne, in die bundesdeutsche Theatergeschichte eingegangen.

Daß die Aera Razum für Celle nur insoweit typisch genannt werden kann, als das Verhalten der Öffentlichkeit ihr gegenüber das Gesamtklima der Stadt widerspiegelte, und im übrigen gegen den Strich des Ortsüblichen ging, entnehmen wir im Extrakt einem Report von Ulla Handke in der Hannoverschen Allgemeinen Zeitung vom 15./16. November 1969: Die Selbstinszenierung im Parkett als seltsamer Kontrast zu dem, was oben auf der Bühne gegeben wird.

Razum akzeptiert im Rückblick meine Formulierung, sein Theater sei eine Enklave kulturellen Fortschritts in einer Zone des Stillstands gewesen – ein Repertoire von einer Profiliertheit des Zuschnitts, die den Häusern mancher Metropole Ehre gemacht haben würde, und experementierfreudige Inszenierungen vor Zuschauern, die in der behaglichen Atmosphäre des Schlosses lieber ihr vertrautes Bildungsgut konserviert gesehen hätten.

Was kann einen in Berlin geborenen Doktor der Philosophie (Dissertation über Formen der deutschen Arbeiterdichtung), der in Frankfurt, Aachen, Gießen, Dresden, Düsseldorf, Den Haag, München, Stuttgart, Erlangen, Mönchengladbach, Bremen, Hamburg Regie geführt und leitende Positionen innegehabt hat – was kann ihn dazu veranlassen, in eine Stadt wie Celle zu gehen und gleichsam in theatralischem Niemandsland von unten zu beginnen?

»Ich sah die Möglichkeit, hier völlig unabhängig zu arbeiten. Celle war damals außer Düsseldorf das einzige Theater, das ohne übergeordnete Behörden lief; ich hatte einen Vertrag mit absoluter Freiheit.« Ein privater Theaterverein mit Geld von der Stadt, ein schönes Theater, die Chance, in engem Rahmen ein Ensemble nach eigenen Vorstellungen zu bilden (die vielen Beziehungen von anderswoher waren dabei sehr nützlich).

Freilich dieser Theaterverein, »in der Meinung in sich geteilt, ein überwiegend konservativer Verein mit ein paar richtigen alten Nazis« – schon nicht mehr unerwartet, seit Razum und Frau als Fremde in dem hübschen Café in Schloßnähe, das sie kurz nach dem Einzug in die Stadt kennenlernen wollten, mit Hitlergruß empfangen worden waren. Der Vorwurf, er spiele »lauter Judenstücke«, sollte den Theaterchef schon bald begleiten.

Die erste Spielzeit brachte bereits den ersten Skandal: »Das Tagebuch der Anne Frank« erregte die Gemüter. Statt in der Nähe der Vernichtungsstätte Bergen-Belsen eine Verpflichtung zu sehen, empfanden die Celler die Erinnerung als lästig. Ihre Reaktion läßt an die Erlebnisse einer jungen Bibliothekarin in Dachau denken, die Angelika Mechtel in ihrem Roman »Die andere Hälfte« schildert: die Vergangenheit wird abgeschüttelt.

Nach diesem »Schlag ins Gesicht« war Razum bei der prononciert rechts orientierten Celleschen Zeitung in Ungnade. Daß aus deren Vormachtstellung schließlich ein Monopol wurde, verzeiht Razum, nicht nur weil er das Opfer war, bis heute der Hannoverschen Presse nicht, die nach und nach alle Bezirksausgaben einstellte und so das politische Feld der Gleichschaltung überantwortete. Das Pfingstensche Blatt jedenfalls schoß sich auf ihn ein.

So war es nicht die Freude am Entdecken allein, die Razum zu seinen vielen Ur- und deutschen Erstaufführungen ermunterte, sondern auch die (in zunehmendem Maße erfüllte) Hoffnung auf Resonanz in den führenden Blättern der Bundesrepublik, deren Kritiker zu Adamov und Gatti, Haecker und Hildesheimer, Hofmannsthal und Max Zweig angereist kamen und ihren Respekt bekundeten. Ihr Votum setzte das lokale von Mal zu Mal außer Kraft.

Der größte Triumpf indessen war eine Einladung an das Ensemble nach Paris, mit Fernando Arrabals »Guernica« und »Nach Kassan«, einer Uraufführung von Hans Noever, dem nachmaligen Filmemacher. »Tout Paris« war bei der Aufführung zugegen, hinterher eine wissenschaftliche Versammlung mit Professoren und Studenten aller

Nationalitäten und Hautfarben: 1960, Celle als eine der ersten deutschen Bühnen zu Besuch in Frankreich.

Der Theatervereinsvorsitzende jedoch, ein alter Justizrat, sah in dieser Reise keine besondere Ehre für Celle; erstens stehe kein Klassiker auf dem Programm (auch solche, und zum Beifall seiner Beobachter, hatte Razum ja vorzuweisen), und zweitens handele es sich »nur« um ein Vorstadttheater. Grund genug, um dem Unternehmen jeden Pfennig Zuschuß zu verweigern. Doch die Darsteller, viele engagierte Junge darunter, hatten etwas erlebt.

Razum wurde in Niedersachsen vielfach um Vorträge angegangen. Kontakte bestanden zur evangelischen Kirche, vor allem mit Gesprächsabenden über moderne Stücke. Mit der Gewerkschaftsführung verlief es weniger erfolgreich, vor allem, als Razum konsequent an seiner Gegnerschaft zu den Notstandsgesetzen festhielt, während die Gewerkschaften sich an der Kursschwenkung der Sozialdemokraten orientierten und nun zustimmten.

Einen Eklat gab es noch, als Oberkreisdirektor Axel Bruns, ein Ritterkreuzträger, der auf Aufnahme in den Theatervereinsvorstand gedrungen hatte, laut schimpfend die Vorstellung von Ernst Tollers Antikriegsstück »Hinkemann« verließ und fortan an Razums Sessel sägen half. Es reichte nie ganz aus; aber Verträge wurden immer nur auf drei Jahre gemacht. Razum blieb trotz allem, bis der Tag gekommen war, in den Ruhestand zu treten.

80 Stücke hat er in seiner Celler Zeit selbst inszeniert – was nur in einem kleinen Betrieb praktizierbar war, »wo ich die Verwaltung mit der linken Hand machen konnte. Ich wollte ja nie Intendant werden, bin es nur geworden, um als Regisseur frei zu arbeiten«. Das ist ihm in Celle geglückt, weil er den Mut hatte, zu seinen Überzeugungen zu stehen. Den Cellern blieb die Genugtuung, auf ihre Toleranz stolz sein zu dürfen.

Die haben sie seit zehn Jahren nicht mehr nötig. Sie verfügen jetzt über ein Theater, das sich durch Wohlverhalten auszeichnet und ihnen ganz allein gehört, weil es ihnen gewiß niemand wird streitig machen wollen. Sie haben es dabei einfacher gehabt als die Bremer. Die haben ihren Kurt Hübner verjagt. Die Celler haben Hannes Razum bloß keinen Nachfolger gegeben. Der Endeffekt ist – in bescheidenerem Rahmen – der gleiche.

Regina Droge

Nahkämpfer

1975 wurde für den Landkreis Celle zum Jahr der Katastrophen. Die erste war der große Waldbrand, der eine Woche lang in der Heide tobte und über 4000 Hektar Wald vernichtete. Die zweite war seine Bekämpfung. Die letzte die Verleihung von Orden an die tüchtigen Waldbrandhelfer.

Für die erste konnte so recht niemand etwas. Unbekannte Brandstifter vielleicht, die Trockenheit und der Wind. Es handelte sich um eine Naturkatastrophe im bekannten Sinne. Die zweite hatte unter anderem etwas mit der Natur des Ritterkreuzträgers Axel Bruns zu tun, weiland Oberkreisdirektor (OKD) in Celle. Herr Bruns besaß die Oberleitung, wie das im Katastrophendeutsch heißt, zumindest als es zu brennen anfing und aufhörte. Daß es zwischendurch anders war, hatte seine Weigerung zur Folge, sich mit dem Lüneburger Regierungspräsidenten gemeinsam fotografieren zu lassen. Der Feuerfrontberichterstatter der Celleschen Zeitung wurde damit gezwungen, beide Persönlichkeiten abzubilden. Man merkt schon: der Oberkreisdirektor war fuchsteufelswütend.

Dabei hatte der Einsatz so schön begonnen. Als die Sirenen heulten, wußte der 60jährige OKD gleich, was zu tun ist. Er zog Stiefel an, fuhr »raus« und suchte, wie er sagte, »den Nahkampf«. Immerhin zu einer Zeit, als Innenminister Rötger Groß dort noch in Halbschuhen und mit geliehener Pocketkamera auftauchte. Der Amateurfotograf fand die Oberleitung nicht etwa in einem funktionierenden Lagezentrum, nein: sie trat ihm in Person des Nahkämpfers mitten aus dem Getümmel der Feuerwehrmänner entgegen. Journalisten wollen in seiner Hand eine Feuerpatsche gesehen haben, was aber unbestätigt blieb. (CZ vom 15.8.75: »viele Patschen sind des Feuers Tod«). Jedenfalls versicherte Reserveoffizier Bruns: »Mit dem Brand werden wir alleine fertig!« Verwirrten Journalisten gab er Bescheid: »Ich habe schon 120 Brände gemacht!«

24 Stunden später, nach einer völlig ungläubigen Anfrage aus Bonn, warum denn um Gottes willen keine Hilfe angefordert werde, fuhr Herr Groß wieder ins Brandgebiet: »Dort stand der OKD Bruns direkt am Feuer ... Die Flammen waren von uns 60 Meter entfernt ... Er hatte da noch nicht mal Telefon.« Auf der Rückfahrt, als er Bruns Auftrag ausgeführt und einige Löschfahrzeuge bestellt hatte, schwante auch ihm etwas. Der Innenminister zog den abstrahierenden Schluß: »Das Ganze war mir unheimlich!«

Der Bezirksregierung in Lüneburg wurde die Schlagkraft der heimischen Wehren samt Oberleitung noch am Sonntagabend, eine Nacht und einen Tag nach Ausbruch der ersten Brände, unter Beweis gestellt. Bruns ließ bestellen: »Wir brauchen nichts«. Seine »Lage« löste nur noch blasses Unverständnis aus: das Feuer fraß sich gerade durch die trockenen Wälder auf die Ortschaft Queloh zu. Und vier Stunden darauf wälzten sich 40 Meter hohe Flammenwände durch den Naturpark.

Bruns Stellvertreter im Amte, Kreisdirektor Gerrit von Germar, Schwelbrände mit dem OKD gewöhnt, rettete sich nach einem zwischenmenschlichen Nahkampf vor Feuer und OKD in die »Alte Kastanie« nach Oldendorf und eröffnete auf Betreiben der besorgten Polizei sein eigenes Einsatzzentrum. Doch die Löschzüge, die er zur Hilfe rief, kamen zu spät. Das Feuer war ebensowenig zu halten wie der gerechte Bruns. Er feuerte von Germar wegen »Eigenmächtigkeit« aus dem Kreis der Waldbrandhelfer: der Unartige wurde nach Haus geschickt und bekam noch die Drohung von der Verhaftung mit auf den Weg, wenn er ja nochmal wage ...

Als der OKD 36 Stunden lang im Einsatz war und immer noch kein funktionstüchtiger Krisenstab existierte, sah Regierungspräsident Rainer Frede »Gefahr im Verzuge«: er löste den Nahkämpfer ab.

»Schweigend und zähneknirschend« sah dieser dann den eigenen Worten zufolge «diese Gesetzesverletzung mit an«. Im Interesse der höheren Sache hielt er sonst aber an sich. In jenen Tagen füllte dann Innenminister Groß die tragende Rolle in der verhängnisvollen Posse preiswürdig aus. Herr Bruns bekam die Oberleitung zum Schluß wieder in seine bewährten Hände, unter der Voraussetzung, daß er auch seinen Vertreter von Germar wieder mitmachen ließe. Doch kaum war's geschehen, da scheuchte der OKD den aufmüpfigen Vize wieder zurück in die Amtsstube!

In einer solchen nahm auch die Katastrophe Nr. 3 ihren Verlauf. Jemand im Innenministerium hatte die reizende Idee, die Waldbrandhelfer mit einem extra geschaffenen Orden auszuzeichnen. Dafür pinselte man einen Runderlaß: Alle, die 24 Stunden persönlich im Einsatz waren, aber auch solche, bei denen »Art und Umstände« eine Ausnahme rechtfertigten, sollten von den Landkreisen namentlich aufgelistet werden. Sodann mußte die Bezirksregierung die Richtigkeit dieser Angaben prüfen. Das Ergebnis hatte in dreifacher Ausfertigung an den Innenminister zu gehen, von ihm zur Staatskanzlei, zurück ins Innenministerium und von dort aus erneut nach Lüneburg, wo die Urkunden unterschrieben und die Orden abgezählt wurden. Diese Katastrophe der Bürokraten währte bis tief ins Jahr 1977! Allein im Landkreis Celle hatten 15 000 Menschen von überall her gegen das Feuer gekämpft. Wer davon 23, wer nur 22 Stunden?

Bis dahin war es schon wieder mal knochentrocken, heiß und windig gewesen. Im Mai 1976 brach im Landkreis Celle ein neuerliches Feuer aus, obwohl der Oberkreisdirektor an diesem Tag verreist war. Als er zurückkehrte, war es schon fast aus: Herr von Germar hatte Hilfe von außerhalb gerufen.

Regina Droge

Lobetal und die Lüstlinge

Die Celler »Lobetalarbeit«, eine große Einrichtung der Inneren Mission zur Betreuung Alterskranker, chronisch Kranker und Behinderter, ist auf das Wohl ihrer Schützlinge stets uneingeschränkt bedacht. Eine Reihe von Hausordnungen, Dienstrichtlinien, Arbeits- und Ausbildungsverträgen aus den letzten Jahren legt beredtes Zeugnis ab, worauf es den »Celler Samaritern« im Dienste der guten Sache ankommt.

Etwa auf die Tauchsieder, deren Benutzung im Wohnheim untersagt ist, wohingegen des Mitbringen eines Fieberthermometers für den Krankheitsfall den Schülerinnen wärmstens anempfohlen wird. Mit der Anerkennung dieser Grundsätze hatten die Auszubildenden im gleichen Zuge auch so Nebensächlichkeiten zu unterschreiben, daß ihnen beispielsweise »Treffen und Umgang mit Betreuten der Lobetalarbeit n i c h t gestattet ist«. Tatsächlich drohte wohl die Gefahr, daß die zukünftigen Erzieherinnen und Altenpflegerinnen sich in christlicher Nächstenliebe üben könnten.

Eine »gepflegte Atmosphäre« machten die Dienstrichtlinien von 1974 zum Gebot. Diesen widersprach es, »wenn wir uns als Erzieher und Betreuer in plumpvertraulicher Weise von unseren Zöglingen duzen ließen.« Wirklich eine schauerliche Vorstellung: Behinderte und ihre gesunden Helfer duzen sich!

»Besondere Aufmerksamkeit« ist dagegen »der Sonn- und Feiertagsbekleidung unserer Kinder und Jugendlichen ... zuzuwenden.« In diesem Zusammenhang wird eindringlich gebeten, »auf jede Art von Unternehmungen zu verzichten, die der Sonntagskleidung nicht zuträglich sind.«

Mit den Unternehmungen der Lobetalmitarbeiter scheint es überhaupt so eine Sache zu sein, und das nicht nur sonntags, pfui Teufel nochmal! Denn extra im Paragraphen 2c selbiger Richtlinien muß ihnen untersagt werden, »Pornobilder und -zeitschriften ... in die Häuser einzuschleusen«.

Zur Abwehr von Lüstlingen, die sich wohlmöglich als warmherzige und hilfsbereite Partner der Betreuten tarnen könnten, ist keine Phantasie vergeudet. Paragraph 6 eines Ausbildungsvertrages für Heilerziehungshelfer wurde diesem hochgesteckten Anspruch annähernd gerecht. »Es ist mit dem Grundanliegen der Lobetalarbeit unvereinbar, wenn Mitarbeiter, Auszubildende oder Studierende ... außerhalb einer bestehenden Ehe erkennbar geschlechtliche Beziehungen unterhalten,« hieß es da und weiter ging's im Klartext: »Das gilt also insbesondere für voreheliche geschlechtliche Beziehungen, gleichgeschlechtliche Beziehungen von Männern oder Frauen oder geschlechtliche Beziehungen Verheirateter mit dritten Personen«.

Das redliche Bemühen um vollständige Auflistung sexueller Phantasien sei anerkannt, jedoch: Vielweiberei, Sodomie, Sado- und Masochismus - das ist doch den Lobetalmitarbeitern wohl nicht alles erlaubt?! Diese Nachlässigkeit im Vertrag ist schwer verzeihlich. Genauer wird das Papier erst wieder mit der Androhung von Folgen bei Verstoß gegen den Zuchthausparagraphen Nr. Sex: Fristlose Kündigung! Gerhard B., der 30jährige Erziehungshelfer und ausgebildet auch zum Diakon, glaubte wohl wirklich in dieser Welt zu leben, als er und seine Ehefrau sich trennten und er mit einer anderen Partnerin zusammenzog. Doch sehen wir, was »der Vorsteher« von Lobetal im November 1981 dem »sehr geehrten Herrn B.« schrieb.

»Das bestehende Beschäftigungsverhältnis wird hiermit zum 31. 12. 1981 gekündigt. Seit April des Jahres unterhalten Sie zu der Schülerin unserer Fachschule, Fräulein ..., ein ehewidriges Verhältnis. Wie Sie selbst erklärt haben, haben Sie die eheliche Wohnung verlassen und bewohnen eine Wohnung gemeinsam mit Fräulein ... Trotz aller geführten Gespräche ... waren Sie bisher nicht bereit, das ehewidrige Verhältnis zu lösen und zu Ihrer Familie zurückzukehren. In letzter Zeit weigern Sie sich auch, Ihr ehewidriges Verhalten überhaupt zum Gegenstand eines Gespräches zu machen. Gerade in anbetracht Ihrer theologischen Ausbildung, die zudem noch durch die Lobetalarbeit finanziert und gefördert wurde, wird durch Ihr fortgesetztes bewußt ehewidriges Verhalten die als Voraussetzung eines Dienstverhältnisses bestehende Vertrauensbasis zerstört. Da muß in Ihrem Verhalten ein wichtiger Grund zur Auflösung des Beschäftigungsverhältnisses gesehen werden.«

Im Sinne sittlicher Hygiene muß die christliche Anstalt so des öfteren mal etwas härter durchgreifen. Eine junge Frau beispielsweise hatte es sich geleistet, von ihrem Ehemann schwanger zu werden, obwohl sie - noch im Anerkennungsjahr zur Erziehungshelferin stehend - gerade von Lobetal mit einem Anschlußarbeitsvertrag beschenkt worden war!

Da blieb dem Hause nur die Kündigung. Hier handelte es sich nämlich, verkündete der Personalverwalter dem weltlichen Gericht, ganz klar um eine Privatangelegenheit. Und außerdem: Soll doch ihr Mann (ein Auszubildender) sie versorgen! Es war, als leuchte bei diesen Worten ein feiner heller Kreis über seinem Kopfe. Der Richter aber sah's nicht. Und so kam es, daß Lobetal die Kündigung zurückziehen mußte.

So wirken die »Celler Samariter« im Namen der Barmherzigkeit. Wollen nur hoffen, daß der liebe Gott nichts spitzkriegt.

Regina Droge

Masch blifft Masch, da geit de Sünn nie unter

Die Zerstörung der Arbeitervorstadt

Celler Geschichtsschreiber haben für die siebziger Jahre zwei bemerkenswerte städtebauliche Entwicklungen festzuhalten. In einer der ältesten Straßen der Stadt, der St. Georg-Straße, planierten Bulldozer zwecks »Sanierung und Wohnraumverdichtung« die mehrhundertjährige Zeile geduckter Fachwerkhäuschen zur »glatten Platte« für den forschen Fortschritt in die Höhe, in der - von Käufern und Gästen stärker besuchten - Innenstadt indessen wurde ein richtungsweisendes Bauprojekt fertiggestellt: das erste öffentliche Pissoir im pittoresken Celler Fachwerkstil. Zwei schreckliche Ereignisse also, jedoch nicht ganz untypisch für diese Stadt. Während ihr Kern in eine vorgetäuschte Bilderbuchvollkommenheit der werbewirksamen Marke »Fachwerk« abzugleiten droht, werden ihre Vorstädte rüde behandelt: vernachlässigt oder sogar zerstört.

Da krachte beispielsweise das barocke Landstallmeisterhaus unter den Schlägen der Abrißbirne zusammen, um einem Waschbetonhochhaus der Polizei Platz zu machen, wovon es dahinter genügend gab. Das stattliche Gebäude war einer der wichtigen »Torpfeiler« am Stadteingang gewesen. Als »morsch« dem Abriß überlassen, erlebte der Adelebsenpalais, heute das schönste Hotel im Städtchen - buchstäblich in letzter Sekunde - eine Rettung durch private Investoren; ebenso war das Präsidentenhaus (jetzt Goldberg) von der Stadt aufgegeben worden. Erst kürzlich verbrach man den Abriß von Sankt Annen an der Oberen Blumlage. Die Stadt brachte sich damit nicht nur um ein wunderschönes und stabiles Fachwerkgroßgebäude, sondern auch um eine einmalige Chance. Das 1679 gebaute »Wilhelms-Hospital« für Militär-Invaliden war das älteste Hospital im Deutschen Reich, nach dem in Paris gegründeten »Hotel des Invalides« vermutlich sogar das zweitälteste Europas! Wer hatte wie Celle mit diesem »Vorläufer der Sozialversicherung« einen solchen Markstein in der Sozialgeschichte aufzuweisen? Er liegt, zerschlagen und zersplittert, auf der Schutthalde.

Ganz ungezügelt bewies sich dieses schräge Verständnis für Stadtgeschichtspflege bei der vernichtenden Sanierung der Celler Masch. In der malerischen Ecke hinterm Allerdamm lebten nämlich weder Honoratioren noch solche, auf die man hörte, weil sie aus Geschäftssinn Interesse an »Atmosphäre« hatten. In der Masch war die sozial schwächste Celler Schicht zuhause. »Den kleinen, niedrigen, eng aneinander gerückten Wohngebäuden ... merkte man es sofort an, daß von Wohlhabenheit und Behäbigkeit in ihnen nicht die Rede sein konnte,« schrieb Clemens Cassel 1930 in seiner insofern noch bis zum Ende der Masch aktuellen »Geschichte der Stadt Celle«. Arm wie die ersten Ansiedler seien auch stets ihre Nachkommen geblieben, die als Hausschlächter, Leineweber, Flickschuster oder Gerber, »namentlich aber als Tagelöhner ein kümmerliches Dasein fristeten«. Warum in der Masch seit jeher wirtschaftliche Not vererbt wurde, erklärt er für frühere Jahrhunderte allerdings auch: »Der Magistrat nahm das Recht zum Betrieb bürgerlicher Gewerbe ausschließlich für seine Untertanen in Anspruch« und »die zünftigen Meister der Stadt setzten daran, den Betrieb des Gewerbes in den Vorstädten nicht hochkommen zu lassen«.

Die Geschichte der Benachteiligung läßt sich bis zur lebenden Generation fortschreiben. Herbert Zimmermann, Sohn eines Schichtarbeiters und Hausschlächters, wurde in den fünfziger Jahren von einer Celler Bank ein 2000-Mark-Kredit zum Aufbau einer eigenen Schlachterei verweigert. Zwar hatte er ein schuldenfreies Grundstück zur Sicherheit vorzuweisen, doch war er Mascher. »Die Leute auf der Masch sammelten neben ihrer Arbeit noch Bickbeeren, Leseholz oder Pilze um sich durchzuschlagen,« erinnert er sich, »fast alle hatten in ihren Gärten Kaninchen, Schweine, Tauben oder Hühner.« Eis-Ida etwa fuhr im Sommer mit dem Dreirad Eiskugeln verkaufen, den Winter über machte sie Pantoffeln.

Armut war nicht die einzige Tradition, die die Mascher zu einem verschworenen Völkchen zusammenschweißte. »Wir waren 'ne rein rote Gegend, rein proletarisch«, sagt der aus der Masch vertriebene Zimmermann. Was das bedeutete, wurde spätestens mit dem Erstarken des Nationalsozialismus deutlich: Für die Nazis war die Masch ein Nest des Widerstands der Arbeiterbewegung. »Die SA hat sich durch unsere Straße gar nicht getraut,« erzählt Zimmermann, »die sind durch die Blumlage marschiert.« Mit der Machtergreifung Hitlers wurde das anders. Polizei und SA konzentrierten sich auf dieses Viertel und begannen dort mit ständigen Razzien. Oft wurde das ganze Quartier, wo sich die wichtigsten Stützpunkte der KPD befanden, zu Durchsuchungen umstellt. Im Boden zwischen den Wäschepfählen im Garten verschwand eine Druckmaschine. Die Schalmei, auf der Sonntags aus dem Küchenfenster heraus immer die Internationale geblasen worden war, versteckten die Mascher in den Allerwiesen. Auch die rote Fahne, die bis 33, von Posten bewacht, an einer der großen Eichen am Allerdamm geweht hatte, wurde in Sicherheit gebracht.

In der Gegnerschaft zum verhaßten Nazi-Regime hielten die Sozialdemokraten und Kommunisten der Masch zusammen. Dort standen alle Türen offen, wenn KPD-Aktive nach Klebeaktionen flüchteten: Sie verschwanden gleich wieder hinten raus durch die Gärten ohne Zäune oder kletterten durch die Schlupflöcher auf den Dachböden von Haus zu Haus. Wer die Mascher Siedlung erreicht hatte, konnte vor den Suchtrupps ziemlich sicher sein. Zu politischen Diskussionsrunden, getarnt mit Kreuzworträtseln oder Schachspielen, trafen Mascher noch lange nach 1933 in den Häusern oder auch in den Schrebergärten zusammen. Ein Beteiligter: »Das war dann unsere Erdbeerzeit.« Die auch in der Masch lebenden Zigeuner wurden vom Anger zwischen den Häusern vertrieben - Hitler ließ dort Bunker bauen -, und tauchten erst nach Kriegsende wieder auf. Mascher, mit KZ-Nummern gezeichnet, lebten bis zuletzt in der St. Georg-Straße.

»Unser Leben war hart, aber wir hatten so 'ne Tradition,« erklärt Zimmermann den »schönen Zusammenhalt« der Mascher. »Wenn die Sonne schien, holten die Frauen die Küchentische vor die Tür und strickten oder wir saßen die Gosse entlang und klönten.« Die Kinder spielten in den ewig matschigen Allerwiesen oder den ausgeplünderten Schrottautos. Nichts war so antiseptisch wie im Märkischen Viertel. Viele der am baumbewachsenen Anger stehenden Fachwerkhäuschen mit dem buntbemalten Schnitzwerk sahen verwahrlost aus. Alles machte den Eindruck unverdorbener, herzlicher Gemeinschaft. Die Mascher selbst hatten genügend Humor, ihren Ruf zu karikieren: »In der Masch, da ist es schön ... wo die Männer das Geld versaufen und die Kinder barfuß laufen, wo die Flöhe exerzieren und die Wanzen kommandieren!«

Solcherart »anders leben« wußte die Stadt Celle nur die trostlosen Segnungen des modernen Städtebaus entgegenzusetzen, als Anfang der 70er Jahre staatliche Gelder für Sanierungsprojekte drohten. Zwar gab es auf der Masch, im Gegensatz zur verbauten Innenstadt, nun beileibe keinen Mangel an Licht oder Luft, diesen beliebten Sanierungsvorwand, doch konnten sich die Täter in der Öffentlichkeit mit dem Vollbringen einer sozialen Tat schmücken. Mit dem Hammer des sogenannten Städtebauförderungsgesetzes meinten sie nämlich, der Verwahrlosung von Seelen und Balken in einem Schlage beizukommen.

Nachdem der Rat das Sanierungsprojekt beschlossen hatte, durften die Mascher in einer Umfrage sagen, ob sie die Sanierung wollten. Sie wollten sie nicht. Die Sozialstudie der Gewos vermerkte: »Die allgemeine Mitwirkung der Bewohner ist sehr begrenzt«. Nur 34 Prozent der Grundstücksbesitzer im gesamten Sanierungsgebiet Blumlage erklärten sich überhaupt zu Verhandlungen über ihre Anwesen bereit. Dererlei Fragen waren aber wohl nur so gestellt worden. Was für die Mascher das Beste zu sein hatte, wußte der Rat besser als sie selbst. Daß es auch gründlich durchgesetzt werde, besiegelte sein Beschluß, die Neue Heimat zum Sanierungsträger zu bestellen. Man hätte den Baggerführer direkt löhnen können.

Um die Straße zieht sich heute entlang eines »Herzog-Ernst-Rings«, auf dem die Autofahrer vor Schulkindern gewarnt werden müssen, ein Gürtel sechsstöckiger Banalbauten im Teure-Heimat-Stil. Die übriggebliebenen drei, vier denkmalgeschützten Mascherhäuser sind bis zur Peinlichkeit entwertet. Die Masch ist heute ein Viertel mit Alu-Briefkästen und Papierkörben, mit gummibelegtem Kinderspielplatz, Wechselsprechanlagen und Rododendren vor normierten Balkons. Auf dem Anger leuchten dreiarmige Laternen; Bänke gibt es dort und Schachspiele für die Kreativität – wie in Wanne-Eickel oder auf der Bundesgartenschau. Nur die Mascher sind nicht mehr da.

»Jetzt wohnen da die Leute, die früher um uns den großen Bogen gemacht haben,« meint Zimmermann, »die feinen.« Wer von der Urbevölkerung sich doch in einen dieser Betonkästen zwingen ließ – Kaninchen, Schweine, Tauben verboten, Garten und nachbarliche Gemeinschaft verloren –, weiß heute kaum mehr, wie er die steigenden hohen Mieten bezahlen soll. »Viele sind schon wieder ausgezogen,« sagt Zimmermann. Selbst wenn die Bewohner der Mini-Häuschen mit den gerade vier, fünf Meter breiten Grundstücken nicht »betuppt« sein sollten, wie heute gemunkelt wird, mit den läppischen zehn- oder zwanzigtausend Mark, die sie als Entschädigung bekamen, waren sie außerhalb der Welt der Mascher Arme. Zur Aller herunter wurden die Grundstücke staffelweise immer schlechter bezahlt. »Man hat gesagt, dies Land sei wertlos, weil nichts darauf zu bauen ist,« erinnert sich Zimmermann. Heute stehen auf diesen Grundstücken sechs Stockwerk hohe Wohnblocks.

Die Geschichte der Familie Zimmermann ist schnell erzählt. Sie gehörte zu jenen 83 Prozent der Sanierungsbetroffenen, die unbedingt in ihrem Viertel wohnen bleiben wollten. »Wir haben vier Jahre gekämpft, dazubleiben.« Ihre Existenz war die Schlachterei hinterm Wohnhaus, die eben nicht mit Hilfe der Banken, sondern durch die Großzügigkeit eines kleinen Viehhändlers aufgebaut worden war. Krönung des Geschäfts sollte ein Plan sein, auf den die Familie seit Jahren hinarbeitete. »Wir wollten auf den Konserven gehen, meine Söhne, Schlachtergeselle und Steuergehilfe und ich.« Daß die Zimmermanns doch aufgaben, lag an dem tiefsinnigen Angebot der Neuen Heimat: Die Schlachterei sollte abgerissen werden, das Wohnhaus hätte stehen bleiben können! Die Masch als »reines Wohngebiet«.

Andere Mascher brachte die Angst vor der drohenden Enteignung zur Aufgabe. Rechte und Schliche waren vor allem den vielen Alten ja gar nicht bekannt. Der Sanierungsbeirat, durch den die Bevölkerung an dem abgelehnten Projekt beteiligt werden sollte, blieb ebenso uninformiert wie wirkungslos. Als auf der Masch schon die Betonklötze gegossen wurden, hatte sich das Gremium noch über »die pflichtwidrige Lähmung des Beirats durch die Stadtverwaltung« zu beschweren. Immerhin erreichte diese so, daß der Beirat durch zu späte Information seine Aufgabe nie erfüllen konnte, wie er damals klagte. Irgendwann entschlief er dann auch ganz.

Milieu und Denkmäler der Masch sind ein für allemal aus der Welt saniert. Die Blumlage-Sanierung jedoch geht weiter. Inzwischen allerdings haben wohl selbst Rat und Verwaltung die Schande der Masch-Zerschlagung in Ansätzen begriffen. Auf der Blumlage darf nicht mehr hoch gebaut werden, der ganze Straßenzug wurde als Ensemble denkmalgeschützt. Der Celler Volksbank gebührt der Dank, die wunderschöne Zeile am Anger noch um ein Denkmal der Unbescheidenheit bereichert zu haben: höher als die anderen Häuser, gestaltet durch niedersächsische Tirolerbalkons und verziert durch grellblaue Leuchtreklame böte sich den Stadtvätern hier das einzige abrißwürdige Sanierungsobjekt. Trotz alledem ist die Blumlage noch ein Schatz sozial-und stadtgeschichtlicher Dokumentation. Für die überall verstreuten Mascher ist sie sogar noch der letzte Fetzen einer verlorenen, liebenswerten Heimat.

»Den Alten ist der Wegzug am schwersten gefallen,« erzählt der Schlachter Zimmermann. Doch er selbst hatte, noch keine drei Monate weg von der Masch, einen Herzinfarkt. Zum Lottospielen fährt er noch heute quer durch die Stadt zur Blumlage. Zuerst, als von der Masch noch etwas stand, ging er noch zwei, dreimal wöchentlich hin, »nur so, und manchmal auch ganz aus Versehen«.

Straßenzug in »Masch« vor und nach der Sanierung.

8. Kapitel

Traditionen

Irmela Sell

Schützenfest im Heidedorf

Bitte nennen Sie auf keinen Fall unseren Namen, bitte unter gar keinen Umständen den Ort. Wissen Sie, so ein kleines Dorf... Hier kennt jeder jeden und wer weiß, was wir für Schwierigkeiten bekommen...

1978, Schützenfest in einem Heidedorf bei Celle. Tradition, alle Jahre wieder. Bauern und Honorationen versammeln sich: der große Umzug wird geplant. Die Kirche ist mit von der Partie. Sitten und Gebräuche müssen in Ehren gehalten werden.

Dieses Mal soll der Umzug der Schützengilde in Uniformen stattfinden. In Soldatenuniformen aus dem 1. und 2. Weltkrieg. Ein Bauer hat dazu in liebevoller Kleinarbeit einen Schützenpanzer nachgebaut. So originalgetreu wie möglich. Die Stahlhelme sind mit Hakenkreuzen versehen. Es muß alles seine Ordnung haben. Die Tradition verpflichtet.

Nun wird von diesem Vorhaben etwas bekannt. Leute, die den Nationalsozialismus nicht als Karneval erlebt haben, versuchen zu intervenieren. Sie sprechen mit den Gildemitgliedern, doch die Bauern sind uneinsichtig. Sie wollen sich ihren Spaß nicht verderben lassen.

Der örtliche CDU-Vorsitzende wird gebeten, seinen Einfluß geltend zu machen. Dieser Mann ist gleichzeitig »Kommandeur« der Schützengilde. Er findet nicht so viel dabei, schlägt aber vor, um die Gemüter zu beruhigen, die Hakenkreuze zu übermalen. Die Bauern wollen auch das ignorieren.

Schließlich wird Minister Hasselmann informiert. Er kennt die Einwohner zum Teil persönlich. Sie gehören zu seinem Wahlkreis. Der Minister kann die Schützen am Telefon überreden, sich die Sache nochmal zu überlegen.

Der Tag des Schützenfestes ist da. Es hat alles nicht viel geholfen. Der Pastor (bitte nennen Sie keine Namen) segnet die uniformierte

Schützengilde und den Panzer. Die Hakenkreuze sind ein wenig übertüncht; sie schimmern jedoch durch.

Marschmusik, der Umzug beginnt ... 100 Meter weiter wird der Zug gestoppt.

Männer in einem zivilen Personenwagen geben sich als politische Polizei zu erkennen. Ein anonymer Anrufer hätte sie benachrichtigt. Sie müßten hier einschreiten, es gäbe da Gesetze und es läge eine Anzeige vor. Die Schützen sollten doch umkehren, oder, es täte ihnen leid, man müßte »Maßnahmen« ergreifen.

Die Dörfler entschließen sich zum Abbruch. Der Umzug ist zu Ende. Das Fest geht weiter.

Am nächsten Tag prangt bei den Leuten, die offen den Ablauf zu stören versucht haben, ein großes Hakenkreuz an der Hauswand. Sie werden in Zukunft geschnitten.

Norbert Kandel

Deutschland, wir kommen

Rechte Ultras planen den Umsturz

Sie singen vom deutschen Vaterland, schwören vergangenen Helden Gehorsam und schwärmen vom entschiedenen Durchgreifen in der Politik. Bei gemeinsamen Lagerfeuerabenden, nostalgischen Sonnenwendfeiern und paramilitärischen Geländesspielen reifen unverhüllter Männlichkeitswahn mit Werten wie Kampf, Härte, Bewährung; im Unterholz wachsen Aufbruchstimmung und Ungeduld.

Harte Jungmänner, Waffen-Narren und Uniform-Fetischisten prägen die rechtsradikale Szene ebenso wie schlapp gewordene Alt-Nazis und achtjährige Jungscharführer. Sie gelten mehr oder minder als harmlos, werden in Staatsschutz-Stuben und amtlich oft als Verbal-Radikale, Polit-Clowns und Träumer belächelt.

Doch das immer noch gehegte Bild von den armen Irren, die am Hinterzimmerbiertisch gern mal vom »Vierten Reich« faseln, stimmt nicht mehr; die Szene der rechten Ultras hat sich gewandelt. Parlamentarische Rituale, die den Nationaldemokraten Ende der 60er Jahre noch Strohfeuer-Wahlerfolge brachten, weichen immer mehr der Bereitschaft zur Militanz. Je mehr die Rechte zerkrümelt (NPD-Mitglieder 1970: 27 000, 1981: 6 300), desto häufiger bilden sich Mini-Zirkel, die untereinander Kontakte pflegen und mal konspirativ, mal demonstrativ zu Werke gehen: gegen den »Volkskrebs Demokratie« und für einen »Staat mit Führerstruktur«.

Sie fahren in Konvois über die Autobahn, ziehen durch die Straßen in brauner Manier, gehen nachts in Klebe- und Maltrupps auf Tour, »abgeschirmt mit Funksprechern«, wie ein niedersächsischer Neonazi im NSDAP-Kampfruf verrät, die Polizei »immer auf unserer Frequenz«. Wer sich erwischen läßt, ist eben kein Kamerad.

Um Zulauf braucht ihnen nicht bange zu sein: seit Mitte der 70er Jahre steigt die Anzahl rechtsextremistischer Jugendorganisationen, die Mitgliederzahlen nehmen zu. Von 23 rechtsradikalen Jugendgruppen gründeten sich 14 erst nach 1972, sieben allein 1977/78.

Inzwischen sind anfängliche Hakenkreuz-Schmierereien immer mehr Sachbeschädigungen, Waffendiebstählen, Körperverletzungen, Raub- und Banküberfällen gewichen. 1978 zählte das Bundesinnenministerium 992 rechtsextreme Delikte, 400 mehr als im Vorjahr: der höchste Stand seit 1960, als im Anschluß an die Kölner Synagogenschändung mit 1100 Ausschreitungen eine neonazistische »Schmierwelle« das Land erfaßt hatte. 1979 mußte die Bundesanwaltschaft erstmalig auch gegen eine terroristische Vereinigung von rechtsaußen ermitteln, aber das Bundesinnenministerium gab noch im gleichen Jahr im Verfassungsschutzbericht kund: der deutsche Rechtsextremismus verfolge »keine einheitliche Strategie«, sei »organisatorisch zersplittert« und habe »auch keine Führerpersönlichkeiten«.

Dabei ist der Rechtsterrorismus, so wissen Historiker, fast immer völlig unkalkulierbar gewesen. An die Geschichte anknüpfend tönte es aus der Richtung der »Aktionsfront Nationaler Sozialisten« des Michael Kühnen: »Wir sind im nationalen Lager gar nicht so zersplittert, wie es scheint. Erst einmal kennen wir Führungsleute uns alle, von Nord bis Süd. Wir sind jederzeit in der Lage, auf einen Schlag und koordiniert zuzuschlagen. Wir beraten uns regelmäßig, stimmen unsere Aktionen ab. Wir bemühen uns, so unorthodox und verwirrend wie möglich zu operieren – das ist unsere Stärke«.

Der Altnazi Thies Christophersen, Gründer der »Bürger- und Bauerninitiative«, gab die Parole aus: »Sobald es eine Gruppe mit der Justiz zu tun bekommt, müssen sich andere Gruppen von dieser distanzieren. Jedenfalls müssen sie das öffentlich bekannt geben.«

Und der derzeit prominenteste Neonazi und »Führer« der »Deutschen Bürgerinitiative«, Manfred Roeder, ging den Marsch in den Untergrund voran: »Wir sind gezwungen wie Guerillas eine Freiheitsbewegung ins Leben zu rufen, das heißt, daß wir wie Partisanen im Volk schwimmen und überall angreifen.«

1980 wurde in Lörrach eine Frau von einer Neonazi-Bombe schwer verletzt, in einem Hamburger Ausländerlager starben erstmalig zwei Menschen; der Anschlag auf das Münchener Oktoberfest ist vorläufiger Höhepunkt. Mit der Schreckensbilanz von 17 Toten und 204 Schuß- und Sprengstoffverletzten überragten die Rechtsradikalen die Opfer von Linksterroristen bei weitem. Generalbundesanwalt Kurt Rebmann hatte 1979 noch »keinen Vergleich mit den Anfängen der RAF-Szene« ziehen wollen. Lediglich ein ermittelnder Staatsanwalt durfte sich mit dem Rechtsterrorismus beschäftigen; 29 Kollegen schafften gegen den linken Terror.

Was sich da am rechten Rand der Gesellschaft tut, ist in der Kontinuität der Entwicklung vom Kleinst-Kriminalismus zum Top-Terrorismus für Entwicklungsbehörden auch schwer zu fassen – die Zone des NS-Traumas ist tabu. Nach rückwärts wenden sich die Rechtsradikalen auch deshalb voll Wehmut, weil damals Volk, Vaterland und Familie noch etwas galten und die Sehnsucht nach Harmonie und Geborgenheit befriedigten. Werte, die bei den Westdeutschen keineswegs auf Widerstand stoßen.

Da würden, nach einer Emnid-Umfrage, sieben Prozent der Deutschen wieder einen Hitler wählen.

Das Sozialwissenschaftliche Institut Nowak und Soergel (Sinus) registrierte bei 13 Prozent der Bevölkerung ein »ideologisch geschlossenes Weltbild« – wobei Billigung nicht gleich Aktion bedeutet. Beim Drang nach rechts, so die Sinus-Studie, stammen überdurchschnittlich viele Rechtsradikale aus Dörfern zwischen 200 und 5 000 Einwohnern, aus Kleinstädten und Randzonen der Metropolen.

Im Celler Land, wo der Oberbürgermeister beim Schützenfest schon mal die rechten Worte findet (»Die Bewahrung des Alten darf niemals erkalten«), wo die NPD 1968 noch 10 bis 12 Prozent der Stimmen erhielt und immer ungestört Parteitage abhalten durfte (zuletzt 1978), wo die Ortsgruppe »HIAG«, die Hilfsgemeinschaft ehemaliger Waffen-SS'ler, ebenso unbeschadet im »Schifferkrug« tafeln durfte wie die ehemalige »Nebel- und Werfertruppe« anfangs im »Braunen Hirsch« und später im Gesellschafts-Tempel »Union«, ist ein Stück Gewöhnung an rechte Parolen längst wieder erreicht.

Die Stadt ist nicht nur Hochburg der sich besonders heimisch fühlenden Nebelwerfer, die gegen Ende des Krieges in Celler Kasernen den Gaskrieg vorbereiteten, sondern war zeitweise Treffpunkt des rechtsradikalen »Bund Heimattreuer Jugendlicher« (BHJ). Über das Lokale hinaus fielen Mitglieder dieser Truppe erstmals im Sommer 1970 auf: bei einer mitternächtlichen Feier im Einfamilienhaus Am Berge 16a, schräg gegenüber dem Judenfriedhof.

Der 20jährige Gastgeber hatte mit einem Gefreiten, einem Fähnrich und drei zivilen Freunden auch Grund zum Feiern: den Geburtstag und die Beförderung zum Unteroffizier. Den halbwegs militärischen Rahmen gab ein Fanfarenzug des Schützenvereins Garßen. Und so sangen sie in BHJ-Kluft, dem »kleinen Bieranzug«: »Denn heute gehört uns Deutschland und morgen die ganze Welt.«

Am nächsten Morgen waren auf dem Judenfriedhof vier mittelalterliche Grabsteine umgestoßen und zerbrochen, andere im Fundament gelockert. Für den hannoverschen Oberst Rudolf Bretschneider, vom Verteidigungsministerium mit der Untersuchung der Affäre beauftragt, eine »Schweinerei, nicht nur, weil Soldaten dabeigewesen sind.«

Die Feier galt lange Jahre als Ausfall und war es wohl auch. Erst Ende der 70er Jahre setzte eine Welle von Ausschreitungen ein, die inzwischen zumindest ein Ziel erreicht hat: die Sensibilität auf Hakenkreuze hat nachgelassen.

Im Winter 1978 klirrten in einem alternativen Buchladen in der Mauernstraße erstmals die Scheiben, der Vermieter fürchtete um »die Gesundheit meiner Familie und der Mitbewohner« und schickte die Kündigung. Begründung: die Mieter benützten den Laden »nicht nur zum Verkauf von Büchern«, sondern auch um ihre »politische Meinung zu propagieren«. Das Resümee des Hausbesitzers: dieses ziehe »terroristische Maßnahmen ihrer Gegner nach sich«.

Im nächsten Jahr loderten die Flammen in den Räumen einer politisch engagierten Wohngemeinschaft, am 17. Mai 1980 wurde der Türke Ibrahim Essiz von einem Rechtsradikalen in schwarzer Kluft mit dem Schlagstock verprügelt.

Auch die Gedenkstätte Bergen-Belsen traf es nun öfter. Sie wurde unter anderem am 4. 5. 78 mit rotem Farbspray heimgesucht und mußte zur Zeit der Holocaust-Serie von der Polizei geschützt werden. Bei einem Raubüberfall auf ein Biwak der holländischen Armee am 5. 2. 78 in Bergen-Hohne wurden ein Wachsoldat verwundet und Maschinengewehre plus Munition entwendet.

Und 3 000 Mark Belohnung mußte der Regierungspräsident in Lüneburg aussetzen, als am 5. September 1980 Unbekannte mehrere Grabsteine und die drei Meter hohe Marmorsäule auf dem sowjetischen Soldatenfriedhof in Bergen-Hörsten zerstörten. Schaden: 20 000 Mark.

Der Celler Ernst August Balke hatte sich inzwischen mehr oder weniger offen zu manchem Vorfall bekannt: der 38jährige Krankenpfleger zeichnet auch den typischen Weg vom Sucher nach politischer Identität über den Aktivisten bis hin zum Kriminellen. Anfangs engagierte er sich, noch harmlos, bei Jugendorganisationen der SPD, rückte dann in die Nähe des Kommunistischen Bundes Westdeutschland, gab danach ein Zwischenspiel bei der NPD und landete dann bei der NSDAP-AO (Auslands- und Aufbauorganisation), die aus den USA gesteuert, in Broschüren und Zeitschriften den gewaltsamen Sturz des »Bonner Verratsregimes« propagiert. Die Mitgliedschaft beruht auf dem germanischen Gefolgschaftsprinzip: wer für die Ziele eintritt, sich dazugehörig fühlt, ist Mitglied. Grundlage sind Treue und Gehorsam gegenüber der Partei; Verräter verfallen der Feme.

Und so wurde Balke beobachtet, wie er NSDAP-AO-Parolen klebte: »Kauft nicht bei Juden«, »Rotfront verrecke«, etwa vor der Realschule in Westercelle. Die Betreiber des Buchladens beschimpfte er als »rote Säue« und »bolschewistische Zuhälter«, einem Celler drohte er mit »roter Judensau«, der er »das Knie durchschießen« wolle; auch der schwerverletzte Türke ging auf Balkes Konto. Am 4. 11. 80 wurde von der Staatsanwaltschaft Lüneburg Anklage erhoben: Verwendung von NS-Kennzeichen, Verbreiten von NS-Propagandamaterial, Sachbeschädigung, Nötigung, gefährliche Körperverletzung, Widerstand gegen die Staatsgewalt, Verstoß gegen das Waffengesetz.

Balke, der schon einmal in Celle verurteilt worden war, stand im Januar 1981 vor dem Lüneburger Schöffengericht: in schwarzer Kluft, mit Runenzeichen am Oberarm. Doch der Ton zum Angeklagten war eher väterlich. »Wir leben in einer Zeit«, so der Richter, »da gibt es gefährlichere Leute als Sie.« 16 Monate Haft forderte der Staatsanwalt; Balke wurde mit einem Jahr auf Bewährung nach Hause geschickt.

Das »good-will« des Richters, »Bewährung, weil unter dem Eindruck dieses Gerichtsverfahrens der Angeklagte keine weiteren Straftaten begehen wird«, fruchtete nichts. Der Celler, der im Verfahren offen zugegeben hatte, »überzeugter Nationalsozialist« zu sein, erfüllte die Bewährungsauflagen nur bis zum 3. September 1981: Ende Oktober wurde er von einer belgischen Spezialeinheit in Gent mit drei Kameraden festgenommen und später ausgeliefert. Der strenge Verdacht: Beteiligung an einem Banküberfall und Mitgliedschaft in einer terroristischen Vereinigung.

Während Balke eher als Typ des braven Mitläufers gilt, dem ehemalige Kollegen im Allgemeinen Krankenhaus schon mal als »etwas verwirrt« Mitleid bekunden, scheint der am 30. März 1954 in Celle geborene Einzelhandelskaufmann Volker Heidel weniger verwirrt zu sein. Heidel, der zwischen Celle und Hannover pendelte, mußte sich im Herbst 1980 vor dem 3. Strafsenat des Oberlandesgerichtes Celle verantworten: wegen Mitgliedschaft in einer terroristischen Vereinigung und Durchführung von Sprengstoffanschlägen.

Mit »friedlichen Mitteln und möglichst legal« hatte Heidel, in schwarzer Hose und schwarzem Polo-Hemd vor Gericht, die Idee des Nationalsozialismus verbreiten wollen. Bis zu seinem Austritt aus der NPD im August 1977 war er Vorstandsmitglied im Bezirk Hannover-Stadt und Kreisvorsitzender der jungen Nationaldemokraten. Weil sich die NPD »zusehr dem Kapital verpflichtet« fühle, wandte er sich der NSDAP-AO und dem »Kampfbund Rudolf Heß« zu, geriet in den Kameradenkreis des Hauptangeklagten und »Gauleiters« Paul Otte aus Braunschweig, von dem in der Vergangenheit schon mal die »1. Nachkriegsausgabe« des »Völkischen Beobachters« beschlagnahmt werden mußte.

Auch Heidel stand nicht zum erstenmal vor Gericht. Er begann mit Propagandaplakaten und Pamphleten, wie an den Landesbischof und den Ministerpräsidenten. Am 21. Oktober 1977, morgens um halb vier, legte er mit anderen eine Bombe vor den Haupteingang der Amtsgerichtes Hannover. Am 19. 2. 81 erging das Urteil: zwei Jahre und neun Monate.

Im selben Prozeß um »Gauleiter« Otte trat auch Michael Kühnen auf, der im Oktober 1977 bei einem Treff in Peine eine Rohrbombe in Empfang nehmen durfte. Kühnen, zur Aussage von der Haft im Hochsicherheitstrakt Celle freigestellt, tat dies redselig und nichtssagend. Otte schmuggelte ihm einen Zettel in die Zelle: »Gut gemacht, Michael«.

Michael Kühnen, Student der Bundeswehrhochschule und 1977 wegen eines Dienstvergehens entlassen, hatte sich anfangs ebenfalls bei den Jungen Nationaldemokraten umgesehen. Doch die frustrierten NPD-Nachkömmlinge waren dem Ex-Leutnant nicht schneidig genug. Kühnen gründete in Hamburg die »Aktionsfront Nationaler Sozialisten«, fiel bald darauf mit Hakenkreuzschmierereien und dem Verteilen von Flugblättern auf: »Deutschland, wir kommen«. Er bekannte sich offen zum »revolutionären Nationalsozialismus« und wollte eine »bundesweite NSDAP« aufbauen; eine Gesinnung, so verkündete er den Richtern, »die ich nie geleugnet habe und auf die ich stolz bin.«

Kühnen, dem anfangs – von zwei Mitangeklagten belastet – vorgeworfen wurde, als »Rädelsführer« und »Drahtzieher« an Überfällen auf die Bundeswehr und NATO-Einrichtungen, Raubüberfällen und Plänen zur »Liquidierung« von Beate und Serge Klarsfeld, zur Befreiung von Rudolf Hess und der Sprengung der KZ-Gedenkstätte Bergen-Belsen beteiligt gewesen zu sein, wurde 1979 vom Oberlandesgericht Celle lediglich wegen Aufstachelung zum Rassenhaß, Volksverhetzung und Verherrlichung von Gewalt verurteilt; er kam mit vier Jahren Gefängnis davon. Die belastenden Mitangeklagten hatten einen Rückzieher gemacht: »Kamerad Kühnen« habe nichts gewußt.

Der sitzt noch bis August 1982 im Celler Hochsicherheitstrakt; die Zahl der monatlich bei ihm ein- und ausgehenden Briefkontakte ist dreistellig. Er wolle, so verkündete der inzwischen zur geistigen Gallionsfigur avancierte Kühnen aus der Zelle, nach der Freilassung die alte »Aktionsfront Nationaler Sozialisten« wieder »reorganisieren« und mit »altem Geist auf neuen Wegen« in Schwung bringen. Auch drang nach draußen, daß er sich in Celle niederlassen wolle.

Hauptangeklagter in diesem in der Bundesrepublik ersten Prozeß gegen eine terroristische Vereinigung von rechts war der Kühnen-Bekannte Uwe Rohwer. Der kaufmännische Angestellte hatte sich gleichfalls bei der NPD engagiert, stieg schnell zum Vorsitzenden des Kreisverbandes Schleswig-Flensburg auf, war bis 1978 » Gauführer Nordmark« der Wiking-Jugend, wechselte dann zu Kühnens noch junger »Aktionsfront Nationaler Sozialisten« und veranstaltete auf seinem »Wikinghof« in Dörpstedt Jugendlager mit Lagerfeuer und Heimatkundeunterricht; dort bildete er seine »Werwölfe« auch im Wehrsport aus. Rohwer wurde wegen gefährlicher Körperverletzung, schweren Raubes als Mitglied einer terroristischen Vereinigung und andere Delikte zu neun Jahren Freiheitsstrafe verurteilt.

Auch Manfred Roeder, der den von ihm propagierten Untergrundterror nicht lange durchhalten konnte und sich jetzt in Stuttgart wegen Bombenattentaten wie auf das Hamburger Ausländerlager verantworten muß, ging anfangs noch mit Farbbeuteln gegen Porno-shops und Sexkinos vor. Später gründete der Rechtsanwalt die »Deutsche Bürgerinitiative« und kämpfte gegen »Besatzerstaat« und »Vergasungslüge«. Roeder, der sich im Frühjahr 1980 zum »Führer« der »Deutschen Aktionsgruppen« aufschwang, wollte, so sagte der Mitangeklagte Raymund Hörnle aus, »daß Menschen zu Schaden kommen.«

Hörnle berichtete bereits im September 1980, kurz nach seiner Festnahme, daß der Forstwirtschaftsmeister Heinz Lembke aus Oechtringen bei Uelzen depotweise Sprengstoff und Waffen versteckt halte, im Keller Sprengtrupps ausbilde und vorhabe, Brücken wie etwa die über den Fehmarnsund hochzujagen. Auch hatte das bayerische Landeskriminalamt Hinweise, daß Lembke Lieferant des Sprengstoffes gewesen sei, der beim Münchener Oktoberfest explodierte. Doch es sollte noch ein Jahr dauern, bis die Behörden ihm – durch Zufall – auf die Schliche kamen. Lediglich Lembkes Wohnung wurde durchsucht, der Garten mit Minensuchgeräten abgetastet; man fand ein leeres G-3-Magazin und leere Patronenhülsen ...

Lembkes politische Karriere hatte beim »Bund Vaterländischer Jugend« begonnen, der 1962 verboten wurde – da war Lembke Bundesgeschäftsführer. Er wurde dann in der NPD aktiv, besuchte Veranstaltungen des »Bundes Heimattreuer Jugend« und der »Deutschen Bürgerinitiative« Roeders. Zwischenzeitlich kandidierte er im Kreis Uelzen für die NPD. Im Januar 1976 war Lembke dabei, als Manfred Roeder in Lüneburg einen Fackelzug zur »Wiederherrichtung des Deutschen Reiches« veranstaltete und stürmte im September 1976 mit NPD-Kameraden das Lüneburger Jugendzentrum. Angeklagt wegen Körperverletzung und Nötigung, wurde er in der ersten Verhandlung zu 3 150 Mark Geldstrafe verurteilt, in Berufung, als Entlastungszeugen aufmarschierten, freigesprochen.

Als Lembke im Frühjahr 1981 als Zeuge geladen wurde, um gegen seinen Weggefährten Roeder auszusagen, verweigerte er die Aussage und mußte am 13. April für sechs Monate in Beugehaft. Erst am 14. Oktober kam er wieder frei. Wenig später wurde er verhaftet, bekam unter dubiosen Umständen ein Radioverlängerungskabel in die Zelle geliefert und hängte sich daran auf. »Es ist Wolfszeit« schrieb er im Abschiedsbrief; das Kabel hatte er sich von seiner Ehefrau nachreichen lassen: sie gab es an der Anstaltstür ab.

88 Kisten in 31 Depots wurden im Süsinger Forst gefunden, zwei weitere Verstecke, von Lembke mit angegeben, blieben unauffindbar: Material, mit der eine Bürgerkriegstruppe hätte ausgerüstet werden können. Doch Lembke wird immer noch als eher privater Sammler eingestuft. Niedersachsens Innenminister Möcklinghoff verkündete noch im Januar 1982, daß Lembke »im wesentlichen ein Einzeltäter« gewesen sei.

Ebenfalls am Rande des Truppenübungsplatzes Munster, nicht weit vom Lembke-Tatort entfernt, bringt ein Mann eine Geländetruppe auf Trab, der sich mit Händen und Füßen dagegen wehrt, auch nur in die Nähe von Neonazismus oder gar Wehrsport gebracht zu werden: der Bergener Arzt Uwe Jürgens, der unregelmäßig, meist am Wochenende, kernige junge Männer durchs Niedersächsische robben läßt.

»Nothilfstechnische Übungs- und Bereitschaftsstaffel« heißt das Ganze, das ordnungsgemäß seit 1978 beim Celler Amtsgericht im Vereinsregister eingetragen ist und vorgibt, »geeignete und uneigennützig denkende junge Männer in möglichst vielen Arten der Hilfs- und Rettungsleistung« auszubilden: »zunächst in Niedersachsen und Schleswig-Holstein, dann später auch in anderen Bundesländern«. Die Jungen werden dann »straff geführt«, müssen »Pflichtbewußtsein« und »Opferbereitschaft« zeigen, »kameradschaftlich« sein und »nicht ... reden« - so die Satzung.

Was es Beobachtern schwer macht, Bezüge zum rechtsextremistischen Spektrum zu übersehen, ist nicht nur die politische Verbundenheit des Gründungsmitgliedes Heinrich Hellmann mit dem Waffenhorter Lembke bei der NPD. Es ist auch das Vereinsemblem, das schwarze Balkenkreuz auf weißem Hintergrund mit eingearbeiteter Lebensrune, das an vorrepublikanische Zeiten erinnert und sämtliche Fahrzeuge des stattlichen Fuhrparks ziert. Auch der Titel des Vereins kommt bekannt vor: die Technische Nothilfe, 1919 gegründet, diente zur Räsonierung von streikenden Arbeitern, wurde 1934 von Hitler anerkannt und zuletzt der SS unterstellt.

Vereinschef Jürgens ist auch kein Unbekannter mehr: beim Prozeß gegen Kühnen und Rohwer sollte er am 17. 8. 79 vor dem Celler Oberlandesgericht über seine Rolle als Schlauchbootbeschaffer berichten und erhielt, weil er dies nur bruchstückhaft tat, drei Tage Beugehaft und 200 Mark Ordnungsgeld aufgebrummt. Der Mitangeklagte Fotokaufmannsgehilfe Lutz Wegener, der zu sieben Jahren Jugendstrafe verurteilt wurde, hatte bei seiner Vernehmung durch Celler Kripo-Beamte etwas preisgegeben, wovon er später nichts mehr wissen wollte: Jürgens hätte, so erzählte Kripo-Mann Bohnet dem Gericht, »unter dem Begriff Katastrophenschutz« Großes vor, mit »gleichen Wehrsportzielen wie Rohwer«; der »Doktor« aus Bergen hätte »schon Fahrzeuge gekauft«.

Bei den Übungen des Bergener Arztes, der Uwe Rohwer gut kannte, sind inzwischen auch Leute aus Dörpstedt aufgetaucht; dort hatte Rohwer seinen »Wikinghof«-Kreis ausgebildet. Und nicht nur Ralf Ollmann, langjähriger Leiter der Wiking-Jugend in Berlin – die Stadt war zeitweise auch Wohnsitz von Jürgens – fand sich ebenso wie andere mehr oder minder Prominente aus der Ultra-Rechten Szene in Bergen ein. 1981 beging die Jürgens-Staffel mit der Wiking-Jugend im Raum Soltau eine Sonnenwendfeier.

Zum ersten Mal waren die Jürgens-Jungmänner aufgefallen, als sie am 3. 5. 1980 vorm Odertalsee im Harz mit einem »großen Verkehrsbus mit verkleideten Fensteröffnungen«, einem »Bundeswehrjeep«, einem »LKW mit MG-Turmluke« und einem »Ford-Transit-Notarztwagen« vorfuhren und mit »Tarnnetz« und »Sturmboot« campierten. Ein Spaziergänger witterte Unheil, drückte auf den Auslöser seiner Kamera, wurde bemerkt und konnte sich nur durch Flucht in sein Auto retten.

Über einen Monat später erhielt er dann Post: der Celler Rechtsanwalt Volker Nebelsieck, der 1968 für die NPD kandidierte und inzwischen einer von zwei Kreistagsabgeordneten der »Wählergemeinschaft« ist, untersagte im Namen seines Mandanten Jürgens »jegliche Verwendung, insbesondere eine Veröffentlichung« der Bilder und forderte Herausgabe oder Vernichtung. Der Harz-Wanderer wollte nicht, Jürgens zog vor das Landgericht Hannover. Als am 12. 12. 80 der Gerichtstermin fällig war, verzichtete er jedoch – offenbar um nicht öffentlich über seinen Verein berichten zu müssen.

Danach drehte die Verteidigung des Amateur-Fotografen den Spieß um, der hannoversche Rechtsanwalt Detlev Fricke erstattete Strafanzeige gegen Jürgens wegen unerlaubten Uniformtragens. Grundlage waren die Fotos von der Übung am Stausee. Die zuständige Göttinger Staatsanwaltschaft mochte darauf jedoch nur »drillichähnliche Anzüge« erkennen und stellte am 29. Mai 1981 die Ermittlungen ein.

Beides nahm der Norddeutsche Rundfunk zum Anlaß, über Jürgens' »als Katastrophenschutzgruppe getarnte Wehrsportgruppe« zu berichten. Jürgens klagte wieder, fühlte sich in seiner »Ehre beeinträchtigt«. Die Staatsanwaltschaft beim Landgericht Hamburg stellte die Ermittlungen ein.

Auch als das SPD-Mitteilungsblatt »Augen auf« aus Wietzendorf bei Soltau am 16. 12. 80 »seltsame Typen« im Dorf ausmachte, die

»feldkampfmäßig mit Kampfanzügen und 'Knobelbechern'« übten, mit »zackiger Marschmusik« im Auto und selbst bei Nacht: »harmlose Pilzsammler sehen sich unvermittelt einer bewaffneten Einheit gegenüber«, wollte Jürgens eine »Gegendarstellung« durchsetzen. In einem offenen Brief forderte er einen »Widerruf« auf den Anzeigenseiten der »Böhmezeitung« und der »Celleschen Zeitung«, andernfalls würde er Strafanzeige erstellen. Die Schrift in gotischen Lettern endet: »Der Verein läßt sich durch die Verleumdungskampagnen radikaler politischer Sektierer gar nicht beeindrucken, zumal seitdem immer mehr Eintrittsgesuche besonders ganz junger Leute eingehen«.

Junge Leute aus der Jürgens-Truppe waren schon im Sommer 1980 auf dem Truppenübungsplatz Bothfelder Heide in Hannover festgenommen worden: drei Männer, zwischen 18 und 21, probten dort in unschuldigem Pfadfindergeist argloses Soldatenspiel, in Kampfanzügen der Bundeswehr mit Stahlhelmen und Schreckschußpistolen. Sie wurden am 18. 12. 80 wegen unerlaubten Uniformtragens zu jeweils 200 Mark Geldstrafe verurteilt, mit dem Versprechen, »nie wieder in Kampfanzug Soldat zu spielen«. Am 15. August 1981 wurden sie beobachtet, wie sie auf der Fahrt von Hannover nach Bergen in Fuhrberg bei Celle Halt machten, ihre zivile Montur ablegten und in ihre bundeswehrähnliche Kluft stiegen.

Auch der »Hannoverschen Allgemeinen«, die kurz über den Vorfall in Bothfeld berichtet hatte, schickte Jürgens eine »Gegendarstellung«. Bei einem Wochenmagazin im November 1981 machte er dagegen eine erste Ausnahme: »Bei uns im Verein, da gibt es natürlich keine Demokratie«, verkündete er Journalisten, die Bares dagegenhielten und rechtfertigte die Waldspiele als »Geländeübungen« zwecks »körperlicher Ertüchtigung«. In die Nähe von »Wehrsport« und »rechtsradikal« gerückt zu werden, ficht ihn nun ebenfalls nicht mehr an: »Das ist für die jungen Leute in der Gegend eher ein Anreiz, sich bei mir zu melden.«

Sorgen um Nachwuchs brauchen sich die, die sich den ewigen Werten verschworen haben, auch nicht zu machen. Nach einer Studie des Saarbrücker Instituts für Sozialforschung sind 35 Prozent der arbeitslosen Jugendlichen der Meinung, Demokratie nütze ihnen nichts. Der Frankfurter Soziologe Klaus Sochatzy, der die Einstellung Jugendlicher zu rechtsradikalen Parolen untersuchte, registrierte, daß jeder vierte der von ihm befragten Schüler rechtsextremen Sprüchen in überwiegendem Umfang zustimme.

Sochatzy, der vor allem »Hauptschüler und Auszubildende gefährdet« sieht, Mittelschichtsjugendliche »eher auf der ideologischen Ebene«, machte zugleich ein breites Potential noch nicht rechtsradikal Entschiedener, nicht rechtsradikal Organisierter aus, doch seien sie in bestimmten Situationen durchaus mobilisierbar.

9. Kapitel

Spezialitäten

Dietrich Höper

Unter roten Fahnen

Die Revolution der Marinesoldaten

Als in den ersten Novembertagen im Jahr 1918 die »Sturmvögel der Revolution«, die Matrosen der Kriegsmarine, von Kiel heim ins Reich zogen, um die Bildung von Arbeiter- und Soldatenräten zu initiieren, konnten sie Celle aussparen. Hier war die Revolution zur Überraschung aller, selbst der Arbeiterschaft, längst gediehen. Sie blieb auch Auswärtigen vorbehalten: Marineflieger aus dem sieben Kilometer entfernten Scheuen mußten die alten Gewalten ins Wanken bringen.

In Celle war auch, im Unterschied zu anderen Städten im Reich, die Arbeiterschaft stark unterentwickelt. Es kam nicht wie anderswo im Herbst 1917 und im Frühjahr 1918 zu Protestdemonstrationen oder gar Streiks gegen Hunger und Krieg. Auch die aus der Umgebung rekrutierten Soldaten der in Celles Kasernen lagernden Ersatzbataillone des 77er Infanterieregiments und der 46sten Feldartilleriekompanie wagten keinen Widerspruch.

Lediglich in Scheuen hatten die hochqualifizierten Flieger und Flugtechniker gelegentlich ihren Unmut über die Kriegsführung der Marineleitung gezeigt und mit Befehlsverweigerung reagiert. Sie, meist im Offiziers- oder Unteroffiziersrang, aber als solche vom alten Offizierskorps nicht anerkannt, informierten sich ständig per Direktflug in die Marinehäfen der Nord- und Ostsee über die Lage.

Am Morgen des 7. November 1918 erfuhren die Scheuener Matrosen, daß Infanteristen am Celler Bahnhof Züge aus dem Norden anhalten und nach Matrosen durchsuchen sollten. Um eventuell gefangene Kameraden zu befreien, entsagten sie dem Dienst, besetzten die Bahnhöfe in Celle und Garßen und die strategisch wichtige Allerbrücke. Gegen Mittag war Celle in ihrer Hand. Widerstand gab es weder von der Polizei, noch vom Militär oder von der Bevölkerung.

Noch am gleichen Tage wählten die neuen Herren einen Soldatenrat, schickten Delegierte zu den anderen Truppenteilen der Garnison mit der Aufforderung, sich ihnen anzuschließen und beriefen für den Abend eine Soldatenversammlung ein: in der Union, dem größten Saalbau der Stadt. Dort wurden, wie die »Cellesche Zeitung« am nächsten Tag schrieb, von jeder Kompanie »vier Kameraden gewählt«, die »in Gemeinschaft mit Arbeitervertretern einen Arbeiter- und Soldatenrat bilden sollten«.

Geladen war an jenem Abend auch der wichtigste Repräsentant der Celler Arbeiterschaft, der einzige Gewerkschaftssekretär und führender Mehrheitssozialdemokrat Ernst Schädlich. Er hielt die einzige Rede, sprach zwar von der »Notwendigkeit der Veränderung« und dem langfristigen Ziel der »sozialistischen Republik«, schwieg sich aber über den Weg dorthin aus. Schädlichs Bestreben war lediglich, »Blutvergießen, Störung der Verwaltung und des Geschäftslebens zu verhüten.«

In wessen Interesse der Gewerkschafter damit handelte, verriet er erst später, in seinen Erinnerungen »Im Kreuzfeuer der Ereignisse – Erlebnisse eines Kommunalpolitikers 1914 – 1948«: der seit Verkündung des Kriegszustandes 1914 militärische Oberbefehlshaber und Garnisonsälteste, Hauptmann Niemann – in Friedenszeiten Direktor des staatlichen Gymnasiums (heute Ernestinum) –, hatte ihn vor der Rede gebeten, doch auf die Soldaten »beruhigend« einzuwirken.

Auch warum die Revolution auf keinen Widerstand gestoßen war, gab Schädlich preis: schon am 6. November war der Oberbürgermeister bei dem Arbeitssekretär vorstellig geworden und hatte ahnungsvoll um Rat gefragt. Schädlich gab ihm die Empfehlung, die Polizeikräfte ruhig zu halten. Es gelte, Unruhe in der Stadt zu vermeiden.

Am nächsten Abend, dem 8. November, wurde nun eine Bürgerversammlung einberufen. Auch hier sprach Schädlich und verkündete die in der Nacht zuvor vom Aktionsausschuß erarbeiteten Ziele: Aufhebung des Belagerungs- und Kriegsrechtes, Einführung eines »gleichen Wahlrechtes«. Die Bürger nahmen es hin, trotz Aufforderung kam kein einziger Diskussionsbeitrag. Nur der Hauptmann und der Oberbürgermeister traten auf die Bühne und erklärten sich »zur Zusammenarbeit« bereit.

Am 9. November erreichte die Nachricht aus Berlin von der Abdankung des Kaisers auch Celle. Die »Bremer fliegende Division«, eine Truppe von etwa 100 Matrosen, kehrte kurz in der Herzogstadt ein und ließ aus dem Zuchthaus die politischen Gefangenen frei. Auf beides mußte der Arbeiter- und Soldatenrat reagieren. Sein Exekutiv-Ausschuß tagte bis nachts um zwölf, dann verkündeten Oberflugmeister Weber, Landsturmmann Treumann, Heizungsmonteur Müller, Landsturmmann Hirsch, Flugmaat Belzer und Arbeitssekretär Schädlich härtere Töne: Alleinige Kontrolle des Arbeiter- und Soldatenrates über militärische wie polizeiliche Gewalten, die Versorgung der Bevölkerung, Verkehrseinrichtungen und Arbeitsleben. Allgemeiner Zapfenstreich nunmehr um 11, in Scheuen um 12 Uhr. Plünderungen, Unruhestiftungen und Vergewaltigungen würden »standrechtlich abgeurteilt durch Erschießen«; die Offiziere hätten aus ihren Dienststellen auszuscheiden und die Waffen abzugeben. Die Offiziere jedoch, einige hatten in der »Union« gelauscht, dankten freiwillig ab.

Ein Standgericht, eine Sicherheitskompanie und verschiedene Kommissionen wurden gebildet, um die Ernährung der Bevölkerung zu sichern und die von der Front zurückkehrenden Soldaten einzuführen. Um den Ernst der Lage zu verdeutlichen, hißten die Arbeiter und Soldaten auf allen Kasernen und öffentlichen Gebäuden rote Fahnen. Auch über dem Herzogschloß wehte das Symbol der neuen Machthaber; es wurde wenig später zum Standort der Sicherheitskompanie. Celler Chroniken schweigen heute über das Zwischenspiel der »roten Residenz«.

Als neuen Stadtkommandanten wählte der Arbeiter- und Soldatenrat den Maurer und Mehrheitssozialdemokraten Kreike. Über ihn schrieb Schädlich zum 10. Jahrestag der Celler Revolution in der örtlichen SPD-Zeitung: »Nun war Kreike wohl ein treuer und biederer Soldat, ihm fehlte aber das entsprechende Format, das ein Stadtkommandant nun einmal haben muß.« Schädlich hielt denn auch den Landsturmmann Hirsch für »fähiger«. Da Hirsch aber Anhänger der USPD war, erschien er »nicht zuverlässig genug, bei ihm wären unvorhergesehene sprunghafte Entschlüsse nicht ausgeschlossen gewesen.« Damit hatte Schädlich klar die Politik der Mehrheitssozialdemokraten herausgestellt. Es ging ihnen auch nicht darum, den Machtorganen einer von ihnen selbst nicht herbeigeführten Bewegung Wirkung zu verschaffen.

Schädlich schaffte es auch, sich mit 44 Stimmen gegenüber 16 für den Unabhängigen Sozialdemokraten Müller zum Celler Vertreter für den »1. Allgemeinen Kongreß der Arbeiter- und Soldatenräte« auf

Reichsebene wählen zu lassen, der vom 16. bis 21. Dezember in Berlin tagte.

Ebenso wie im Reich verstand sich die Mehrzahl der Celler Räte nur als Übergangsorgan zum Aufbau eines parlamentarischen, plurali- stischen Gesllschaftssystems: der späteren Weimarer Republik. Die Möglichkeit, über ein Rätesystem Formen direkter Demokratie und die Demokratisierung der Wirtschaft herbeizuführen, wie weite Teile der Unabhängigen Sozialdemokraten es forderten, lehnten sie ab. So blieben die alten Machtträger in Kommunalpolitik und Verwaltung im Amt. Man gab sich mit deren vagen Loyalitätsbekundungen zufrieden.

Wie Forderungen des Arbeiter- und Soldatenrates unterlaufen wurden, zeigten die Celler Bank- und Sparkassendirektoren. Ihnen lag am Montagmorgen des 11. November ein Schreiben der Räte auf dem Tisch:

»Die Celler Banken haben am Montag, den 11. November 1918, ihr Geschäftslokal geschlossen zu halten und die Bankleiter um 10 Uhr vormittags im Geschäftszimmer des A.u.S.-Rates – Union – zu erscheinen. Vor der Bank hat ein Plakat zu hängen: Die Banken bleiben zwecks Überprüfung geschlossen. Der Finanzausschuß des Arbeiter- und Soldatenrates Celle.«*

Dies würde den planmäßigen Ablauf der Geschäfte zu sehr stören und nur Panik verbreiten, fanden die Banker und ließen ihre Institute geöffnet. Der Arbeiter- und Soldatenrat glaubte einer nochmaligen Loyalitätsbeteuerung und nahm es hin.

Er hatte es auch schwer, die Bedeutung der Revolution ins Bewußtsein der Bürger zu bringen. Fast resigniert klingt die Bekanntmachung vom 14. 11. 1918:

»Es ist merkwürdig, daß es in solch bewegter Zeit noch so sehr viele Leute gibt, die nicht über die eigene Nasenspitze sehen können. Die seit einer Woche ununterbrochen Tag und Nacht arbeitenden Mitglieder der Geschäftsleitung des Arbeiter- und Soldatenrats, die sich kaum einige Stunden Schlaf gönnen und nur hier und da einen Bissen Brot im Stehen genießen können, werden fortwährend und von allen Seiten mit unglaublichen Nichtigkeiten aufgehalten und sogar im Geschäftszimmer an der Arbeit gestört. Zur Erläuterung einige Fälle: Ein Mann klagt, daß ihm Haus-

* Stadtarchiv der Stadt Celle, Fach 83, Akte 16, III

schuhe verweigert werden; einem anderen sollen wir zu den drei unehelichen Kindern seiner Tochter einen Vater beschaffen; eine Frau ist ganz erstarrt darüber, daß sie keine Kaninchenfelle gegerbt bekommen kann, trotzdem doch jetzt Revolution ist.«

Mit dem Eintreffen der Stammformation der Celler Garnison am 3. und 4. Dezember wurde die Situation noch schwieriger. Zwar waren die Offiziere der Ersatzbataillone ausgeschieden, nicht aber die Offiziere der von der Front zurückkehrenden Truppen. Deren Kommandeur - nach altem Kriegsrecht wäre er Garnisonsältester - hatte für Stadtkommandant Kreike nur Spott übrig: »Ich erkenne Sie nicht an.«*

Erst nach mehrtägigen Verhandlungen wurde ein Kompromiß gefunden: Stadtkommandant und Kommandeur teilten sich militärische wie zivile Gewalt. Der Offizier mußte auf diesen Handel eingehen, weil er nicht mehr von allen seiner Soldaten anerkannt wurde. Die von der Westfront heimgekehrten Soldaten wurden jedoch zum entscheidenden Faktor des Machtverlustes der neu gebildeten Räte: sie versagten ihre Solidarität - in Celle wie im Reich.

In der zweiten Phase der Revolution, den ersten Monaten des Jahres 1919, schränkten die ständig neuen Erlasse der Reichsregierung - die von den alten Militärgewalten unterstützt wurde - ebenso wie die zunehmend klüger agierenden Verwaltungen den Handlungsspielraum der Räte weiter ein. Entsprechend nahmen auch die Aktivitäten des Celler Arbeiter- und Soldatenrates ab.

Am 2. März 1919 läuteten die Kommunalwahlen das Ende ein: Das Bürgerschaftskollegium und der Magistrat übernahmen jetzt die Kontrolle. Die neuen Senatoren und Bürgervorsteher rekrutierten sich zu einem Drittel aus den ehemaligen Arbeitervertretern. Im Juni 1919, mit der vollständigen Demobilisierung, hörte der Soldatenrat auf zu bestehen. Der Arbeiterrat fungierte noch ein paar Monate allein als überbetriebliches Vertretungsorgan der Celler Arbeiter und Angestellten.

Doch hatte die Novemberrevolution der Marineflieger der Celler Arbeiterschaft mit ihren Gewerkschaftsorganisationen und Parteien ein neues Selbstbewußtsein verschafft. Als im Sommer 1919 Teile des

* Protokoll der Stadt Sitzung des A.u.S.-Rates vom 3.12.1918 im Stadtarchiv, Fach 83/15, Akte 125/II, Blatt 33

Bürgertums mit Hilfe des Freicorps »Bataillon Kirchheim« die Machtverhältnisse der Kriegs- und Vorkriegszeit wieder herstellen wollten, wehrten sich die Celler Arbeiter ebenso erfolgreich mit einem Generalstreik wie im März 1920, als sie die junge Republik beim Kapp-Lüttwitz-Putsch verteidigten.

Die Sicherheitskompanie des Arbeiter- und Soldatenrates vor dem besetzten Herzogsschloß.

Ishak Akkaya

Um Kurdistan ist kein Meer

Celle – heimliche Hauptstadt der Yeziden

Es gibt in Celle etwa 3 700 Ausländer. Die größte Minderheit stellen die Türken mit 1 400 Landsleuten, dann folgen 400 Jugoslawen, 300 Griechen und andere Nationalitäten. Celle ist also eine »türkische Stadt«. Doch die offizielle Statistik täuscht: da der überwiegende Teil der türkischen Paßinhaber Kurden sind, ist die Anzahl der Türken nicht größer als die der Jugoslawen. Celle ist also eine »kurdische Stadt«.

Unterscheidungen dieser Art sind in Celle nicht üblich, die Behörden haben kein Interesse zu differenzieren; für die Kurden jedoch kann sie lebenswichtig sein.

Sie bilden in der Türkei die größte nationale Minderheit (knapp ein Drittel der Bevölkerung). Diese Zusammensetzung trifft man in etwa auch in anderen Städten der Bundesrepublik an. In Celle sind die Mehrheitsverhältnisse deshalb umgekehrt, weil wir hier eine Ansammlung einer innerkurdischen Minderheit haben: die Yeziden.

In der Türkei sind 98 Prozent der Kurden Moslems, in Celle 98 Prozent der Kurden Yeziden. Sie sind die Überreste der früher ganz Kurdistan beherrschenden Zarathustra-Anhänger. Und da die Yeziden sich seit Jahrhunderten verfolgt sehen, siedeln sie in ihrer Heimat nur in Rückzugsgebieten. So entstand eine weitere, verborgen gebliebene Celler Spezialität: das neue Erlebnis, nicht verfolgt zu werden und die Tendenz, sich gemeinsam stärker zu fühlen, brachte hier die größte Yezidi-Kolonie der Welt hervor.

Wie wird nun die Stadt Celle mit den Anforderungen fertig, die eine Minderheit im vielfachen Sinne des Wortes an sie stellt?

Die Stadt unterscheidet zwischen den drei Gruppen der alteingesessenen Gastarbeiter, den zur Familienzusammenführung Nachgezogenen und den Asylanwärtern. So werden bei der Vergabe von Arbeitsplätzen erst Deutsche berücksichtigt, dann folgen die Gastarbeiter, die

Familienangehörigen, zuletzt die Asylanten. Diesem Verfahren zu Folge sind Ausländer bei den Arbeitslosenzahlen (in Celle etwa 10 Prozent) überrepräsentiert.

Wenn es einem ausländischen Jugendlichen gelingt, mal eine Lehrstelle zu ergattern, dann gilt dies als Ausnahme. Natürlich kommt erschwerend hinzu, daß wegen sprachlicher Schwierigkeiten nur wenige junge Ausländer einen Schulabschluß vorweisen können. Die offenen Stellen, die für die Ausländer übrigbleiben, sind von den Deutschen wenig begehrte, körperlich schwere und schlechtbezahlte Arbeitsplätze.

Noch schwieriger aber ist die Wohnraumbeschaffung. Fremdländische finden noch viel weniger eine Wohnung als Deutsche; weil die Kurden in größeren Familienverbänden leben, ist kaum ein deutscher Vermieter bereit, eine solche Familie aufzunehmen.

Verschlimmert wurden die Zustände, als im Sommer 1978 600 kurdische Asylbewerber nach Celle kamen und Norddeutschland zur Jahreswende 78/79 in bisher ungekannten Schneemassen versank: Täglich standen zur Sprechstunde der Ausländerbetreuung etwa 40 Familienoberhäupter vor der Tür. Sie mußten mit ihren mehrköpfigen Familien von Verwandten zu Verwandten pendeln, von der einen Enge zur nächsten. Manche schliefen in Schuppen oder Garagen. Zehn Personen auf 34 Quadratmeter Wohnfläche und bis zu vier in einem Bett waren nichts Ungewöhnliches.

Als in der Sylvesternacht in einer winzigen, überbelegten Wohnung der Ofen durchbrannte und ein Stockwerk tiefer fiel, dazu das Wasser einfror und die 50 Jahre alte elektrische Anlage den Radiator nicht aushielt, mußte Wasser von einer befreundeten kurdischen Familie geholt werden – drei Straßen weiter. Fünf Erwachsene und acht Kinder saßen im Dunkeln und froren, unter ihnen ein Neugeborenes.

In solch einer Katastrophe kann nur schnell und unbürokratisch geholfen werden. Der ehrenamtliche Ausländerbetreuer sprach in der Sprechstunde des Oberbürgermeisters vor. Der bedauerte: »Ich bin mir der Problematik der Ausländersituation durchaus bewußt.« Ein Anreiz zum Helfen war es für ihn nicht.

Erst ein Vierteljahr später, als zufällig ein Anzeigenblatt von einem extremen Fall von Menschenintensivhaltung berichtete, wurde es möglich, daß Ausländerbehörde, Gesundheitsamt und Bauamt sich aufrafften, das Gebäude zu besichtigen und Auflagen machten.

Aber auch heute noch, nachdem ein Teil der Asylanwärter auf Niedersachsen verteilt wurde, ist die Wohnraumnot groß. Es gibt zu viele überbelegte Wohnungen, es wimmelt in einigen Häusern von fetten Ratten. Ein Jurist nimmt, nicht unüblich, für eine baufällige Wohnung mit einem Zimmer, einem Flur, in dem Bett und Schrank steht, und einer Toilette-Küche-Bad-Kombination in einem Raum lediglich 350 Mark. Kaltmiete natürlich.

Zwar gibt die Städtische Wohnungsfürsorge einen kleinen Prozentsatz auch an Gastarbeiterfamilien ab, doch der Bau von Wohnraum für Großfamilien wurde gestoppt. Begründung: Es gäbe keinen Bedarf.

Es ist den Behörden bekannt, daß ausländische Familien auf dem freien Wohungsmarkt keine Chance haben. Die miserabelen Wohnverhältnisse sind auch Ursache dafür, daß häufig Kinder aus den gleichen Familien ins Krankenhaus müssen. Unerklärlich auftretendes Fieber, Durchfall, Ausschläge, Tuberkulose ... müssen nicht einfach von mangelnder Sorgfalt der Eltern herrühren.

Wie alle ausländischen Gruppen benötigen auch die Kurden besondere Einrichtungen für die Förderung ihrer Kinder. Deutsche Kindergärten gelten vielfach noch als zu teuer, das Angebot wird nicht genügend genutzt. Dagegen besteht ein großes Interesse an anderen vorschulischen Einrichtungen. Die reichen jedoch bei weitem nicht aus. Aber nur Kinder, die vor Schulbeginn eine Förderung erhalten haben, können sich unter annähernd gleichen Bedingungen mit deutschen Kindern in der Schule messen.

Auch während der Schulzeit brauchen diese Kinder spezielle Fördermaßnahmen. An einigen Schulen wird neben dem Förderunterricht eine Hausaufgabenhilfe angeboten: einmal, ab und an zweimal in der Woche. Die besten Fortschritte machen Kinder, die von der Arbeiterwohlfahrt jeden Nachmittag drei Stunden lang betreut werden. Hier ist aber nur Platz für nicht mehr als 12 Kinder. Die Behörde läßt sich von diesem positiven Beispiel nicht inspirieren. Nur Terre des Hommes bietet einen Spielkreis für kurdische Kinder an.

Alle Gastarbeiterkinder bekommen Unterricht in ihrer Muttersprache – wenn eine genügend große Anzahl vorhanden ist. Die große Zahl kurdischsprechender Kinder sollte ein Angebot »kurdische Muttersprache« rechtfertigen. Von Seiten der deutschen Behörde ist dafür zwar eine latente Bereitschaft spürbar, doch weil das türkische Generalkonsulat in Hannover aus politischen Gründen dagegen ist, wurde ein solcher Unterricht an Celler Schulen bislang nicht realisiert. Allenfalls mutet man den kurdischen Kindern zu, türkisch zu lernen (türkisch ist eine asiatisch-uraltaiische, kurdisch eine indogermanische Sprache), obwohl sie nur mit den Sprachen Kurdisch und Deutsch aufwachsen.

Es gibt in der Türkei auch offiziell keine Kurden. Wer etwas Kurdisches veranstaltet oder publiziert, wird dort bestraft. Die Verfolgung wirkt bis nach Deutschland hinein. Als der Celler Demokratische Arbeiterverein Kurdistan am 1. März 1981 das seit 2 593 Jahren begangene kurdische National-Neujahrsfest NEWROZ feierte, erkundigte sich das Generalkonsulat an verschiedenen Stellen nach dem Initiator. Er wurde darauf zum Konsulat bestellt. Es machte den Paß ungültig und forderte ihn auf, ab sofort seinen Militärdienst anzutreten.

Dies aber war gegen geltendes türkisches Recht, da im Ausland Arbeitende oder Studierende frei entscheiden können, wann sie ihren Dienst antreten wollen - sie müssen ihn nur zwischen dem 20. und 29. Lebensjahr antreten. Der betroffene Kurde war erst 25. Die Stadt Celle nun nahm Partei für das Konsulat der Militärdiktatur und drohte die sofortige Abschiebung an. Unbeachtet blieb, daß sie durch die ehrenamtliche Tätigkeit des Betroffenen als Ausländerbetreuer vier Jahre lang diesen Posten einsparen konnte.

Erst 20 Jahre nach dem Eintreffen der Gastarbeiter hat auch die Stadt Celle jetzt einen hauptamtlichen Ausländerbetreuer eingestellt. So blieb es nicht aus, daß sich Organisationen der Selbsthilfe bildeten. Es gab anfangs einen griechischen und türkischen Arbeiterverein, später kam noch ein kurdischer hinzu. Stätten der Begegnung sind für aus südlichen Gegenden stammende Ausländer besonders wichtig, auch als Fluchtpunkt aus den beengten Wohnverhältnissen. Die Stadt hat für Begegnungstätten keine Mittel übrig.

1977 wurde die Ausländerstelle Celles von der des Kreises getrennt. Die Mitarbeiter der neu geschaffenen Institution zeigten sich anfangs, als vom Deutschen Gewerkschaftsbund, der Arbeiterwohlfahrt und den Ausländervertretern der erste Anlauf zu einem Ausländerbeirat gestartet wurde, hilfsbereit und kooperativ. Mit dem Auftreten der Asylanwärter änderte sich das.

So sollte ein Asylbewerber seinen Paß vorlegen, ein Angestellter schaute hinein und sagte: »Der Paß stinkt. Riech mal selbst.« Er hielt den Paß unter die Nase des Antragstellers, schlug ihn heftig zusammen und klemmte die Nase ein.

Vorfälle dieser Art waren nicht selten. Als ich deshalb öfters von meinen Landsleuten gebeten wurde, mit zur Ausländerstelle zu gehen um zu dolmetschen, bekam ich nur zu hören: »Wir kommen ohne Sie klar. Der wird uns schon verstehen.«

Seitdem ein Teil der Asylanwärter Celle verlassen hat, haben die Klagen über die Behandlung bei der Behörde nachgelassen. Geblieben ist aber die pauschale Aburteilung der Asylanwärter, sie seien samt und sonders nur aus wirtschaftlichen Gründen hier. In der Regel bekommt ein asylsuchender Kurde ein hektografiertes Ablehnungsschreiben. Brandlöcher von Zigaretten unter den Fußsohlen werden übersehen.

Keine hektografierte Ablehnung, sondern großzügig ausgestattete Wohnungen, die schon vor ihrem Eintreffen ausgebaut waren, erwartete dagegen in Celle die Vietnamesen, die Niedersachsen in großzügiger Geste 1978 aufgenommen hatte.

Um Kurdistan gibt es kein Meer, aber auch kurdische Boatpeople wären hier sicher nur Wirtschaftsflüchtlinge.

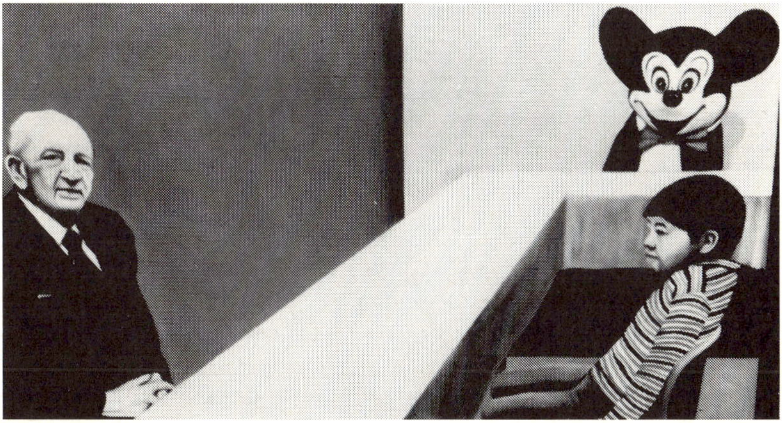

Oberbürgermeister Hörstmann empfängt zusammen mit der Karstadt-Mickey-Mouse vietnamesische Flüchtlingskinder (Ölbild von RWLE Möller).

Norbert Kandel

Aufmüpfigkeiten
Vom Umgang mit Protestlern

»Die Großstadt im Sinn und Celle im Herzen« spöttelte der Celle-Heimkehrer Wolfgang Vollmert im Nobel-Blatt »Geo« über die Celler Jugend und sah sie vor sich: »zwanzig Jahre weiter, die Quadrille tanzend und Celles bürgerliche Tradition wahrend.«

Celler Jugendliche, so scheint es, sind in der Mehrzahl artig und leistungsbereit, gehen nachmittags brav zum Hausmusizieren und abends, bei Gelegenheit, in die gerade gängigen Vergnügungstreffs. Widerstand, gar Rebellion wird, wenn überhaupt, im Elternhaus geprobt: im täglichen Kampf mit den kleinen Freiheiten; auch das erfordert den ganzen Einsatz. Typisch ist der Typus schon, den Vollmert da allgemeinernd zeichnet, und eben furchtbar lieb.

Doch es gibt sie, auch hier, die Alternativen, die Unruhegeister, die Aufmüpfigen, die halt, die schillern und sich, wenn auch aus Mangel an Freizeitbeschäftigung, ins »oppositionelle«, politische Leben stürzen. Sie sind jedoch ein Häuflein nur.

Proteste sind, wie Aktivitäten, eine Errungenschaft der Neuzeit. Celle blieb, bis zur Studentenbewegung, damit verschont. Erst Ende der 60er Jahre, Anfang der 70er Jahre wagten Gymnasiasten schon mal Widerspruch gegen öffentliche Rekrutenvereidigungen, angehende Theologen der »Roten Kapelle« aus Klein-Hehlen sit-ins auf dem Altstadtpflaster: sie wehrten den marschierenden Briten das »Recht auf freien Zutritt«.

Eines der ersten, wagemutigen Projekte mußte der Bund deutscher Pfadfinder initiieren: er gründete 1969 den alternativen »bookshop« in der Mauernstraße. Der hielt sich, knapp zwei Jahre, bis 1971. Die »Drogenszene«, mit dem Ruch der Kriminalität versehen und selbst damals gänzlich isoliert, nutzte ihn als Treffpunkt, die Träger gaben auf.

Noch väterlich begegnete man anfangs der fünfköpfigen Schülertruppe vom Hermann-Billung-Gymnasium (HBG), deren Schülerzeitung »bi« im Frühsommer 1971 vom niedersächsischen Kultusminister von Oertzen als beste im Lande prämiert wurde. Das wollte schon etwas heißen, denn Oertzens Kriterium war sachgebundene Kritik.

Wenig später, bei der dritten Ausgabe, wurde »bi« dann auch verboten, am 24. 7. 71, das Redaktionskollektiv kriminalisiert. Was war faul in »bi«?

Das Heft enthielt neben anderem eine Rezension über den «CZ«-Kulturrezensenten, harmlos, und als Beilage eine Aufklärungsschrift, relativ harmlos, mit Zitaten aus Werken gängiger Sexualforscher und dem »Spiegel«. Zuallererst verweigerte der »Cellesche Zeitung« (CZ)-Verlag den Druck, später Schuldirektor Thomas den Verkauf am HBG; auch das hannoversche Landesverwaltungsamt gab klein bei.

Doch war dies nicht genug. Am Tage des Verbots setzte sich »CZ«-Verleger Pfingsten eigenmächtig an die Schreibmaschine und schickte den Eltern der Redakteure eine »Drohung« ins Haus, um »Ihnen und Ihrem Sohn weiteren Ärger zu ersparen«. Wenn »bi«, inzwischen gedruckt an anderem Orte, dennoch erscheine, schreckte der Verleger, müsse das »zwangsläufig zu einem Skandal führen«, der «möglicherweise auch in unserer Zeitung seinen Niederschlag« fände.

Im »klaren« müßten sich die Eltern sein, daß »nahezu die gesamte Elternschaft über die Entgleisungen empört« sein werde; »erschwerend« komme noch hinzu, daß das Heft einen »Impressumsverstoß« enthalte.

Deshalb, so der Freizeit-Pädagoge: »Es ist wohl zweckmäßig, wenn Sie auf Ihren Sohn in sinnvoller Weise einwirken.«

Die Drohung wurde wahr: Die »CZ« berichtete am 27. 7. 71 unter der Überschrift: »Pornographie als Schülerzeitung getarnt« und nannte drei Redakteure namentlich. Der Staatsanwalt zitierte diese vor, doch das Verfahren wurde eingestellt: die Vorwürfe waren unhaltbar. Was lernt nun ein Celler Jugendlicher daraus?

Er verliert, brav formuliert, den »Glauben«. Woran hatte er geglaubt? Daß »CZ« und Ämter »eine freiheitlich demokratische Grundordnung stützen« und macht weiter.

Es ist auch schwierig, in Celle etwas auf die Beine zu stellen. Meist hapert es schon daran, die eigene Generation zu mobilisieren. In einer Schülerzeitung liest man dann unter »Arsch offen – wa?« wie: ob »ihr nicht auch der Meinung seid, daß es langsam Zeit wird, politisch und auch sonst aktiv(er) zu werden?« Es hänge halt »zum Halse raus«, wenn man immer nur »passiv in den Buden hockt«.

Wird der Mut gefaßt, Aktionen zu planen, ja Flugblätter zu drucken, dann weisen beim Verteilen der Blätter freundliche uniformierte Herren darauf hin, daß die beabsichtigte Meinungsäußerung schließlich vom Ordnungsamt genehmigt werden müsse.

Info-Stände müssen ebenfalls erst das rechtliche Dogma der »Sondernutzung für Wochenmärkte und öffentliche Straßen« überstehen. Die im November 1971 gegründete Initiativgruppe gegen den Paragraphen 218 erhielt, hoppla, für den Samstag des 6. 11. 71 die Erlaubnis, einen Stand zu errichten. Ein neuerlicher Antrag wurde dann zwei Wochen später abgewiesen. Warum? »Sie hatten damit bereits in ausreichendem Maße Gelegenheit, Ihr Anliegen der Öffentlichkeit zu unterbreiten«, teilte das Ordnungsamt am 18. 11. 71 mit. Die Initiativgruppe hielt nicht mehr lange.

Auch ein »Lautsprecherverbot«, im Juni 1973, trug »entscheidend« dazu bei, daß wiederum die »Verständigung mit der Bevölkerung ungenügend« war. Der Aktionskreis gegen Fahrpreiserhöhung hatte sich - ohne Erlaubnis! - in der Fußgängerzone formiert, einer erhob seine Stimme, da nahm ihm die Polizei in Order des Ordnungsamtes das Horn flugs aus der Hand.

Doch noch gab der Kreis nicht auf. Er sammelte 3 000 Unterschriften und zog, wie es sich gehört, zum Amte; zur Genehmigung eines Standes. Herr Stadtoberamtmann Kobbe, damaliger Amtsleiter und einziger SPD-Mann in solch gehobener Position, teilte seinen Unmut am 16. 8. 73 schriftlich mit: »...Ihrem Antrag auf Errichtung eines Standes zur Sammlung von Unterschriften zur Unterstützung Ihrer Forderungen kann ich nicht entsprechen. Begründung: Die Stadt Celle kann auf Wochenmärkten und im öffentlichen Straßengelände Informationsstände und dergleichen zulassen. Eine Verpflichtung hierzu besteht jedoch nicht«.

Dies war die rechte Antwort zur Räsonierung des Celler Nachwuchses. Der befand dann auch besinnlich: »Eine zumindest sehr fragwürdige Begründung.«

Ein erneuter Vorstoß, die Unterschriften zu mehren, wurde dann endgültig mit dem bisherigen Fehlverhalten untersagt. Der Stadtrechtsrat ließ am 4. 9. 73 festhalten: »Durch die Benutzung eines Lautsprechers ist bereits eine erhebliche Gefährdung der öffentlichen

Sicherheit und Ordnung gegeben. Außerdem haben Sie am 25. 8. 1973 einen ausdrücklich nicht genehmigten Informationsstand errichtet und betrieben sowie am 1. 9. 1973 auf dem Flohmarkt Flugblätter verteilt.«

Somit waren für die Zukunft Kundgebungen und Demonstrationen gänzlich untersagt.

Die Versammlungsfreiheit zu nutzen, geht in Celle ebenfalls nur schwer. Ein Antrag wurde folgendermaßen abgelehnt: weil »mit einem erhöhten Kraftfahrzeugsverkehr in der Altstadt gerechnet werden muß« und »außerdem mit Straßenglätte zu rechnen ist«. So weiß man die Demonstranten vor sich selbst zu schützen.

Celler Jugendliche schluckens und klagen. »Die Benachteiligten sind die Dummen«, resümiert man da schon mal in einer Chronik zur »Celler Meinungsfreiheit«, wo Beispiele »wie eine Perlenkette« gereiht werden sollten, doch »leider haben wir nicht das Geld.«

Am schlimmsten seien die »Genehmigungspflichten«, gerade sie verhinderten »spontane Aktionen und damit politische Aktivitäten«. Doch ab und an bricht auch Spontanes schon mal durch. Angestupst durch ein Konzert des Rockband »Ton-Steine-Scherben« im städtischen Prunkhof Union rannte im April 1972 ein wilder Haufe ungeduldig zum Schloßberg, putschte sich am Stichwort »Hausbesetzen« auf und zog anschließend ... nach Hause. Revolutionen müssen geplant werden.

Wie davongelaufene, unliebsame Initiativen wieder eingefangen werden, davon zeugt die Geschichte des Celler »Filmclubs«. Der hatte Anfang 1973 begonnen, unter Obhut des Stadtjugendamtes, im Haus der Jugend Streifen anzubieten, die die Kinos, alle in einer Hand, nie zu zeigen gewagt hätten. 50 Pfennige zahlten die Besucher pro Kopf.

Dann trat Kinozar Rißmann auf den Plan, mit ihm die »CZ« und das Kulturamt. Sie schlugen dem Club, der bisher eigenverantwortlich agieren durfte, vor, die Filmreihe doch im kommerziellen Polsterkino unter der liberalen Überschrift »Kommunales Kino« fortzuführen. Auslösender Schlüsselreiz war das Argument, man könne damit ein größeres Publikum erreichen.

Der Club gab sich auf, der Knall kam wie vorhersehbar. Zuerst lief, noch unwidersprochen, ein Faßbinder und ein Schlesinger, jetzt schon für zwei Mark. Doch als der junge Berliner Filmemacher Rosa von

Praunheim mit einigen seiner Werke vorgestellt werden sollte, übte Kinochef Rißmann Zensur, die »Zusammenarbeit« splitterte .

Was merkt sich ein Celler Jugendlicher? Wer mit den »herrschenden Kulturinstitutionen« Koalitionen eingeht, der »verkauft sich ihnen!«

Doch Projekte scheitern auch an anderen Dingen. Im Juni 1979 schlossen sich zwölf arbeitende und lernende Jugendliche zu einer »TAZ«-Initiative zusammen. Sie wollten damit die seit April erscheinende Berliner »Tageszeitung« auch in Celle bekannt machen. Das Ziel war anspruchsvoll: »Mehr Pressefreiheit in Celle», wo die »Frankfurter Rundschau« nur begrenzt im Bahnhofsverkauf und die »Nationalzeitung« an jedem Kiosk zu haben ist.

Die Aktivitäten starben nicht erst im April 1980, der Alltag nagte schon vorher und fraß auf: Jeden Abend mußte mit dem Auto von der 30 Kilometer entfernten Rumpeltin-Druckerei in Burgdorf die frisch gedruckte »TAZ« abgeholt, noch in der Nacht in den zwei Kneipen, in denen sie allein angeboten werden durfte, verteilt und am Morgen an die drei einzig positiv gesinnten Kioske (je drei bis fünf Exemplare) geliefert werden. Nachmittags stand man dann noch in der Fußgängerzone. Dort gab es am Wochenende sogar einen Stand, getarnt mit Musik und Teeausschank.

»Geht doch rüber« waren die Sprüche, die anfänglichen Verkaufszahlen sanken von 50 auf 30 Stück pro Tag und die Initiative schrumpfte bald auf drei Mitglieder. Für inhaltliche Auseinandersetzungen blieb kein Raum, der Einsatz erforderte die letzten Kräfte, aber »wir machen weiter« hieß es noch kurz vor dem endgültigen Untergang. Der kam, als anfängliche Hakenkreuzschmierereien und Sabotageakte an den Fahrrädern zu einem deftigen Brandanschlag auf die Redaktionsstätte eskalierten. Damit starb nicht nur das Zeitungsprojekt, sondern auch die damals letzte Celler Wohngemeinschaft. Die Polizei ermittelte ergebnislos, die restlichen TAZler wanderten aus.

Doch, die Celler lernen auch. Im April 1981 besann man sich und ging erstmals miteinander. Die Grünen, die Frauengruppe und die Anti-AKW-Bewegung mieteten ein Haus, die Schmiede Auf dem Kampe 2.

Spontanität, vorher an starren Raumbelegungsplänen unter öffentlichen Dächern häufig genug gescheitert, wurde möglich. Die strengen Genehmigungspflichten des Ordnungsamtes sind inzwischen – Einsicht oder Taktik der Stadtverwaltung? – längst liberalisiert worden. Und seit der Eröffnung des »Le Bistro« in der Emigrantenstraße im April 1978 mit Versammlungsraum und Kleinkunstbühne läuft auch wieder etwas in Celles Kneipenszene.

Zur Krönung des Ganzen taucht seit März 1981 auch eine Szenenzeitung durch den dümpelnden Blätterwald, keck und frech und mit Inhalten: der Celler »Zündel«; Konferenz ist in der Schmiede. Doch hat er, der ganz schön Feuer legt, auch so seine Probleme. Als der »Zündel« zur Kommunalwahl 81 die CDU-Kandidaten aus Kreis und Stadt interviewen wollte, ergab sich, berichtet er, folgendes Lustspiel:

»Nieman (Fraktionsvorsitzender CDU-Kreis) konnte dazu nichts sagen, er mußte erst mit seiner Fraktion sprechen. Biermann (Fraktionsvorsitzender CDU-Stadt) konnte dazu nichts sagen, er mußte erst mit seiner Fraktion sprechen. Endler (CDU-Kandidat für den Kreistag) nahm die Fragen in seiner Eigenschaft als Kandidat entgegen, konnte dazu nichts sagen und leitete sie an die Fraktion weiter. Am 19. 8. schickte Nieman uns einen Brief: ‘Ich möchte Sie bereits jetzt davon unterrichten, daß ich meiner Ende August tagenden Fraktion vorschlagen werde, zur Zeit uns nicht weiter bekannten Presseorganen keine Interviews zu geben.’ Biermann war nach dem ersten Gespräch nicht mehr erreichbar. (5 Versuche an 5 Tagen). Kandidat Endler wollte uns trotz unserer hartnäckigen Beteuerungen nicht glauben, daß wir ihn interviewen wollen und verwies auf die Fraktion.«

Den Höhepunkt im Eigenleben der Celler Szene bildete im Juni 1981 das, was 1972 noch nicht klappen durfte: ein Haus wurde besetzt. Eine »echte Herausforderung« also, hielt ein Betroffener fest. War das ein fröhliches Treiben. Nicht ins Bild paßte lediglich, daß über 100 Ordnungshüter vor den Altstadtfassaden aufmarschierten: in Gorleben-Kluft, mit Schild und Knüppel.

Einer, der dabei war, erlebte eine »ganz neue Gefühlskategorie«: »dich hält nichts, weder der Gedanke an die Sorge der Eltern, noch, daß du seit bis zu 11 Stunden nichts gegessen hast«. Während der Räumung gab er Einblick in die längsten Sekunden seines Lebens: »Der Polizeistaat fährt auf. Schock! Die Fahrräder müssen gesichert werden. Als das getan ist, erfährst du auf der anderen Seite von einem Ultimatum. Einige werden abgeführt. Scheiße. Da kommt auch S. There’s no business like showbusiness. Gott bist du froh. Der Abgrund ist an dir vorübergegangen.«

War er nicht. Er tat sich auf, wenn auch zuvor noch »Stolz« aufkam und nach der anschließenden Demo das Gefühl, »daß du jetzt doch voll mitmachen und dazugehören kannst«, mit der Frage: »Bist du jetzt auch Terrorist?«.

Weil es zumeist Zöglinge aus ehrbarem Elternhaus waren, die da eben mal mit der Mode gingen, ein Sohn gar eines leitenden Stadt-Repräsentanten, folgte die Celler Züchtigung bei Fuß: Der Zögling mußte ins Internat.

Rainer Marwedel

Im Wassertropfen

Mikroskopierung einer Jugend

Welche Freude empfand Mikromegas, als er bemerkte, wie diese kleinen Organismen sich regten, als er ihre Bewegungen genau betrachten und sie bei allen ihren Verrichtungen aufmerksam beobachten konnte. Wie jubelte er, und mit welcher Freude legte er seinem Reisegefährten eines seiner Vergrößerungsgläser in die Hand. »Ich sehe sie«, riefen beide gleichzeitig, »wie sie Lasten schleppen, sich bücken, sich wieder aufrichten!« Als sie diese Worte sprachen, zitterten ihnen beim Anblick solcher neuen Dinge die Hände, vor lauter Freude, aber auch aus Angst, sie wieder zu verlieren. Der Saturnier, der zwischen tiefem Zweifel und grenzenloser Leichtgläubigkeit hin und her gerissen war, vermeinte festzustellen, daß sie sich mit Fortpflanzung beschäftigten, »Ha«, sagte er, »ich habe die Natur auf frischer Tat ertappt.« Aber er ließ sich durch den äußeren Schein täuschen, was nur allzu oft geschieht, ob man sich nun eines Vergrößerungsglases bedient oder nicht.

Voltaire, Kleingroß (1752)

Kein Blick durch das Objektiv der eigenen Biographie ersetzt den jedes anderen. So enthält der Bildausschnitt des Vergangenen einen Kreis von Auserwählten. Wir sind Zuschauer des Überwundenen und zappeln weiterhin im Wassertropfen, so bedeutend wie nichtig in Anbetracht seiner Einzigartigkeit. Das Überstandene spiegelt sich im großräumigen Sinn gesicherter Rückwendung. Das Schreckliche kippt ins Schöne, die dahingegangenen Tage fragen nach Deutung und Begriff, um endlich ins Erzählbare abzugleiten.

Die Nachteile der Geburt verlängern sich in den Quälhäusern der obligatorischen Verstandesausbildung; im Getümmel der Blick- und Haltpunkte greift jeder blindlings einen heraus: was dann folgt, ist nur erzwungene Einlösung des Unvermeidbaren.

Wir sahen uns als neugierige Aufrührer im Tümpel der Stadt; das Unsichtbare namenloser Zusammenhänge zog uns an. Wir waren auf der Suche nach geeigneten Werkzeugen, mit denen wir den Verborgenheiten der uns im Zufall vereinigenden Stadt auf den Leib rücken wollten. Wir kämpften und träumten für das andere Celle und dachten an verpaßte und verlorenen Gelegenhei ten, die nicht in den Büchern der Geschichte verzeichnet waren. Als Gefangene im Wassertropfen griffen wir zu den schärfsten Waffen und mikroskopierten das häßliche Gewimmel der unduldsamen Stadt.

Was sahen wir? Schwer erregbare, zäh arbeitende, verengte Menschen, niedersächsische Einfärbung, unlebendig und gläubig, auf traditionelle Weise ihr Leben verkürzend. Alles rollte mit und sprach nach, unscharf und treu, bedacht auf Auskommen, Wohlanständigkeit und tapfer erdienten Stolz auf das Vorhandene. Die Ortsobrigkeiten und Stadtgewaltigen in Elternhaus, Schule und Betrieb hatten ihre Klauen überall; wir glaubten ihnen nicht. Es ekelte uns vor der Vorstellung, selbst einmal ein feister Gipsabdruck eines Celler Philisters zu sein. Lohnarbeit, gleich welcher Art, war uns eine Obszönität, die politisch bekämpft werden mußte.

Wir dankten herzlichst für den Auswurf an mumifizierten Hüllen aus den Kammern abgelebter Weltanschauungen. Das Tragen langer Haare war damals, Anfang der 70er Jahre, Gegenstand bösartiger Verfolgungen; die kleinen Freiheiten auf den grünen Hängen des Schloßbergs aufsehenerzeugende Perversionen. Eine Höhle ungehemmten Ausdrucks war das »Takeiteasy»/»Strawberry«, Raum und Zeit vereinigten sich in zentimeterzirkelnder Tanzekstase, drehende Materie im Flackerlicht der Schwerelosigkeit. Dabei pfiffen wir auf die Reinlichkeitsakzente eines politischen oder unpolitischen Verhaltens. Wir tanzten und agitierten, wir durchtobten die Nacht und lasen dennoch das »Kapital«, wir litten und hofften für unsere Lieben und durchnüchterten die Anmaßungen der hiesigen Kommunalgewalten.

Unsere Drogen waren die Druckflüssigkeiten, mit denen wir Flugblätter, Broschüren und Traktate herstellen konnten; wir rochen an frischen Buchseiten und lebten auf bei stundenlangen Debatten und Sitzungen. Wir sammelten Zeitungsausschnitte, legten Ordner an, skizzierten Forschungsvorhaben, formulierten Schulungspapiere, hielten uns Vorlesungen, organisierten Seminare und faßten Beschlüsse zur Neuordnung der Stadt. In versteckten Buchwinkeln lugte vertuschte politische Vegangenheit, wir hoben sie ans Licht nachgeholter Aufklärung. Wir tasteten uns durch juristische Texte, um eigenmächtigen Ordnungsämtern einen Schlag zu versetzen, rasten zur Druckerei, wenn Flugblätter, unsere Aphorismen des Widerstandes, abholbereit vorlagen. Den Kampf um ein Jugendzentrum gewannen wir und verloren ihn wieder, als die Stadt schwarze Schatten des Chaos auszumachen suchte. Zu Sendboten des Schreckens verdammt, mußten wir abziehen. Eine therapeutische Sozialisation blieb staatserhaltend zurück.

Es gab auch Treffpunkte des Überlebens, darunter zwei Buchläden und das Café Kock. Die Bücher spazierten vorneweg, wir fieberten nach Gegengiften und haßten das schulmäßige Denken. Wir hielten durch, bis auch zu dieser Tragikomödie die Vorhänge über uns zusammenfielen. Wir waren allein in unserer Stadt. die Bücher blieben die Meridianpunkte unseres Lebensgefühls. Wir erfanden uns eine Bohème, nachdem wir uns eine Avantgarde erfunden hatten. Alles fand sich im Café Kock. Dies wurde das Widerstandsnest der Dagebliebenen, unsere spirituelle Gegenstadt: ein absoluter Mythos, in dem Celler Hinfälligkeit zwar nicht suspendiert, dafür vielfältigster Beobachtung ausgesetzt war.

Die Pole absoluten Lebens und absoluter Wahrheit mußten kondensiert werden in die Relativität unserer Wirklichkeit. An eine politisch-kulturelle Insel im toten Celle reichte das nicht heran. Das Café Kock war Zufluchtsort jedweder Zirkel und Cliquen in einer feindlich gesonnenen Umgebung, in der JUGEND als Vorsilbe zum AMT verstanden wird. Auch das Café Kock fiel der modernen Ökonomie und einer ausstaffierten Nichtigkeit zum Opfer.

Daraus mag die Vergeblichkeit einer episodischen Jugend gelesen werden, die Bitterkeit periodischen Scheiterns. Jede Jugend ist Chimäre und der Wassertropfen sind viele. Hier ging es um das Credo einer weithin noch ständisch lebenden Gesellschaft, der die Fassade zugleich Inhalt ihres Daseins ist.

Diese Macht des ersten Eindrucks verliert sich nicht, der Schmerz in uns und die Not außer uns überläßt die Nachgiebigkeit anderen. Die kranken Minoritäten schaffen das Neue, sie werden sich nicht zu Konvertiten schlagen lassen. Sie denken weiter und nocheinmal, um sich der Erstarrung zu entziehen. Sie nutzen das Gastrecht im Wassertropfen und entlocken dem kalten Naß das bunte Willensideal einer Seifenblase.

»Das sind die Mongolfièren, welche uns emportragen über die Noth des Lebens, über die ‘Angst des Irdischen’ … ‘Ins Blaue?’ In die Aetherluft des Humors, von wo herab gesehen das höllische Trauerspiel der Weltgeschichte zum menschlichen Lustspiel wird.« (Johannes Scherr)

Woher stammte die erdenschwere Attraktionskraft Celles? Aus dem Ursprungserlebnis: nur was man liebt, will man verändern. Der voltairsche Reisende aus der Sternenwelt des Sirius verspricht den Atomen des Planeten Erde bei der Abfahrt ein Buch, aus dem sie den Endzweck aller Dinge erfahren würden. Als sie es aufschlugen, sahen sie nur weiße Seiten ...

Die Mitarbeiter dieses Buches:

Ishak Akkaya, geb. 1956 in Besiri, Türkei; seit 1976 in Celle; Vorsitzender des Kurdischen Arbeitervereins, ehrenamtlicher Ausländerbetreuer der Arbeiterwohlfahrt.

Heinrich Albertz, geb. 1915 in Breslau; Pfarrer; von 1945 bis 1947 in Celle, 1948 bis 1955 niedersächsischer Flüchtlings- und Sozialminister, 1966/67 Regierender Bürgermeister in West-Berlin.

Rainer Butenschön, geb. 1951 in Hann.-Münden; Politikredakteur der hannoverschen »Neuen Presse«.

Regina Droge, geb. 1951 in Celle; freiberufliche Journalistin in Frankfurt.

Gudrun Ecker-Ehrhardt, geb. 1941 in Königsberg; seit 1950 in Celle; Verlagslektorin, seit 1978 Leiterin der DGB-Rechtsstelle in Celle.

Axel Eggebrecht, geb. 1899 in Leipzig; Erzähler, Essayist, Kritiker, Autor von Filmdrehbüchern, Hör- und Fernsehspielen und Reportagen; Mitarbeiter der »Weltbühne«, 1933 mehrere Monate im Konzentrationslager, 1945 Mitgründer des Senders Hamburg, Mitgründer des deutschen PEN-Zentrums; lebt als freier Schriftsteller in Hamburg.

Georg Eyring, geb. 1946 in Celle; Jurist.

Erich Fried, geb. 1921 in Wien; Lyriker, Erzähler, Hörspielautor, Essayist; emigierte 1938 nach London; seit 1946 freier Schriftsteller.

Manfred Hausin, geb. 1951 in Hildesheim; Schriftsteller; seit 1964 in Celle.

Reinhard Hesse, geb. 1956 in Hannover; Journalist.

Dietrich Höper, geb. 1949 in Celle; pädagogischer Mitarbeiter der Heimvolkshochschule Hustedt bei Celle.

Reimar Hollmann, geb. 1921 in Rotenburg/Fulda; Kulturredakteur der hannoverschen »Neuen Presse«

Dr. Werner Holtfort, geb. 1920 in Hannover; Rechtsanwalt und Notar; von 1971 bis 1977 Präsident der Notarkammer Celle, Vorsitzender des Republikanischen Anwaltsvereins.

Lin Jaldati, geb. 1912 in Amsterdam; Sängerin und Tänzerin; Interpretin von Brecht, Eisler, Dessau und jüdischer Lieder; Juli 1944 bis April 1945 Konzentrationslager Westerbork, Auschwitz-Birkenau und Bergen-Belsen; 1952 Übersiedlung in die DDR; Mitglied des Friedensrates der DDR und des Komitees für Menschenrechte.

Norbert Kandel, geb. 1955 in Celle; Journalist.

Wilfried Köppen, geb. 1958 in Celle; Student.

Dr. Helmut Kramer, geb. 1930 in Halberstadt; Richter am Oberlandesgericht Braunschweig.

Rainer Marwedel, geb. 1954 in Celle; Student.

Ulrike Millhahn, geb. 1957 in Celle; Journalistin, zur Zeit Studentin.

Reinhard Möller, geb. 1952 in Celle; Maler.

Hela Richmüller-Pörtner, geb. 1945 in Hessisch-Oldendorf, Rechtsanwältin.

Hubert Seipel, geb. 1950 in Wasserlos; SPIEGEL-Redakteur.

Irmela Sell, geb. 1942 in Hamburg; Hausfrau; lebte fünf Jahre in Winsen/Aller bei Celle.

Eckart Spoo, geb. 1936 in Mönchengladbach; Niedersachsen-Korrespondent der »Frankfurter Rundschau«, Bundesvorsitzender der Deutschen Journalisten Union in der IG Druck und Papier.

Heiner Thies, geb. 1945 in Verden/Aller; Jurist

Ulrich Vultejus, geb. 1927 in Celle; Richter; Träger des Fritz-Bauer-Preises.

herausgegeben von: Wolfgang Bittner, Hasso Düvel, Werner Holtfort, Eckart Spoo.

Beteiligt haben sich an diesem Buch ca. 50 Autoren: Journalisten, Schriftsteller, Lehrer und Wissenschaftler, Gewerkschafter, Juristen Künstler.
Es geht um den NDR, Gorleben und Grohnde, Disziplinierung an den Hochschulen, Strafaktionen gegen Lehrer, »braune Soße«; und es geht natürlich auch um Albrechts Schlösser, Jagd und Folter-Gedanken.

245 Seiten mit vielen Abbildungen, DM 9,80

STEIDL VERLAG, Düstere Straße 4, 3400 Göttingen

»Der Publikumsandrang war groß, die Leserbriefspalten der Zeitungen füllten sich, als wäre ein bloßliegender Nerv berührt worden.«

(Prof. Dr. Stolleis, Frankfurt)

»Wenn es gelingt, den nationalsozialistischen „Alltag" für die nachwachsende Generation so darzustellen, daß Zugänge zu historischer Wahrheit auch emotional erschlossen werden, wird man der Jugend nicht mehr lange Desinteresse an der Geschichte vorzuwerfen brauchen. (...) So wird in diesem Buch eindrucksvoll dokumentiert, wie aktuell und gegenwartsbezogen Geschichte sein kann. (...) Das Buch ist für die unterrichtliche Arbeit im Sekundarstufenbereich sehr zu empfehlen.«

(Prof. Dr. Sandmann in Politische Didaktik 1/82)

Braunschweig unterm Hakenkreuz
Bürgertum, Justiz und Kirche - Eine Vortragsreihe und ihr Echo
Herausgegeben von Helmut Kramer, mit Beiträgen von:
Dietrich Kuessner, Albrecht Lein, Ernst-August Roloff und Jürgen Wolf
192 Seiten, 30 Fotos und 30 Abbildungen, 22,-- DM
ISBN 3 - 922571 - 03 - 4

Magnibuchladen

Langedammstraße 13
D-3300 Braunschweig